编委会

主　编　吴明平　周　利

副主编　姜向阳　藏　玲　肖　健　詹　滢
　　　　　郑　艳　王　蓓　叶德元

编　委　王晓荣　王晓霞　王源源　文　斌
（按照姓氏笔画排序）
　　　　　叶　虎　叶　珊　孙　炘　许显红
　　　　　吕　途　芶发兰　何玉明　李　欢
　　　　　张国斌　陈向蓉　陈思颖　陆　恒
　　　　　何家菊　杨海燕　张鹏程　张睿琪
　　　　　周　洋　周　玲　季　衍　周　翠
　　　　　姚世萍　贺　宇　施　琪　徐世勤
　　　　　袁　旎　涂　静　袁　潇　扈利平
　　　　　游文华　敬仕凤　谢　华　谢春玲
　　　　　蒙　茜　蒲思宇　谭　莹　廖聆竹
　　　　　冀芊宏

让生命精彩

——成都市七中育才学校双色德育课程实践探索

四川大学出版社

项目策划：唐　飞　段悟吾
责任编辑：唐　飞
责任校对：王心怡
封面设计：墨创文化
责任印制：王　炜

图书在版编目（CIP）数据

让生命精彩：成都市七中育才学校双色德育课程实践探索 / 吴明平，周利主编. — 成都：四川大学出版社，2021.5
　ISBN 978-7-5690-4563-5

Ⅰ. ①让… Ⅱ. ①吴… ②周… Ⅲ. ①德育—教学研究—中学 Ⅳ. ①G631

中国版本图书馆CIP数据核字（2021）第073336号

书　名	让生命精彩——成都市七中育才学校双色德育课程实践探索 RANG SHENGMING JINGCAI—CHENGDUSHI QIZHONGYUCAI XUEXIAO SHUANGSE DEYU KECHENG SHIJIAN TANSUO
主　编	吴明平　周　利
出　版	四川大学出版社
地　址	成都市一环路南一段24号（610065）
发　行	四川大学出版社
书　号	ISBN 978-7-5690-4563-5
印前制作	四川胜翔数码印务设计有限公司
印　刷	四川盛图彩色印刷有限公司
成品尺寸	170mm×240mm
印　张	16.5
字　数	313千字
版　次	2021年6月第1版
印　次	2021年6月第1次印刷
定　价	60.00元

版权所有 ◆ 侵权必究

◆ 读者邮购本书，请与本社发行科联系。
　电话：(028)85408408/(028)85401670/(028)86408023　邮政编码：610065
◆ 本社图书如有印装质量问题，请寄回出版社调换。
◆ 网址：http://press.scu.edu.cn

四川大学出版社
微信公众号

呈现在我的面前,呈现在您的面前,散发着淡淡的墨香,满是对生命的思索、敬畏与成全。

让生命精彩——

《易传》有言"天地之大德曰生,生生之谓易",即是说天地的最大恩德是为宇宙和人类提供了生生不息的环境,让各类生命各得其所,安身立命。

生命之繁衍,自当有其独有之精彩。

"十年树木,百年树人。"视野与格局、个性与担当、实践与创造,从来不是口号,亦非朝夕之功。

教育面对的是一个个鲜活的生命。在生生不息、与时偕行的时间之流中,学校该如何帮助学生砥砺人格,完善精神之道,体悟生命之德性,成就达观而独特的人文生命精神?

育才人一直在努力。

让生命精彩——

我们始终循本而行。我们一起实践着对生命培育的探索，我们一起找寻共同的价值观，我们正行走于一条成人达己的幸福之路。

数年探索，几度实践，"双色德育"应时而生，在一个重要领域铺就学校阔远、沉静的底色，使育才人的精神追求也随之挺立。在学生成长这幅美丽画卷的创造过程中，我们培育学生基础素养，打下健康、稳重、明亮的底色；我们更不断增添色彩元素，为学生的发展增添个性化的亮色。

我们致力于双色德育课程的开发与实施，扎扎实实。我们引导学生明确"人为什么活着？"——投身社会实践，感受自我存在的价值；我们教会学生"人怎样才能活着？"——发展核心素养，拥有生存和立足的能力；我们更是创设各种契机让学生明白"要活得怎样？"——心怀家国天下，活出生命的风采，让生命沉静、让生命灵动、让生命温暖、让生命闪亮、让生命挺立……

对人的尊重，顺应人性、尊重人的发展规律的办学，成就的不仅是一个人，而是一个群体、一个民族、一个国家。

担在我们肩上的不仅仅是今日学生之成长，更有明日中国之发展。学生的精神品质将决定未来中国的精神水准和社会面貌，我们责无旁贷。

让生命精彩——

感恩所有兢兢业业的同仁，在开展家国情怀教育、社会关爱教育和人格修养教育中的孜孜以求。我常常感慨自己能生活在一幅弥散着拼搏、奉献、感动的画卷里，让我的心底永远地回响着一首激情与温暖的歌。

感佩所有殚精竭虑的同仁，在引导学生了解中华优秀传统文化的历史渊源、发展脉络、精神内涵中身体力行。正是这样一支敬业乐业、追求卓越的团队，铸就了"卓尔不群，大器天下"的精神。

感谢所有夙兴夜寐的同仁，始终以教育的理想追求着理想的教育，"不降低灵魂飞翔的高度"，为着中国教育的明天，为着中国文化的传承，为着中华民族的伟大复兴，正尽我辈绵薄之力。

让生命精彩——
写出来的文字是简单的，经历的过程则是漫长的。
写出文字来是轻松的，过程中的实践却是艰难的。
愿我们的探索，能带给更多的教育同仁以思考；
愿我们的实践，能带给更多的教育同仁以启迪；
愿我们的学生，始终保持对生命的热爱，对自己的真实，无论何时，无论何地，一样能绽放异样的精彩。
致敬每一个精彩的生命！
致敬让生命精彩的每一个人！

2021 年 2 月

目 录

第一部分 "让生命精彩"双色德育课程总述……………………(001)
 第一章 课程研究的缘起及核心内容界定………………………(003)
 第二章 课程建设的特点及策略途径选择………………………(014)
 第三章 课程成果的推广及社会价值影响………………………(025)

第二部分 "让生命精彩"双色德育课程实践……………………(029)
 第一章 规则与习惯
  ——让生命沉静下来……………………………………………(031)
  第一节 规则意识………………………………………………(033)
  第二节 习惯培养………………………………………………(040)
  第三节 法治教育………………………………………………(052)
 第二章 生命与生活
  ——让生命灵动起来……………………………………………(067)
  第一节 安全意识………………………………………………(068)
  第二节 体质健康………………………………………………(073)
  第三节 心理健康………………………………………………(083)
  第四节 劳动技能………………………………………………(094)
  第五节 劳动服务………………………………………………(104)
 第三章 传承与感恩
  ——让生命充满温暖……………………………………………(120)
  第一节 爱国教育………………………………………………(121)
  第二节 爱家教育………………………………………………(133)
  第三节 爱校教育………………………………………………(143)
 第四章 个性与担当
  ——让生命闪亮起来……………………………………………(149)

第一节 个性出彩……………………………………………………(150)
第二节 社会责任……………………………………………………(168)

第五章 视野与格局
——让生命挺立起来……………………………………………(186)
第一节 国际理解……………………………………………………(187)
第二节 文化自信……………………………………………………(196)
第三节 生涯规划……………………………………………………(206)

第六章 实践与创造
——让生命积极起来……………………………………………(223)
第一节 科技创新……………………………………………………(224)
第二节 文化创新……………………………………………………(235)

参考文献……………………………………………………………(251)

后　　记……………………………………………………………(253)

第一部分

"让生命精彩"双色德育课程总述

"让生命精彩",是成都七中育才学校(以下简称"七中育才")鲜明的德育理念。

"双色"德育课程,是落实七中育才德育理念的有力保障。

七中育才的"让生命精彩"双色德育课程体系,在学校德育团队不断的研究与实践中逐步构建和完善,借助学校德育课题"初中'主题体验式'学校德育课程体系建设"的研究得以深化,最终形成成果。该课题于2015年由四川省成都市教育科学规划领导小组批准为成都市教育科研重点规划课题,于2018年11月经专家现场鉴定顺利结题。七中育才的"让生命精彩"双色德育课程扎根于基础教育,在基础教育中实践,也在基础教育中推广。此次,我们把研究成果梳理出来,呈现出课程研究的缘由、课程研究的过程、课程成果的特点、课程成果的表现形式等,既是反思,也是再次归纳总结,以期未来更加优化。

第一章　课程研究的缘起及核心内容界定

一、研究的缘起及问题解决思路

在党的十八大报告中，提出"把立德树人作为教育的根本任务，培养德智体美全面发展的社会主义建设者和接班人"，学校德育是落实这一根本任务的关键。随着"立德树人"教育根本任务和中国学生发展核心素养的提出，学校如何将国家要求与学校发展有机结合？如何将德智体美劳"五育融通"的任务落实到学校教育？如何切实提升学生的综合素质？已成为最为迫切的问题，需要学校高位引领，全盘思考，系统推进。育人的落脚点最终在课程，故在学校推进德育课程建设与实践势在必行。

研究初期，学校尝试通过德育系列活动，以梳理和整合的方式进行课程建设。在罗列出学校开展的德育活动并进行分类后，我们发现活动内容零散不聚焦，板块之间缺乏逻辑联系。具体来说存在以下三点不足。

1. 横向结构上，学校德育活动呈现碎片化的特征

在初期，我校德育课程和活动较为碎片化，有专任教师负责的"道德与法治"课程，有班主任负责的每周班会活动，有学校每周开展的升国旗仪式和各种强调学习纪律、校园安全和卫生的主题活动等。学校德育资源没有得到有效整合，没有形成合力，德育成效不明显。

2. 纵向发展上，学校德育工作缺乏年段之间的系统性和连贯性

学校德育工作在初中三个年段之间缺乏合理的系统规划与连续连贯，如习惯教育、常规教育、励志教育等，每个年段都在做，但它们之间的目标、重点、方式有何区别与联系，其实并未界定清晰，这在一定程度上影响了学生的最优发展。

3. 问题聚焦上，学校德育的"去生活化"导致德育实效性欠佳

一方面，当下学校德育主要着眼于学生的校内生活，对其校外生活经验考

虑甚少，使学生缺少与社会直接接触的机会，难以把在校外获得的经验完整地、自由地在校内运用；另一方面，学生在学校学习的知识普遍不能应用于日常生活，学校德育与学生的校外生活相割裂，与社会实践相脱离，学生获得的仅仅是"关于道德的知识"，而非真正有效的"道德教育"。学校对德育活动的"主题性""体验性"等应有特质认识不够，德育离学生的实际需求较远，且缺乏以整体构架的思路进行的顶层设计，缺乏从整体建构德育课程体系的层面开展有效的研究实践，这些都导致德育实效欠佳。

基于这些背景，学校需着力解决的问题是：如何梳理并整合学校已有的各类德育活动，创设学生体验学校德育目标和德育课程内容的情境，从而解决学校德育工作中亟需解决的随意化、碎片化、形式化和"去生活化"等问题。在进行相关课程理论学习的基础上，我们认识到只有借助系统设计的德育课程，才能将学校德育的内容、方式、路径等进行有效整合，解决以上问题。

再往深处思考，整合的依据又是什么？于是，我们又开展了对学生发展心理学的理论研究，对国家有关思想道德教育的内容做深入分析，结合学校的培养目标，我们从初中学生不同年段的情感发展特点与其个人成长、校园生活、社会参与三方面有机结合，确立符合初中生情感发展的德育课程目标体系，并由此梳理提炼出"底色+亮色"的学校德育课程内容。

主题鲜明的德育目标如何才能真正达成？我们在目标内容确立的基础上，进一步研究实施策略。通过对学生认知心理学的理论学习，结合调查学生参与学校德育活动的评价与反馈，我们发现，主题鲜明、联系生活、切身体验的德育活动最让学生印象深刻且作用长久。由此，学校进一步对德育课程从结构、内容、文化三个维度，将显性德育内容与隐性德育内容进行整合，完善了课程内容的主题。由此，我们确立了德育课程实施的"主体性、生活化、系统性、体验性"四项原则，明确了德育课程实施的具体步骤，即文化整合、创设情境、学生体验。

至此，我们在对已进行的研究梳理并归纳的基础上，正式提出我校的德育课程体系的建构模式——以"让生命精彩"为理念，基于"主题体验式"的"双色"德育课程（以下简称"让生命精彩"双色德育课程），它是符合我校回应"立德树人"要求开展德育课程建设的育才理解与育才表达。

二、研究核心内容的界定

1. 关于德育课程

本书从较为宽泛的意义上界定德育课程，认为德育课程就是对学生的思想和道德品质发展产生影响作用的一切教育因素，包括课堂内外、各门课程、实体性与非实体性等影响因素的综合。德育课程一般包括显性德育课程和隐性德育课程，显性德育课程又包括学科德育课程和活动德育课程，从而形成了学科德育课程、活动德育课程和隐性德育课程三位一体的学校德育课程体系。

2. 关于主题体验

主题体验是指具有相对独立性的、客观存在着的特定任务模块。体验的主题既可以是对具象事物的表达，也可以是对精神内涵的诠释，或强调时代感，或表现本土文化，或体现自然意境。在学校教育中，主题是教育和教学活动的中心议题。具体到学校德育工作中，德育体验的主题指的是教育者有目的地创设一系列具有特定目的和价值的各种活动、情景或议题。主题是德育活动的载体，也是学校文化建构的内容。而体验则是学校文化（各种主题活动）通过主体自身的参与感悟转化为个体的德行，成为个体的品德的过程与方式。在体验式德育课程中，教育者通过有目的地创设不同的主题来激发学生的参与热情，使学生通过对各种主题活动或情境的体验而获得相应的认知、感悟、反思和实践。

体验式德育突破了知性德育的传统模式，强调通过学生的参与、实践、探究产生体验，促进学生自我领悟、自我教育与自我成长。体验是人的生存方式，也是人追求生命意义的方式，而教育的过程应该是逻辑—认知与情感—体验共同构成的完整的教育过程。因此，在学校德育实施过程中，只有充分尊重学生的主体性，激发学生的参与和体验热情，才能让学生在体验中获得感悟和反思，在体验中获得生命的成长和快乐。体验式德育课程，其价值就在于以体验为契机，引发学生的生活参与和道德体验，通过亲身实践、设置问题情景等具体体验手段，使德行成为青少年的自觉行为，促进其道德认知、情感和行为等方面的整体发展，起到润物细无声的作用。

3. 关于生命化德育理念

生命化德育理念认为，生命是教育的原点，教育是生命的存在形式。教育的对象是具有各自特点的鲜活生命体。教育是直面生命，循于生命，提升生命质量，实现生命意义的生命实践活动。生命是教育的原点和"家园"，直面生命是教育的前提，敬畏和尊重生命是教育的关键，提升、完善生命是教育的目的。教育要成全生命，就是要关注生命的完整性，凸显生命的灵动，张扬生命的个性，实现生命的超越性。教育的根本意义所在就是提升生命质量，成全生命。教育面对的是一个个鲜活的生命，任何教育活动必须基于对生命的理解，教育是为了生命发展和提升的事业。"让生命精彩"双色德育课程体系从根本上说正是为了提升学生的生命质量，让学生生命精彩和绽放的道德事业。这也正是我校德育理念"让生命精彩"的思想渊源。因此，生命化德育理念指导下"让生命精彩"双色德育课程体系成为关注学生生命、为了学生生命发展、提升学生的生命质量的教育事业。

三、研究课程主要内容

（一）"让生命精彩"双色德育课程体系的内涵理解

1."让生命精彩"课程体系的内涵

"让生命精彩"德育课程体系是教育者通过有目的地创设不同主题，来激发学生的参与热情，使学生通过对各种主题活动或情境的体验而获得相应的认知、感悟、反思和实践。其中，主题是德育活动的载体，也是学校文化建构的内容。而体验则使学校文化（各种主题活动）通过主体自身及其体验转化为个体的德行，成为个体的品德。它的主要含义有：

①基于一定情境，以主题形式展开，不是生硬、死板的道德知识教育。

②目标指向学生德性发展，既保有一个合格公民的"底色"，又突出一个卓越人的"亮色"。

③性质是间接学校德育课程，区别于割裂学生认知与生活的直接道德灌输。

④存在于学校生活全时空，既包括校内，也涵盖校外，而不是课堂讲授。

综上所述，我们认为主题是学校文化构建的内容。体验是将学校文化转化为个体德行的方式。学校活动课程体系为学生体验提供载体、对象和空间，使学生体验发生在学校的文化空间里。简而言之，主题是内容，体验是方式，学校德育课程是载体。通过主题体验式课程体系，就能化学校文化为学生德性。

2."让生命精彩"双色德育课程体系的特征

（1）生活性。通过整合学校已有的各种德育活动，以主题形式开展德育，形成学生体验学校德育目标和内容的情境，更贴近生活，更切近生命。

（2）系统性。综合考虑初中三个年段学生年龄的特点，设计并开展有针对性的课程。通过加强各年段之间的联系和互动，体现初中德育工作的系统性与连续性。

（3）层次性。考虑学生年龄、兴趣爱好、能力基础的不同，从目标的设立到内容的制订，回顾总结，层层递进。

（4）适应性。取代了传统的灌输式德育，主题更贴近学生生活实际，关照青少年学生身心特点，让学生在其中乐学、乐思、乐行。

（5）生成性。虽然有德育目标和主题活动的预设，但由于学生进入实践活动的场域后，在不同的时空之下，目标和活动内容是动态变化的，学生的成长也不断生成。

3. "让生命精彩"双色德育课程体系的构成要素

（1）目标要素。"让生命精彩"是我校德育的理念，也是我国生命化德育基本理论的形象表达。"主题体验式"德育课程体系的核心价值在于激发学生的生命体验，促进学生的德性发展，提升学生的生命质量。在此基础上，确定了课程的三维目标体系，即自我认同感、学校归属感、社会角色认知。

（2）内容要素。生命化德育有三大主题要素，对应三大主题教育。其一，人为什么活着：生命意识教育。人只有投身到实践活动中来，才能感受到自我存在的价值。其二，人怎样才能活着：生存能力教育。例如，我校通过"劳动服务教育"的主题德育活动，让学生明白掌握一定的知识技能，理解劳动之于个体和国家的意义，才能在社会生存和立足。其三，人怎样活出生命的风采：生命价值教育。例如，我校通过"个性与担当"的课程，让学生明白一个人的社会价值在于他对社会的贡献和奉献，这样的人生才更有价值、更有意义。

（3）结构要素。纵向理解，七、八、九年级各有侧重，各有包含。横向理解，每个学段，既包括"底色培养"系列课程，又涵盖"亮色培养"系列课程。

（二）"让生命精彩"双色德育课程的内容体系

1. 主题的选择和分类

在学校核心价值观的价值统领下，依据德育活动的社会性和个体性特点作为分类标准，学校构建了"底色+亮色"的双色德育课程内容体系。"底色"，顾名思义，即打好人生的底色，做一个好公民，对应于公民素养类德育课程。"亮色"，即增添人生的亮色，做一个优秀的、卓越的人，对应于个性特长类德育课程。"底色+亮色"双色德育课程体系，也就是"公民素养类+个性特长类"德育课程体系的形象化表达，其主题分类依据见表1-1-1。

表 1-1-1　"让生命精彩"双色德育课程体系的主题分类依据

主题分类依据	"底色"——公民素养类	"亮色"——个性特长类
学校精神	大器天下	卓尔不群
核心价值观	责任担当	个性发展
价值诉求	关照社会	关照自我
德育活动的特性	群体性	个体性

2. 主题的挖掘和丰富

在确立了"底色+亮色",即"公民素养类+个性特长类"的顶层课程群之后,我们进一步确立了二级课程群和三级课程群,从而形成了顶层、二级和三级逐层细化、层层关联的主题体验式德育课程内容体系。其中,公民素养类德育课程主要是为了打好公民素养的基础,它关注规则习惯、身心健康、人格素养、情感涵养等公民意识和品质的培养;而个性特长类德育课程主要是为个人增添卓尔不群的个性亮色,它关注个人能力、特长发展、人文素养、科学精神。三个层级课程群的构建共同形成了"卓尔不群,大器天下""责任担当,个性发展"的学校育人文化,如下图所示。

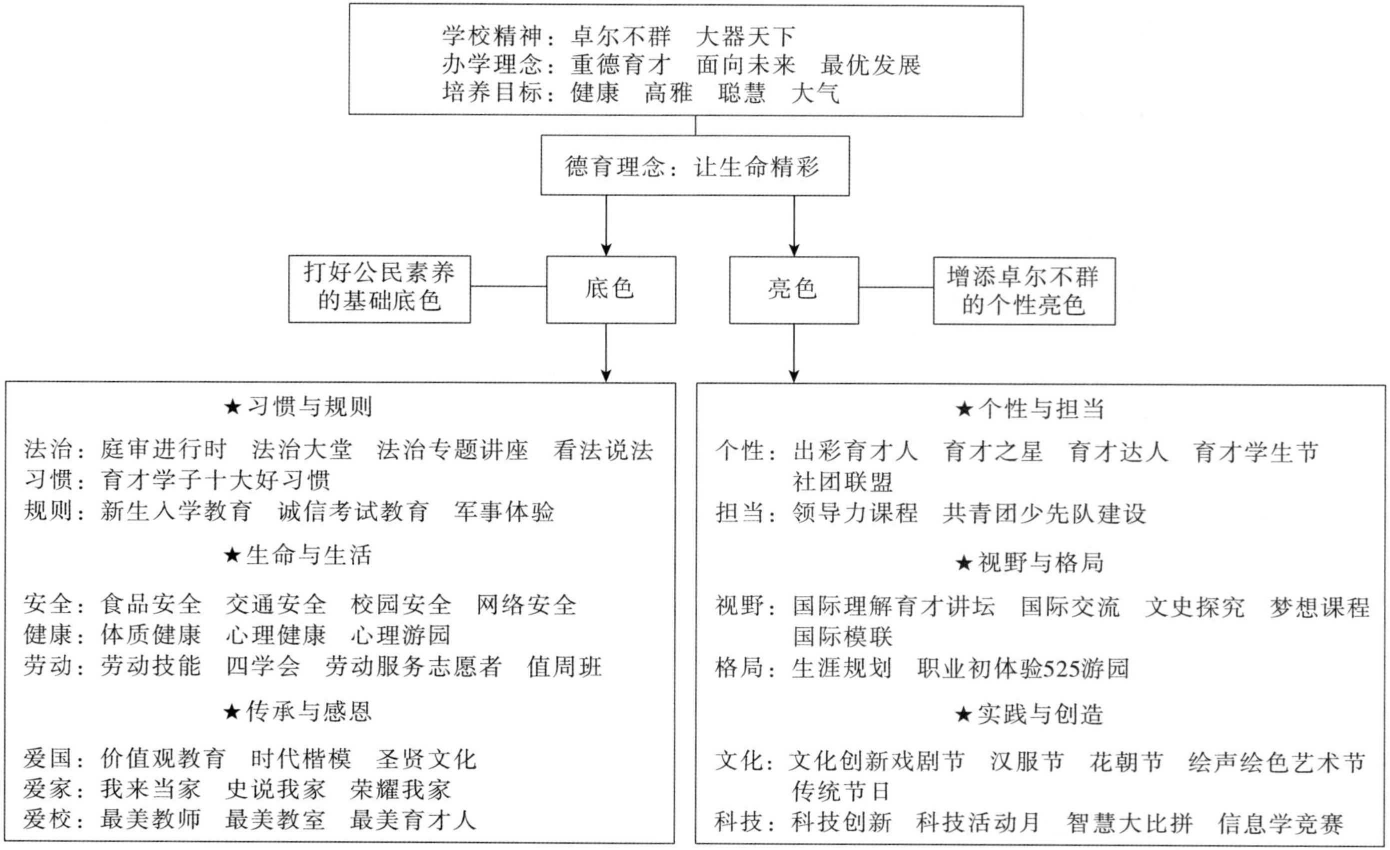

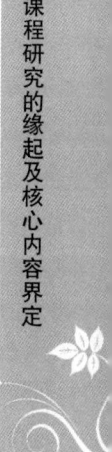

图1.1.1 成都七中育才学校"让生命精彩"德育课程体系

3. 核心主题的确立

2011年教育部颁布的《义务教育思想品德课程标准（2011）》，将思想品德课程内容划分为三大板块的内容：成长中的我、我与他人和集体、我与国家和社会。同时，我们确定了"让生命精彩"双色德育课程的三个核心主题：个人成长、校园生活和社会参与。在此基础之上，学校分别从空间维度上确定了"让生命精彩"双色德育课程的三维目标体系：自我认同感、学校归属感和社会角色认知；从时间维度上确定了初中三个年段的核心目标：适应中学、稳健过渡和激发动力。因此，我们可以从时间和空间两个维度确定"让生命精彩"双色德育课程体系的分年段主题内容，见表1-1-2。

表1-1-2 "让生命精彩"双色德育课程体系的分年段主题内容

年级	核心目标	核心主题	学生诊断	关键事件
七年级	适应中学	个人成长	对初中学习不适应，感到紧张	入学教育（初中校园生活规则、小初学习的不同特点） 学科学法指导（预习、上课、复习、作业等环节的具体指导）
			心理断乳期的到来，学生对由依赖到独立感到无助	十大好习惯培养（自己的事情自己做、干净整洁会整理、做事明确有计划等） 安全教育（交通安全、人际交往安全、网络安全等）
		校园生活	在新团队中，找不到自信或不敢自我表现	运动会 艺术节、合唱比赛和个人项目比赛 级智慧大比拼 学生节活动
			对新团队的认同感不强，缺乏责任担当的意识	四学会（团队心理素质拓展活动） 心理健康教育 学生社团建设
		社会参与	囿于校园生活，角色意识过于单一	教师节活动（师生角色再认识） 我当三天家（家庭角色再认识） 职业体验和法治（社会角色再认识）

续表

年级	核心目标	核心主题	学生诊断	关键事件
八年级	稳健过渡	个人成长	不能正确认识自我；学习动力缺乏；目标不清晰，定位不准确	青春期系列教育（心理和生理） 年级学科活动 目标理想教育
		校园生活	与他人的交往中容易出现偏差	各类团体活动 系列优秀评选和展示
		社会参与	缺乏责任感和担当，缺乏远大志向	社团建设 文史探究 社区活动 假期课程
九年级	激发动力	个人成长	目标定位不准确	初三启动仪式 百日誓师
			学习压力大和心理焦虑	学月总结 学月表彰 学法指导 心理调适
			成长回顾的渴望	毕业系列课程
		校园生活	参与合作与竞争的意识	系列检测和评比活动 小组帮扶
		社会参与	个人规划不够明确	高中规划 未来生活展望

4. 主题的课程整合

所谓主题整合，就是在课程理念的指导下，根据国家的课程标准、学校的教育理念和学生的身心发展特点，整合学校德育活动中的所有主题，形成体系化、层次化的主题系统。"让生命精彩"双色德育课程体系的建设，是一种以主题为载体的课程整合，力求把学校所有德育资源整合起来，通过内容整合、结构整合和文化整合三种主题整合策略，形成"内容—结构—文化"的三维整合机制，如图1.1.2所示。

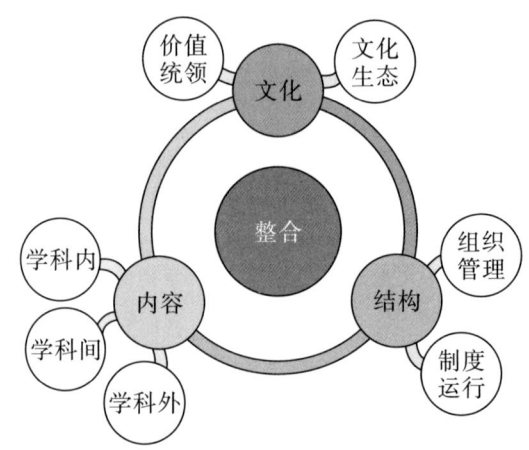

图 1.1.2 "让生命精彩"双色德育课程体系三维整合机制

(三)"让生命精彩"双色德育课程体系的实施原则

1. 主体性原则

课程充分调动了学生的自觉性、积极性和参与性,发挥了学生的自主性、能动性和创造性,给予学生一定的选择,有效杜绝各种形式化的活动。

2. 生活化原则

在实施过程中,立足于现实生活,以学生生活中遇到的道德问题、道德困惑为切入点,通过引导学生过一种有道德的生活,养成生活的德性和品质。

3. 系统性原则

给予学生校内、校外完整的生活经验考察机会,通过设置序列化的主题实践活动,使学生在主题化的德育活动中实现其校内、校外生活经验的沟通和联系,避免学生生活经验的割裂。

4. 体验性原则

坚持以生为本的价值取向,强调关注学生的现实生活需要,引导其积极参与到生活体验、情感体验和道德体验中,避免学校德育课程与学生现实生活需求相脱离。

(四)"让生命精彩"双色德育课程体系的评价机制

我校"双色"德育课程形成了多元评价机制,强调评价主体的多元化、评价内容和评价方式的多样化,旨在使课程评价能够达到促进"主题体验式"双色德育课程顺利实施的目的。

1. 评价主体多元化

其一是学生评价，学生可以自评、同伴评和小组评。其二是教师评价，教师评价是在学生自评的基础上进行补充和总结，并且以形成性评价和综合评价为主，是注重过程的评价。

2. 评价内容多样化

内容不局限于对道德知识和规范的考查，而将学生的参与度、积极性、学习态度、能力提升等因素综合纳入考核。

3. 评价方法多样化

通过观察法、描述性评语、成长记录、作品分析、问卷调查等多种方式进行评价。

第二章 课程建设的特点及策略途径选择

七中育才在二十多年的成长历程中，不断反思，不断超越，自我鞭策。

1997年，七中育才依托百年名校成都七中的高位发展，从薄弱的三十五中起步，以"志存高远，追求卓越"的精神气度，"卓尔不群，大器天下"的担当情怀，励精图治，踏实工作，一步步跨越发展，成长为在成都市、四川省乃至全国都有显著影响力的名校。回顾七中育才的发展历史，强大发展力的源泉就涵蕴在学校文化中，跃然于全体育才师生的精神和价值追求里。无论是学校管理、教师发展、学生成长，还是课程、课堂、德育建设，均在反思与批判中前行，从优化与创新中提质。

在学校跨越式发展的历程中，学校德育工作也经历了从对成都七中德育活动的简单复制，到育才德育活动的逐渐丰富、育才德育框架搭架、育才德育课程整体构建的过程。这样的反思性实践，正是七中育才"志存高远，追求卓越"，实现"卓尔不群，大器天下"的主要发展途径。在反思中，我们找到了德育工作必然的方向和路径，育才的历史沿革、学校文化、课程特质都是学校德育路径选择的理由。

在学校发展过程中，育才人把学生培养的目标确定为"健康、高雅、聪慧、大气"，这一目标指向学生的全面发展和终身发展。要在实践中实现目标理念，必须有大量丰富优质且合乎学校文化指向的德育活动支持，有完善的可运行的保障机制，而德育课程建设就可以完成这样的支持与保障任务。

围绕学校理念进行学校德育工作顶层设计，能有效指导管理者聚焦全面与适宜的德育指向；在学校德育框架下建设德育课程，能有效保证在正确的路径上做正确的事，最大化地实现学校育人目标，最大化地使德育工作全面、深度推进。

学校所搭建的"让生命精彩"双色德育课程体系，是在德育核心工作团队的共同努力下，在专家的悉心指导下，全体班主任反复讨论数次、修改数十次后逐步呈现的结果。在育才教育土壤上建构体系化的德育课程，是源自育才教育人的，是本土的、发展的并一直实践着的。以课程推进德育工作，能确保德育实效。课程需要确立明确的、多维度的、多层级的目标，需要可供学生学习体验的合适的内容，需要实施标准、测评方式的支持，这些特质从科学规范的角度保障了德育工作的开展和德育育人质量的提升。

在实践的过程中，我们整理出以下德育课程建设的路径。

一、"整合"：课程建设的抓手

在构架并实施德育课程时，综合分析学校德育工作经验、学生状况、师资状况、资源状况等因素后，以"整合"的方法实施育才各项德育课程，呈现以下特点。

（一）时段整合，长短相宜

育才德育课程时段的整合，包括两种整合：一是课程长度整合，课程包括全程课程、短周期课程、全程课程＋短周期课程，根据实际情况设计课程长度；二是课程实施时间整合，在合适的时间做合适的事。

例如，在"阅读习惯"培育课程中，学生三年全程参加书香阅读计划，学校编制了三个年级的"书香成长手册"系列丛书，发动各学科教师向学生推荐"文学类""自然类""社会类"书籍，学生在阅读过程中记录点评、分享感受。在每年9月，学校用一个月的短周期时间进行"经典诵读"主题课程教育，以读经典、诵经典、写阅读格言等形式，举办班级、年级、学校分项比赛。整合两种时间安排，共同组合成育才"阅读习惯培育"课程。再如，在"情感培育"课程里，既有全年重大、重要节日纪念日的教育课程，也有专门在教师节、毕业生离校毕业典礼等设置的"感恩培育"课程。

整合时段，在适宜的时间、以适宜的时长来保证课程实施，就能起到保质增效的效果。

（二）参与整合，分层选择

只有参与才能体验，在课程设计中让学生全员参与是基本原则，但在实际情境中，因为中国中学普遍存在大班额的现状，一个课程很难同时满足全班几十个学生个性的发展需求，很难为每一个学生制订课程计划。育才以"学生全员参与"和"选择参与"整合的方式，在尊重差异的同时为其提供不同的发展平台，力图破解这个难题。

例如，学校"特长培养"课程中的"艺术"实践课程，根据学生年龄和学段特点，设计了人人必须参与的"七年级合唱""八年级集体舞"比赛，同时根据不同艺术门类设计了学生选择参与的"育才戏剧节""育才好声音""育才达人秀""育才钢琴演奏会""班级才艺大比拼"等项目，供学生自主选择参与。再如，"运动"实践课程中有全员参与的集体项目——广播操、入场方队展示、拔河比赛、接力比赛等，也设有选择性的个人项目，如"体育嘉年华"活动中，"谁是垫球王""篮球折返运球上篮""足球颠球比赛""力与力的较量""袋鼠跳"等丰富的项目。

参与整合，让学生有机会进行自主多样的选择，以获得差异发展。

（三）资源整合，全面育人

学生素养能力的提升，单凭学校和班主任团队的力量是远远不够的。育才在德育课程建设中，有意识地整合学科资源、家校资源、社会资源，力图让课程内容更丰满，更适合现代学生的需求。

学校"特长培养"课程中的"科技活动月"课程就是典例。这门德育课程实现了校内学科资源、家长资源、社会资源的多元整合。

整合校内学科资源：班主任统筹推进，科技教师负责"智慧大比拼""科技小论文""科技小制作小发明""科技创意秀"等项目，物理、化学、生物、地理等学科教师利用周一升旗仪式开展"科学人讲坛"，美术教师指导创作"科幻画"，艺术教师指导"微电影"制作，语文教师指导"科幻小小说"创作。

整合家长资源：每个班开设"科学家进校园"系列讲座活动，借力各班家长资源，邀请四川科技届的精英走进教室，近距离为学生上科普课，开展多维度、专业的讲座，普及科学知识、介绍前沿科学，有效地解决了学校科技教师匮乏的难题。

整合社会资源：学校通过各种渠道邀请科技大家到校，引进高端科技课程到校。例如，邀请诺贝尔奖获得者美国物理学家戴维·格娄斯、诺贝尔化学奖获得者阿龙·切哈诺夫等到校开展讲座；邀请英特尔公司优秀工程师为学生开设科技课程；利用各种资源协助学生完成"科技体验区"的建设；引导学生参加高规格科技大赛，每年都有育才学子获得"英特尔英才奖"等殊荣。与此同时，七中育才学校还与中科院成都生物研究所、电子科技大学博物馆、成都信息工程学院、华西临床技能中心等密切协作，为同学们开辟了广阔的科普实践基地。

通过整合不同渠道的资源，育才力图构建起丰富、丰满的德育课程，让学生得到更加全面的滋养。

（四）评价整合，综合推进

七中育才在德育课程研究及推进过程中，通过过程记录性评价、成果展示性评价、结果评比性评价等方式，对课程实施进行整合评价。

目前，学校已经编制完"新生入学""科技活动月""书香阅读""四学会""文史探究""军训""心晴""值周班工作手册"等课程手册，以过程记录的方式，促进每个学生完成对应的课程体验，根据完成情况做出相应评价。目前，还计划进行"我来当家"系列、"艺术"实践课程等主题课程手册的编撰。课程手册能有效帮助学校了解学生的课程进展情况，学生通过自我过程记录、同伴对比分享、学校同步监测，能形成一定的自我判断，并形成过程性评价。

学校每次大型主题活动都有成果展示型评价，学生通过对主题课程的体验探究，形成一定的感悟总结、研究报告、阶段成果，并将这些成果物化，张贴在教室内外墙，供大家相互借鉴学习，学校对班级成果展示进行评比。

学校每学期都有相应的评价课程，为了让评价主体多元化，我们将教师评价、学生自评和互评结合；将学习小组评价与对小组中每个学生的评价结合；将学校评价、社会评价和家长评价结合，促使学生自我认识的提升，获得成长的最强动力。七中育才在学生评价中重视过程评价、尊重差异评价、形成多元评价，促成学生自主反思、自我突破、自我超越，不断地向高层次迈进。

例如，学校每年上学期期末开展"出彩育才人"系列评选，在学校提供的"最热爱体育锻炼的人""最关心时事的人""最有奉献精神的人""最孝敬父母的人"等四十余个项目的基础上，如果学生认为选项中还缺少最符合自身个性优点的项目，还可通过班级推荐或者自行申报的方式，获得属于个人的"出彩"奖项，如"做回锅肉最棒的人""投篮最准确的人""最善于整理房间的人""玩魔方最快的人"等。

在每年下学期期末开展的"育才卓越学子"系列评选中，为了达到评价目标多元化，尽可能促进学生多方面潜能充分而又和谐地发展的目的。设置育才卓越学子之飞跃之星、实践之星、科创之星、艺术之星、体育之星、语言之星等多个评价项目，通过班级和社团推荐、学生自荐等方式进行评比，让那些在学校各项德育活动中和德育课程学习中表现突出的优秀学子获得表彰。

发挥多元评价的教育功能，让育才学子能更好地认识自我、建立自信，促进其在原有水平上获得更大发展。整合评价，给学生以判断、反思、学习、提升的多重机会，评价本身也可谓一项德育课程。

（五）空间整合，教育延伸

教育的目的是培养人，人受教育的场所绝非只有学校。整合拓展学生受教育的空间，把有限的学校教育延伸到无限的社会环境中去，让学校、家庭、社会都成为学生学习成长的园地。

以七中育才"劳动服务"课程为例。2020年3月，党中央、国务院发布了《关于全面加强新时代大中小学劳动教育的意见》，提出劳动教育的总目标是：通过劳动教育，使学生理解和形成马克思主义劳动观，牢固树立劳动最光荣、劳动最崇高、劳动最伟大、劳动最美丽的观念；体会劳动创造美好生活，体认劳动不分贵贱，热爱劳动，尊重普通劳动者，培养勤俭、奋斗、创新、奉献的劳动精神；具备满足生存发展需要的基本劳动能力，形成良好的劳动习惯。在劳动教育中，劳动技能的习得又将学生的个人劳动与社会生活结合，借助空间整合与扩展，真实地引导学生参与完成具体的劳动，而非停留在意识上和形式上的"劳动"。回溯学校这些年开展实施的劳动服务课程，在整合校园、家庭、社会空间，实现教育延伸上可谓用心。

在校内开展的劳动课程，例如"值周班"实践课程，以值周班劳动技能培训课程为主体，学校统一安排课时。其具体内容包含厨艺课、苗圃维护、整理收纳、生命安全、学科渗透劳动教育的专题教育等课程。同时，还有值周班校园劳动服务课程，对学校公共区域的维护，对学校功能室的维护，参与学校其他劳动等。再如"班级日常清洁课程"，要求参与班级日常清洁的打扫维护、教室整理（最美教室评比）、午餐服务、对公物的维护修缮等。校内劳动课程融合多门学科的特点，精选各类劳动项目，实现学生劳动意识和劳动技能的提升。

在家庭开展的劳动课程，如中秋节"做一道传家菜，传一份家族情"实践活动。在阖家团聚的中秋佳节，没有什么比一顿团圆饭更能联结家人情谊、凝聚家族记忆。这一切往往都是家中长辈操办，做晚辈的可以参与什么？作为育才学子可以承担什么？在学校设计的中秋劳动实践课程中，要求学生学做一道最能记载家庭故事、承载家人情感的传家菜，学生和家人一起"说菜品""取菜名""做菜肴""品菜香"，在传家菜的制作与品味中，既获得劳动体验，又回望家庭发展，感悟彼此亲情，传承家庭文化。

在社会开展的劳动课程，如学生参与社区建设的"进社区"爱心课程。做"爱心育才人"：走进敬老院或空巢老人家庭，陪他们聊天谈心，为他们读书读报；帮助孤寡患病老人、残疾人打扫卫生、整理房间、洗衣做饭。做"社区小

义工"：积极投身社区建设，参与社区共享单车管理、宣传成都大运会、清洁扫除、环境保护、植绿护绿、公益宣传和文化活动等。做"文明倡导者"：积极学习并宣传文明礼仪。文明行路，自觉遵守交通规则；文明乘车，自觉排队不拥挤；文明观赛，公共场所不喧哗；文明旅游，不乱丢乱扔，不乱刻乱画；同时，主动劝阻不文明行为。在每年的"四学会"课程中，学生还从校园走向广阔的田野，走进农村，体验种植、收割、施肥等，真正参与田间劳作。

课程的空间变化让学生在不同环境中经历不同的课程体验，面向生活获得不同的学习经验，丰富人生经验，学生的成长更符合社会发展的需要。

二、"双色"：课程内容的特点

我校对德育的价值理解——为学生发展"增添色彩"，由此形成了学校德育目标——为学生打好公民素养的"基础底色"，增添卓尔不群的"个性亮色"。

"底色"，就是为学生打好公民素养的基础底色。关注习惯、意识培养，重身心健康、人格塑造、情感涵养，以养成教育、公民教育为重点，实施基本习惯、基本意识的培养。"亮色"，就是增添卓尔不群的个性亮色。关注能力、特长发展，重科学精神、人文素养等。学校的文化浸润、制度管理、课堂学习、活动实践、社团建设等，都是育才德育"底色"和"亮色"的实施途径。

打好公民素养的基础底色，增添卓尔不群的个性亮色的"双色"德育课程，框架特色鲜明、目标清晰、内容丰富。着眼于学生个体与自我发展、个体与社会（国家）发展两个维度，进行德育课程内容框架的构建，也是学校教育对"立德树人"教育要求最强有力的回应。

（一）关注基础素养，为学生健康发展着匀"底色"

打好底色就是打好学生做人的基础，在这个层面，主要落脚于公民基本素养的养成。

学校确定了习惯与规则、生命与生活、传承与感恩三大基础板块课程，涵盖习惯、法治、规则、安全、健康、劳动、感恩等基础素养培育。

以习惯培养为例：我们认为习惯是一个人最重要、最稳定的素质，是健康人格的基础，是幸福人生的根本，任何一种能力的形成都是好习惯养成的结果。义务教育阶段的学校教育，要为学生终身发展奠定坚实的基础，那么习惯教育必然成为学校德育的基础，正如著名教育学者林格老师谈到习惯培养时所说："教育就是培养习惯。"学生成长的过程，就像是一幅美丽图画的创造过程，培养学生良好的学习习惯、生活习惯、交往习惯、工作习惯，就如同为这幅画着上健康、稳重、均匀的底色。

七中育才把培养学生好习惯作为学校德育建构的基础，就是期望学生在未来的发展中保持健康、积极、向上的行为习惯和精神常态，让这些好习惯内化为学生个人的素养，为他们的人生打上永不脱落的基础底色。

为了让习惯教育更有成效，学校在2012年2月开学典礼上，以"养好习惯铸幸福人生"为题，拉开了"育才学子必备好习惯大讨论"的序幕，力图在学生的习惯培养上更聚焦，形成鲜明的育才特色。

七中育才学子好习惯大讨论活动涵盖了班主任调研、教师问卷调查、学生问卷调查、家长问卷调查等，回收教师问卷197份，家长问卷1872份，学生问卷2886份，获得了许多宝贵的信息，在学校、学生和家长之间达成高度共识。学校结合历史沿革和已有的教育成效，经过认真梳理和反复思考，提炼出"育才学子十大好习惯"。

习惯一：热爱运动常锻炼。（阐述：活动多样，方法得宜，磨练意志，克服懒惰，强身强心）

习惯二：幸福人生书相伴。（阐述：每天阅读，终身读书，专心致志，让阅读成为生活的一部分）

习惯三：干净整洁善整理。（阐述：着装规范，仪表整洁，爱护卫生，用过的东西放回原处，为生活学习建立秩序感）

习惯四：乐于沟通善表达。（阐述：乐于与他人沟通，有合作意识，善于表达自我，落落大方，自信阳光）

习惯五：主动问好常微笑。（阐述：问好与微笑代表尊重，敬人者人恒敬之，友好待人，自己的天地更宽广）

习惯六：心怀他人能担责。（阐述：孝敬父母，尊敬师长，关爱他人，承担应尽的责任，能换位思考，顾及他人感受）

习惯七：承诺是金应兑现。（阐述：承诺之前要三思，言而有信，真诚待人，守时，诚信）

习惯八：自己的事自己做。（阐述：独立，自理，自强，对自己负责，克服依赖，勇于挑战）

习惯九：做事明确有计划。（阐述：管理好时间，合理安排，重点突出，定期检验，时常总结反思，今日事今日毕）

习惯十：一件事情做到底。（阐述：保持适当节奏，及时巩固成果，时刻牢记目标，越挫越勇，直到成功）

在确定以上习惯后,学校以序列化方式开展习惯培养课程,并通过多种途径大力宣传和宣讲,不断强化教师、学生对好习惯的认识。学校升旗仪式、班会、网站、展板、家长会、教师大会、好习惯演讲辩论比赛等,都成了点滴浸润的媒介、有效宣传的阵地。例如,为促使学子将好习惯逐渐内化为行动,学校教育处设计并实施了"文明承诺一句话班会"活动,全校各班统一开展,分别落实,让育才学子对照自身,约束自我,从班级行为纠正和引导的角度,促进活动继续深入,逐渐内化为陪伴学生终身的好习惯。

(二)根植自主理念,为学生个性发展增添"亮色"

在学生成长这幅美丽画卷的创造过程中,如果说培养学生基础素养是打下健康、稳重、明亮的底色的话,那么在这明亮的底色上画出绚烂夺目的图画,就需要不断增添色彩元素,即为学生的发展增添个性化的亮色。丰富的课程内容、个性化的发展方向、多元评价,就像是一支支颜色鲜艳的画笔,在学生的成长历程上绘制出浓墨重彩的图画。

为此,学校确定了个性与担当、视野与格局、实践与创造三大德育基础板块,涵盖个性、担当、视野、格局、科技、文化等素养要素。

七中育才的亮色德育课程强调在实践中发现和解决问题,"机会均等,人人参与"是育才德育活动遵循的原则,发展学生的实践能力和创新能力则是亮色课程的目标。"在活动中体验,在过程中内化"是学生提升综合素质的必经之路,只有参与,才能体验;只有人人参与,才能达到关注每个学生的目的。因此,七中育才的所有活动都坚持"全员参与"原则,不让一个学生掉队,学生参与德育课程率达到100%。

以领导力课程中的"社团课程"为例,七中育才为不同兴趣特长和爱好的同学创建不同的发展、展示平台,力争实现学生多元发展的目标。学校成立了各种社团,供学生自主选择、自愿参与。目前,学校有艺术类社团:管乐团、舞蹈队、合唱团、戏剧社、川剧小组、书法美术社等;体育类社团:排球队、健美操队、篮球队、棋类运动队、田径队、游泳队等;其他综合类社团:心语社、科技活动小组、国旗班、礼仪队、志愿者协会、晨曦文学社、英语杂志社、学生电视台、VOY广播站等。

在各类社团丰富的活动体验中,七中育才学子彰显出生命的精彩。晨曦文学社和孩子们一起酝酿文学之梦;学生电视台成为他们评述时事、报道新闻的舞台;川剧小组让他们唱出独有的蜀韵今声;管乐团学生的演奏漂洋过海,传到了大洋彼岸的悉尼、维也纳……学生在社团中自主管理、自主发展,丰富的活动、能力的提升以及成功的体验成了他们心灵的甘泉、精神的养料，形成了学生个体差异发展、学校整体多维提升的良好局面。

三、"五化"：课程实施的策略

学校在德育课程实施中，确立了参与全员化、教育活动化、活动主题化、主题序列化、序列特色化的"五化"策略，让学生在参与、感悟、体验、交流中成长，逐渐建立起正确的人生观、价值观，提升德育实效。

以学校"家文化"主题体验课程为例。我校"家文化"课程着力挖掘家庭文史资源，拓展教育场域，传承、弘扬家族文化，融合并创新家校共育方式。学校以课程实施的重要时间为节点，梳理出序列轴线，关注各个时间节点的内涵及文化特质，设计与之相匹配的课程内容。在学校课程顶层思路的指导下，我们以完整的课程建设方式搭建"家文化"主题体验课程，并遵照"五化"策略进行课程设计和推进实施。

我校"家文化"主题体验课程内容体系如图所示。

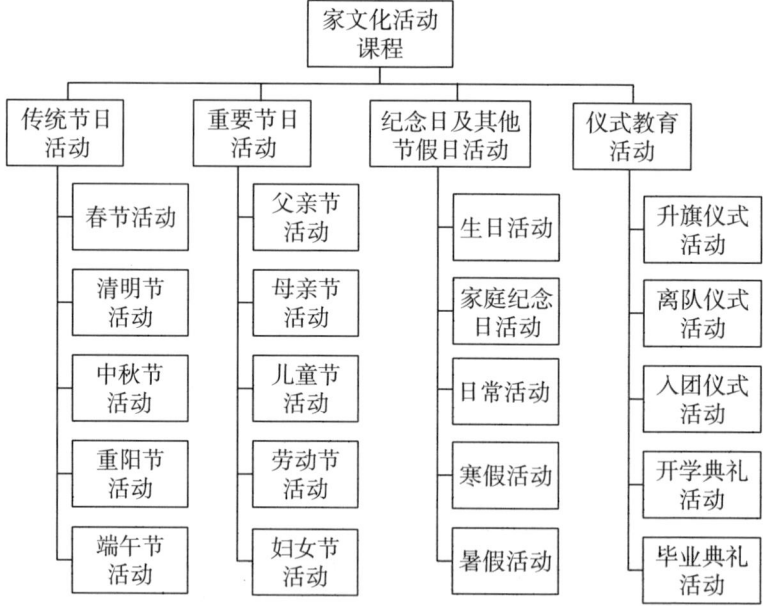

图 1.2.1　七中育才学校"家文化"课程

"家文化"主题体验课程的管理路径，遵照"顶层设计—中层推进—基层落实"的原则，保障了活动主题化、主题序列化、序列特色化等宗旨得以落实。具体体现在：根据学校文化和课程建设理念确立"家文化"主题体验课程的目标和体系；德育管理团队在此指导下确定课程主题和内容，包括具体活动节点和实施方案；以班级为单位在班主任指导下推进完成课程任务。

"家文化"主题体验课程的具体实施流程：确定活动节点，根据节点特点确定参与对象，提出明确目标，设计主题内容，推进课程实施。

下表为我校"家文化"课程内容大纲（节选）。

表1-2-1 七中育才学校"家文化"课程内容大纲（节选）

序号	学月	文化	目标	主题内容	参与对象
1	2月	春节	责任担当	我来当家	七年级学生
			传承感恩	史说我家	八年级学生和家长
				荣耀我家	九年级学生和家长
2	4月	清明	寻根思源	感恩清明 祭祖思源	全体学生
3	7月 8月	暑假	感恩责任	走进父母职业体验	七年级学生和家长
4	9月 10月	中秋	思乡念亲	思乡——月是故乡明	七年级学生
				寄情——但愿人长久	八年级学生
				念亲——花好月圆夜	九年级学生

再以上表中每年2月开展的寒假"家文化"主题体验课程为例。学校根据学生年段和身心特点，结合春节传统文化，分别为七、八、九年级学生设计了三个"我家"系列主题活动。

七年级实践活动主题为"我来当家"。学生在一周内完成课程内容清单上所要求的"家庭财务管理、一日三餐配置、家庭环境大扫除、年夜饭准备、春节送祝福"等当家任务，在实践中体验父母管家的辛劳，感悟家庭物质环境、人文环境建设的不易。

八年级实践活动主题为"史说我家"。通过寻找选择一件家中有意义的老物件，搜集家族物件传承的故事，探究家族变迁历史，感悟家中长辈一代代人的辛勤付出，探寻家庭与社会、国家发展的紧密关系。

九年级实践活动主题为"荣耀我家"，通过采访家族中一位优秀的成员，倾听故事，挖掘优秀者成长的根源，学习其优秀品质，倡导培育良好的家族风气。学校为每个学生制订了活动记录单，学生要记录实践过程，撰写实践体悟总结，并请父母或优秀家族成员写出寄语或评语。

上述寒假"家文化"主题体验课程做到了参与全员化，让学生、家长、教师全员参与，共同感受，相互支持，产生了教育共鸣；体现了教育活动化，以活动为载体，创设情境，让学生在活动中体验，激发了学生的参与热情，使学生通过对各种主题活动或情境的体验而获得相应的认知、感悟、反思和实践，使学校文化通过主体自身及其体验转化为个体的德行，成为了个体的品德；实现了活动主题化，围绕传统春节家族团聚这一文化主题进行活动设计，内容聚焦，目标清晰；达成了主题序列化，主题内容深度挖掘，三个年段不同的"家文化"实践体验，既有连贯性又有多样性，实现螺旋上升的德育目标；彰显序列特色化，响应育人目标，呼应学校文化，凸显德育亮点。

"五化"课程实施策略清晰地表达了学校德育课程的内容、主题、形式和特点，对课程的整体构建和德育活动的具体实施起到了指导和保障作用。

第三章　课程成果的推广及社会价值影响

七中育才"让生命精彩"双色德育课程成果主要来源于我校"初中'主题体验式'学校德育课程体系建设"课题研究成果,其中主题体验式课程概念与内涵、德育课程的构建策略、内容框架、实施策略可适用于初中及高中。

"让生命精彩"双色德育课程成果产生的研究效益及社会效益主要有以下三个方面。

一、学生综合素养长足发展

以2018年成都市锦江区教育质量监测中心委托第三方机构对学校开展的学生品德发展水平的监测和数据分析为例,本次学生品德发展水平问卷包括行为习惯、公民素养、人格品质、理想信念4个维度,13123名学生参与其中,我校也有一个年级400余名学生参加随机抽样。调查反馈17个二级维度调查数据,我校数据均远超区域学校平均水平,全部处于优秀等级,其中有9项位居全区域第一。

该次监测反馈结果摘要如下:

(1) 该校学生行为习惯处于优秀等级。文明礼貌、勤俭节约、热爱劳动、爱护环境均处于优秀等级。

(2) 该校学生公民素养处于优秀等级。珍爱生命、遵纪守法、诚实守信、团结友善、乐于助人均处于优秀等级。

(3) 该校学生人格品质处于优秀等级。自尊自信、自律自强、尊重他人、乐观向上均处于优秀等级。

(4) 该校学生理想信念处于优秀等级。爱国情感、文化认同、社会责任、集体意识均处于优秀等级。

综上所述可见,我校"让生命精彩"学校德育课程体系建设,使学生综合素养得到长足发展,切实将国家要求与学校发展有效结合,实施策略明晰有效,初步达到了课程预设目标,促进了学生的全面发展。

二、学校办学品质与内涵显著提升

自开展"让生命精彩"双色德育课程体系建设以来,学校德育队伍开阔了育人思路,全方位开展德育活动,提升了教师专业化的德育能力。教师的德育水平、教研水平和教学能力、工作积极性和创造力得到了提升,涌现出了以全国最美教师叶德元为代表的一大批优秀德育引领者。学校自2010年来,共计有44名教师先后被评选为省市区级优秀德育工作者或优秀班主任,老师们也将自己对学校德育课程建设与实践的思考与认知整理归纳,形成个人专著或专刊。

其中,叶德元老师的学校德育课程相关专著《爱要大声说出来》,获得2018年成都市第十六届基础教育优秀教育科研成果一等奖、2018年四川省第十八次优秀教育科研成果一等奖、2020年成都市人民政府颁发的成都市第十四次哲学社会科学优秀成果三等奖。全校共有16项基于本课题研究的报告和论文获得省市奖励,6项发表于《中国德育》等核心德育期刊。

学校在课程建设与实践的过程中,也收获颇丰。学生"四学会""文史探究"德育课程展示,均荣获四川省第八届中小学校园电视节目评选活动优秀奖,学校先后被评选为"四川省艺术特色教育学校"、成都市魅力校园十佳奖、成都市篮球协会"先进集体"、"四川省阳光体育示范学校"、锦江区家长学校示范基地、成都市中小学心理健康教育特色校等20项与学校德育课程建设相关的荣誉称号。2020年11月,我校水井坊校区被评为全国文明单位。成都七中育才学校已成为成都市乃至四川省的一道靓丽风景,成为家长心目中学生发展成长的最佳选择。

三、助力国家扶贫攻坚,辐射引领区域发展

七中育才一直坚持"卓尔不群,大器天下"的精神追求,本项研究成果不仅在校内实践,还积极向外辐射。围绕学校德育课程建设过程中的经验与思考,学校课程研究骨干力量先后共计开展44场面向全国和省市区的讲座,与兄弟学校共同实践,引领区域德育课程建设不断发展。

在国家的扶贫攻坚战略指引下,我校通过"东方闻道网校""四川云教"平台等,达成与全省扶贫攻坚区域的合作,先后委派德育骨干力量赴甘孜州炉霍中学、康定中学、德格中学等学校介绍和推广我校"让生命精彩"双色德育课程建设的研究过程、路径和方法,指导学校建设学校德育课程。同时,在四川省教育厅的指导下,我校深入凉山州普格县洛乌沟中学,开展点对点精准教

育扶贫，从学科教学到学校德育课程进行一对一指导。在四川省政协的指导下，课程研究骨干力量前往凉山州美姑县，对该县中小学校长、德育分管团队进行学校课程体系的建设专项培训。

我校研究成果还通过网校向省外学校进行辐射。全国322所远端学校学习了我校"双色"德育课程体系并积极在校实践。学校先后已经收到青海省三江源民族中学、广西平果中学、云南省禄劝彝族苗族自治县第一中学、青海海北州祁连县民族中学等19所学校的反馈实践成果，学校德育品质得到快速发展。参与学习实践的学校，都在我校"让生命精彩"双色德育课程体系的建构基础上整理出了具有校本特色的德育课程体系或提炼出德育主题，以助力学校发展，成为区域内的新优质学校。

第二部分

"让生命精彩"双色德育课程实践

第一章　规则与习惯
——让生命沉静下来

规则是指制度或章程，是由群体共同制订、公认或由代表人统一制订并通过的，由群体里的所有成员一起遵守的约定。遵守规则是社会公民基本素养之一，没有规矩不成方圆。初中生进入青春期，自我意识迅速增强，语言和行为极具个性化。然而学生往往对规则认知不足，在集体和社会公共场合，不能很好地把握自身言行的度，不知轻重，我行我素，甚至将挑战规则视为勇气的象征。例如在公共场所高声喧哗、不专心上课、不爱护公物等，对老师、家长的教育产生抵触和挑战，进而影响学生的人际关系、心理状态和学习状态。因此，守则意识对学校形成良好的校风、学风、教风等都会起到重要的作用。

习惯是指积久养成的生活方式，是一个人逐渐养成而不易改变的行为。人们通常把习惯分为好习惯和坏习惯，好习惯成就一个人，而坏习惯则会毁掉一个人。美国畅销书作家杰克·霍吉在《习惯的力量》一书中说道："行为变成了习惯，习惯养成了性格，性格决定命运。"巴金认为："孩子成功教育从好习惯培养开始。"3~15岁是人形成良好行为的关键期，15岁以后，孩子已逐渐形成许多习惯，新习惯要想扎下根来就难多了。因此，在中学教育中，培养学生良好的习惯一直都是非常重要的工作内容。

七中育才德育目标之一是为学生打好公民素养的"基础底色"。在学校德育工作的实践和研究中，确定了宜在初中阶段侧重培养的公民基本素养，即习惯与规则、生命与生活、传承与感恩三大板块。每一板块都涵盖了具体的基本素养，如习惯与规则板块涵盖规则、习惯、法治等基本素养。学校以德育课程开发来推进学生公民基本素养的培养，以各基本素养为大概念，在总结实践经验的基础上，提出各素养的课程目标、课程内容、素养标准、活动设计、活动组织、评价方法等来系统地实施，构建出素养培养课程群。

基于《中国学生发展核心素养》，结合初中学生年龄段特点，各具体素养的目标、内容、标准、活动、评价等就有了明确的方向。

规则课程目标就是要培养守则意识。培养学生守则意识一直是七中育才打造学生"底色"的重要德育内容。在新生入学时，学校在活动课程中专项开展学生守则、校规校纪、班级公约等学习，让每一位学生对进入初中的第一印象就是要遵规守纪。在平常的教育教学中，把守则融合到校园生活的各个环节之中，从上放学、课堂准备、集会、午休、打餐、课间休息、考试等方面，均提出了相应的规则要求并开展训练。评价方式有值周班级打分，纳入班级流动红旗考核指标；有班级操行分，纳入个体评优考核指标；有任课教师评价，纳入个体评优意见栏等。

习惯课程目标就是要培养好习惯，摒弃坏习惯。小学阶段已开展好习惯的培养，但各小学的培养内容和效果却参差不齐。初中阶段是培养学生好习惯的又一个重要时期。哪些是好习惯呢？哪些习惯适合在初中阶段培养呢？我校在多年的德育工作中，总结提炼出了"育才十大好习惯"：热爱运动常锻炼、幸福人生书相伴、干净整洁善整理、乐于沟通善表达、主动问好常微笑、心怀他人能担责、承诺是金应兑现、自己的事自己做、做事明确有计划、一件事情做到底。每一个好习惯还要按照年龄段进行具体的可操作性的解读，标准也要很明确，要学生能够理解，能做到，好体验。如"干净整洁善整理"，就从着装、发式、个人卫生、文具摆放、课桌整洁、周边环境卫生等方面给出了标准。习惯养成不是一蹴而就的，而是要经过反复训练夯实，才会逐渐固化。学校以序列化方式开展育才十大好习惯培养课程，组织各类活动：每周一次着装、发式、个人卫生大检查，班级轮流值周检查等。对于活动的结果以打分方式纳入班级评比，以流动红旗予以彰显激励，在每周升旗仪式上反馈，即评价。

法治课程目标就是要培养学生法治意识，要学生知法、守法、用法、敬畏法。初中开设有"道德与法治"课程，其内容有明确的界定。道德与法治历来都是调节、规范社会成员的行为，维系社会和谐稳定的基本规则。培养学生法治意识，最重要的是让学生认识到权利和义务不可分割。培养学生的法治意识，单有课堂教学是不够的，学生难以参与体验，难以真正养成法治意识。同时，法律法规内容丰富且专业性强，哪些是适合初中生学习的？哪些是便于学生参与体验的？哪些资源可以整合？这些问题都是该课程实践和研究的重点。经过多年的实践和研究，学校逐步固化了"汇法建和谐""法治活动月""法治大讲堂""模拟法庭""法治墙报""法治进校园"等活动，以学生模拟参与、真实庭审现场等让学生获得深刻体验，增强法治意识。尤其是学校与区法院联合开展的现场庭审活动，通过真实、严肃的庭审场景，让学生真切感受到法律的威严，强化了法治意识。很多同学反映这样的活动是震撼心灵、终身难忘的。

一个中学生只有具备了守则意识、良好习惯和法治意识，才会行稳致远，"让生命精彩"成为可能。

第一节　规则意识

规则意识是中学生核心素养的重要组成部分，《中小学德育工作指南》明确把规则教育作为中学阶段的重要目标，培养学生以规则为行动准绳的意识，使其成为品德高尚、人格健全和实践能力强的合格公民，养成优良的学习和生活习惯，让学生在整个初中阶段健康自信地成长。对此，学校系统开展了入学教育、班团队会、午间10分钟教育、升旗仪式、优秀班集体评比等活动，通过这些活动让学生自觉遵守《中学生守则》《育才一日常规》《育才十大好习惯》等规则和纪律，成为讲文明、有教养的合格中学生。在总结以往经验的基础上，我们构建了以学校规则教育为主题的系列课程，在各个课程中提出具体的目标、内容和评价方式。

下面以入学教育课程为例。

【附1】

<h3 style="text-align:center">成都七中育才学校"入学教育"案例</h3>

一、课程方案

学生由小学跨进中学，是学生学习和成长道路中的一个重要的起点和新的飞跃。学生对新学校充满好奇，学生彼此间不熟悉，对彼此的个性不了解，容易导致在纪律、安全和团队合作等方面出现问题。就是在这样的关键时刻，学生迈入了七中育才学校，那七中育才学校到底是一所怎样的学校，怎样才能成为一名合格的"育才学子"呢？开学前的入学教育为学生们全方位地了解学校提供了平台，让学生们在正式开启初中生活之前有所准备，更快地实现从小学生到初中生的转变。

1. 课程目标

通过对入学教育内容的学习，让学生们清楚中学生行为准则、明确纪律要求、认识即将朝夕相处的同伴、清楚学校各区域的功能、初步理解和认同七中育才学校文化，以此促进学生心理适应能力和纪律意识的提升，帮助学生快速适应七中育才学校的初中生活，积极融入班级，成为班级的一份子，成为学校的主人公。这是为学生自律能力的培养奠定基础,为社会适应能力的提升打下基石,最终为提升学生的精神品相注入源头活水。

2. 课程内容

在两天的入学教育中,学生认识新的同学和老师;熟悉学校环境;学习七中育才学校中学学生仪表、发型要求和班级管理考核方案;学习七中育才学校教室卫生检查标准及考核办法;学习学校值周制度;学会如何科学、合理、安全地打扫教室;学唱校歌;熟悉校风、校训;了解学校荣誉;感悟学校文化;了解初中课程设置与目标;学习课堂常规;进行交通、饮食、防溺水等方面的安全教育。

3. 课程对象及时间

课程对象:七年级新生。

课程时间:每年8月底。

4. 课程实施

培训时间:8月30日—8月31日。

培训地点:各班教室、学术厅、操场。

培训对象:全体新生。

培训人员:全体班主任、教育处工作人员、艺体教研组。

培训安排:

8月27—29日

时间	内容	参与人员	负责人
8月27日	全年级通报培训方案	全年级教师参与	年级组长
8月28、29日	班主任、科任老师备课	全年级教师参与	全体教师

8月30日

时间	内容	参与人员	负责人
8:00前	班主任准备迎接学生	班级学生	班主任
8:00—8:40 第一节	调整班级座位和列队	班级学生	班主任
8:50—9:30 第二节	介绍自己、介绍管理理念	班级学生	班主任
9:40—10:40 第三节	年级集中在学术厅培训	全年级老师与学生	年级组长、各班班主任

续表

时间	内容	参与人员	负责人
10:50—11:30 第四节	组织班级进行常规学习	班级学生	班主任
12:00—12:50	午餐	班级学生	班主任
12:50—13:30 第五节	分发并整理书籍、书柜	班级学生	班主任
13:30—14:00	午休	班级学生	班主任
14:10—16:30 第六、七、八节	学生自我介绍、班委与合作小组的组建	班级学生	班主任
16:40—17:20 第九节	队列训练	班级学生	体育组
17:20至放学	总结当天情况并做提醒	班级学生	班主任

育才点滴

育才生活初体验——我的入学教育

亲爱的同学，今天起你将参加为期两天的育才新生入学教育，相信这两天能带给你很大的收获，请你积极参与、细心聆听、认真笔记。将自己的收获完整地写在下面吧！

◆先让我们一起来认识班主任老师：

我的班主任老师叫_____，他（她）任教的学科是_____，我对他（她）的第一印象可以这样来形容_____。

◆然后一起来认识育才吧，今天听到的学校介绍，给了我这样深刻的育才第一印象：

- 每个人的成长与进步都需要他人的帮助,我很荣幸有学习小组成员与我在一起:
  我们的组名叫做_____我们的组长是:_____。
  组员的名字是:_____。
  要想在激烈的小组竞争中立于不败之地,我们一定要用好自己的秘密武器哦——这就是我们严格而细致的小组管理制度:

◆ 未来的三年,我将在育才学习成长,对育才的各项制度要求,我当然要清清楚楚啦!你看,老师清晰明白的解读协助我迈好初中第一步,让我对自己作为育才学子的规范也有了深刻的记忆——

8月31日

时间	内容	参与人员	负责人
7:40—8:00	组织早到先读、介绍老师	班级学生	班主任
8:00—10:20 第一、二、三节	语数外老师谈学科要求（年级排课表）	班级学生	学科老师
10:30—11:30 第四节	队列训练	班级学生	体育老师、班主任
11:40—12:20 第五节	班主任提醒与讲要求	班级学生	班主任
12:20放学	做卫生、布置教室	班级学生	班主任
12:20—14:00	午餐、午休、做准备	全体老师	班主任
14:30—15:30	在学术厅集中开家长会	全体老师、家长	年级组长、备课组长
15:40至放学	分班家长会	班级家长	班主任

5. 课程评价

(1) 过程性评价:学生们记录下对新班主任和学校的印象、对育才规则的理解、对自己所属小组的认识等。

（2）结果性评价：入学教育结束后，通过学生的表现，完成小组组建、班委组建；在正式开学后，根据学生进入初中以来一个月的各项表现，评选出课前准备做得最好的人、最受同学欢迎的人、所有老师都认识的人、列队集会快静齐的人、午自习最专注的人、早到先读做得最好的人……以此评价学生们对初中生活的适应能力，从而反观入学教育的效果。

二、案例呈现

下面以初2020级新生"入学教育"为例，呈现这一课程的具体实施过程。

花开花落，四季轮回，时间的车轮滚滚向前，又一批孩子背着书包从四面八方迈入了七中育才学校的大门。在这里，他们接受了为期两天的入学教育：班主任的自我介绍和带班理念的讲解、列队集会的要求、学校精神的解读、校歌的吟唱、同学们之间的相互认识、小组建设……

8月30日，孩子们进入学校，怀着激动憧憬的心情，各自奔向属于自己的那一间教室的时候，同样激动忐忑的还有一群人，那就是早早就等在教室的班爸班妈们。他们脸上挂着微笑，迎接属于自己班级的每一个孩子。可以说，为了和孩子们的第一次见面，班爸班妈们做足了准备。第一天，班主任们亲自上阵，拿着抹布、扫帚打扫教室，拿着粉笔亲手写下欢迎孩子们的话语。可这肯定是不够的，通过深思熟虑，班主任们还准备了一个故事：和往届学生们之间的故事、自己的成长经历、求学之路……伴随着这些故事，班爸班妈们将自己的带班理念、对孩子们的期待一一道来。班爸班妈们讲得投入，孩子们听得入神，当天晚上，就有家长说道："孩子回家后，活灵活现地模仿了自己的班主任，嘴里还说着自己班主任身上的故事，备受鼓舞。"

布置教室

班主任和学生们交流

与班主任进行交流后，孩子们来到学术厅。在这里，分管副校长首先向孩子们解读了"规则"与"自由"这两个词，然后图文并茂地为孩子们解读了育才中学学生行为规范——从着装、发式到育才十大好习惯，都作出了明确的要求。在放学总结时，不少同学认同规则在初中的学习生活中是非常重要的。会上,执行校长还叮嘱孩子们并提出了殷切希望,希望孩子们都能成为"健康、高雅、聪慧、大气"的育才学子,使七中育才学校的文化成为自己身上的烙印,永不降低灵魂飞翔的高度。

入学教育系统活动

对于一个集体来说,最重要的事,当然是熟悉周围的伙伴了。入学教育一个必不可少的环节,便是学生们的自我介绍了,这是让班级成为一个家的第一步。孩子们既紧张又激动,无比重视自己的第一次亮相,同时又对自己未来三年朝夕相处的同学们充满了好奇。

学生们进行自我介绍。

来到讲台上,孩子们介绍自己的兴趣、爱好、特长、小学在班级中担任的职务等。全班几十个孩子中,能看出来有的孩子声音洪亮、落落大方、有备而来,而有的孩子则比较内敛、性格沉稳、娓娓道来。多年后,想起某某同学的第一次亮相,这仍是多么宝贵的回忆啊。回家后,当孩子们兴高采烈地给爸爸妈妈描述班上的同学时,总能一语说出某个同学的特点。当然,对于班主任来说,这必然是了解每个孩子的难得的机会。我们的教育对象是人,而且是不断发展的人,每个孩子都那么的与众不同,这才让老师成为一个如此有意义的职业。

对于班主任们来说,入学教育怎么能少了"一日常规"训练呢。例如,早上几点到校?到校后第一件事是什么?如何进行早读?课堂规范、自习课管理、清洁培训、集队集会要求、午餐管理、午休规范、课代表培训等。孩子们对在育才的每一天每一个环节的要求进行了解,提前知道育才的"规矩"是什么。讲解下来,孩子们发现做初中生并不轻松,做育才的初中生更不轻松,高标准、严要求名不虚传。

学校"一日常规"(部分)

附件:2020级学生一日常规(师生学习资料)	
早到先读	早晨到校后,应早到先读
课前准备 (每节课前2分钟)	在预备铃声响起之前,应准备好下节课的书本和相关文具;预备铃响后,按照班级要求进行课前静息,静候老师上课
课堂要求	1. 课堂学习中,应认真听讲,积极动脑筋思考,主动回答问题,不做影响其他同学学习的事。 2. 抓紧课堂学习的一分一秒,提高学习的效率,有选择地做好学习笔记和标注,要积极大胆地质疑。 3. 按照老师的要求,积极参与小组讨论,与组员互相帮助,取长补短。 4. 遵守课堂纪律,坐姿规范,不讲小话,不做与课堂学习无关的事,学会聆听,尊重他人。 5. 水杯不出现在桌面上,上课不喝水,非特殊情况不请假上厕所。 6. 到实验室、音乐室、美术室、微机室等处上课时,路途中要安静行进,不打闹,到达后按照指定位置就座
课间休息 (10分钟)	课间文明休息,不乱开玩笑,不追逐打闹,不高声喧哗;不得在非运动区(如教学楼、办公楼)从事体育运动
大课间 (10:20—10:50不拖堂)	听到下课铃响,有序地下楼,走出教学楼后在保证安全的情况下,有序、迅速地到达指定位置,站姿标准,做操认真
午餐 (12:20—12:50)	午餐按照秩序排队打餐,在指定位置文明用餐,不乱丢乱倒,不大声喧哗
午间保洁 (12:40—12:50)	服从班干部的安排,动作迅速,要求10分钟内完成
午自习 (12:50—13:30)	午自习珍惜时间,高效完成作业,做到绝对安静。若向老师请教问题,需要举手示意

我们坚信,好的学习习惯会带来好的学习效果,初一阶段必须把对学生习惯的养成放在重要的位置。为此,学校还为学生们准备了新生入学宝典——《最美的遇见》,这里有学长的寄语、老师们的叮咛、校园介绍、育才要求,更有自己的成长记录,它全方位地呈现了育才的文化和对孩子们的常规要求。这本书将陪伴孩子们整个初一,指导孩子们的学习和常规。

紧张的入学教育即将结束,如何给这一天画上一个圆满的句号呢?这也是不能随意的。

"大家知道今天第一位到的同学是谁吗?我们请他站起来,大家还记得他的名字吗?""今天中午的打餐任务是哪几个同学主动为我们承担的呢?大家能叫出他们的名字吗?""今天发了很多的新书,是哪些同学为我们搬到教室来的呢?""今天哪位同学给你留下了深刻的印象,为什么?"……通过这一系列的提问,孩子们再次熟悉彼此,弘扬好人好事,倡导正能量,为孩子们指明班级导向。

新生入学手册《最美的遇见》封面和目录

这两天,孩子们近距离接触同学、老师,熟悉校园环境,认识规则要求,了解学校文化,为9月1日初中生活的正式开启预热。有了入学教育的铺垫,相信孩子们能快速适应初中生活,实现由小学生到初中生的真正转变,在七中育才学校的舞台上精彩绽放。

第二节　习惯培养

"没有什么比习惯的力量更强大。"每个人身上好习惯与坏习惯并存,而获得成功的可能性取决于好习惯的多少。人生就是一场好习惯与坏习惯的拉锯战,把好的习惯坚持下来就意味着踏上了成功的快车。七中育才一直非常重视学生的习惯养成教育，通过梳理多年对学生的习惯培养实践，结合中学生发展核心素养中的"健康生活、人文底蕴、实践创新、责任担当"，凝练出了"育才学子必备十大好习惯"。

> 习惯一，热爱运动常锻炼。
> 习惯二，幸福人生书相伴。
> 习惯三，干净整洁善整理。
> 习惯四，乐于沟通善表达。
> 习惯五，主动问好常微笑。
> 习惯六，心怀他人能担责。
> 习惯七，承诺是金应兑现。
> 习惯八，自己的事自己做。
> 习惯九，做事明确有计划。
> 习惯十，一件事情做到底。

以"育才学子必备十大好习惯"为基础，学校构建了"育才好习惯课程"，并通过不同的子课程群实现培养学生好习惯，成就学生生命精彩的目标。其中，学校以全国文明校园创建为契机，通过实施清洁卫生、午餐午休、整理收纳、见面问好等常规培训和指导，构建了"文明学子课程"；通过家长讲坛、家庭教育讲座、家长手册等多种形式的家庭教育指导，构建了"家庭习惯养成课程"；通过不同节假日的社会实践活动指导，构建了"习惯养成综合实践课程"；通过多年的好习惯班会课赛课活动，精选并打造出了一系列优秀的班会课，构建了"好习惯养成系列班会课程"。这些课程有目标、有内容、有实施、有评价，下面以综合实践课程之"我当三天家 祥和中国年"和习惯养成系列班会课程之"微笑让生活更美好"为例加以说明。

【附1】

成都七中育才学校"我当三天家 祥和中国年"课程案例

一、课程方案

习惯养成教育是助力学生打好生命底色的重要保障。除了在校园生活期间通过日常训练、校园活动等方式培养这十大好习惯，七中育才学校还通过不同形式的社会实践活动，引导学生在节假日期间培养自己不同维度的好习惯。

寒假有中国最重要的节日——春节。春节是学生与家人团聚相处的日子，也是了解中国传统节日文化的机会。在这样的背景下，开展"我当三天家"社会实践，可以增进学生和家长之间的了解和沟通，可以在家庭习惯养成上得到家长更多的支持。从懵懂的儿童到成熟的青年这个转变期是学生飞速成长的时期。对于刚刚步入初中的学生而言，他们在理解、行为、思维等综合能力上都比小学有了较大的提升。除技能外，我们还可以从家庭责任、劳动意义、沟通表达、孝心感恩等较高阶的方面培养他们的习惯。因此，每年寒假育才都会通过"我当三天家"这项社会实践活动指导初一年级学生培养家庭生活好习惯。

1. 课程目标

通过"我当三天家"综合实践，让学生明白各种好习惯在生活中的重要性，理解好习惯成就精彩人生的道理。弘扬中华民族传统美德，传承中华民族传统文化，让育才学子获得关爱、孝敬、感恩的情感体验，锻炼学生的生活自理能力，初步培养学生对家庭的责任心，养成良好的家庭生活习惯。

2. 课程内容

指导学生在假期中通过当家的方式，完成打扫、做饭、洗碗、布置等家务劳动；承担照顾家人饮食起居的责任；用赠送礼物、祝词敬茶等方式表达感恩；设计和规划全家的锻炼、出行。在当家的过程中，培养并锻炼学生的多种好习惯。

3. 课程时间和对象

课程时间：寒假期间。

课程对象：七年级学生。

4. 课程实施

课程内容	活动任务	活动记载
劳动最快乐	1. 传统中国年的习俗中"二十四、扫尘日"，就是说打扫干净屋子，迎接新的一年。清理家中所有房间，包括整理物品、打扫清洁，干干净净过新年。 2. 清洁完成后，用采买的对联、中国结、红灯笼或者猪年特色的生肖物品，把家中布置得有新年的气氛，热热闹闹迎新年。	请将家中清洁、布置的前后效果、完成的过程各拍摄一组照片进行记录，以备办小报使用。

续表

课程内容	活动任务	活动记载
孝心最暖心	1. 早晨：叫父母起床，给父母准备好早点。 2. 上午：采购一天内家庭生活所需物品（如蔬菜、肉类等）。 3. 中午：准备午饭、收拾碗筷。建议学习制作一道中国春节传统美食，如包水饺、做汤圆，或者学习制作年夜饭菜肴。 4. 下午：父母下班前为他们泡好热茶，削好水果；准备较丰盛的晚餐，从采买到洗切、烹饪、餐后清洁全部独立完成。 5. 晚饭时：同父母交流自己当天的劳动感受。 6. 晚饭后：收拾碗筷后，陪父母散步半个小时，与父母聊天谈心。 7. 睡前：为父母准备好洗漱所需物品，提醒父母注意身体	请将过程和结果进行拍照记录，以备办小报使用；做传统美食最好有视频纪录
感恩最美丽	1. 选购一份礼物给长辈，要求事先调查了解，这份礼物应是长辈喜欢的、需要的。购买过程中货比三家，亲自挑选。在团年饭时，赠送给长辈并且给长辈敬酒（由饮料替代），事先想好祝酒词，表达内心的感恩与祝福。 2. 为关心帮助过自己的人，如昔日恩师等送上电话或者短信祝福。 3. 为自己小区的好邻居或者保安叔叔、清洁阿姨送上自制的小卡，写上新年祝福	建议拍摄下礼物及选购情境，注明购买原因，写下祝福的话，记录下感恩祝福的瞬间，以备办小报使用
完美假期计划先行	1. 为全家设计合理的健身计划，如跑步、做操、球类运动、游泳等，寒假中至少陪同家人进行一次2小时左右的运动。 2. （选做）设计一次家庭出游。综合考虑地点、路线、所带用品、费用预算，尽可能独立完成订酒店、订餐等事务，让家人感到舒适、实惠	需用文档展现出计划内容，写好说明；拍照记录全过程，以备办小报使用

活动成果展现
1. （必做）办主题小报：以上所有活动的过程、感受、成果都用一张自己办的小报呈现。具体要求如下：①大小等同于两张并列的A4纸，单面；②版块分明，除了包括上述各活动过程，还要包含对整个活动体验叙述的"活动总结"及"家长寄语"；③版面设计合理、美观；内容生动、真实，要求图文并茂。 2. （必做）创作传统中国年作品：请以自己喜欢的艺术形式，如书法、绘画、剪纸等，写"家"、画"家"。要求：拍摄作品照片，附上一张家庭展示作品的全家福，体现浓浓的过年氛围。 3. （选做）学习制作一种"传统春节美食"，如汤圆、饺子、发糕、糖饼等，过程中进行拍摄，编辑成视频，可配上字幕或者解说

5. 课程评价

（1）开学初各班将召开班会交流"当家"感受，根据学生小报、传统中国年活动及家长的反馈意见，评选5~10名"我当三天家"实践先进个人，获得学校表彰。

（2）各班将班级优秀小报布置成教室外墙进行展示。

（3）学校收集各班最优秀的3~5张作品制作成海报并在校园内展出。

（4）学校收集优秀作品及学生参加活动的感受、家长的评价和反馈，制作推文，通过学校微信公众号推送。

"我当三天家"实践小报展示

二、案例呈现

2018级的"我当三天家 祥和中国年"寒假社会实践活动开展计划周密，过程落实，得到学生和家长的一致好评。

为了使活动的意义深入人心，让同学们更好地参加实践活动，寒假放假前两周教育处就完成并印制好了活动方案，并且做好了方案解读的准备。有序地组织实施了活动的第一个环节：活动准备。

首先，教育处在班主任会上面向所有班主任进行了方案解读，侧重讲解了活动的意义及活动内容设计的目的，尤其是活动内容对"育才十大好习惯"的呼应。

"劳动最快乐"——干净整洁善整理。

"孝心最暖心"——心怀他人能担责。

"感恩最美丽"——乐于沟通善表达。

"完美假期 计划先行"——热爱运动常锻炼、做事明确有计划、一件事情做到底。

其次,在放假前各班主任面向学生进行了活动方案的解读,侧重讲解了活动的实施,目的是让学生清楚做什么以及怎么做。班级的活动方案解读会也是活动实施讨论会,主要通过以下三个流程进行。

流程一:活动意义解读及任务布置。

流程二:组织学生对实施策略进行分组讨论。"劳动最快乐"小组讨论劳动项目、劳动工具、劳动技巧等;"孝心最暖心"小组讨论食材购买、餐食准备等;"感恩最暖心"小组讨论礼物选择、祝福语设计等;"完美假期计划先行"小组讨论健身方式、出游地点等。

流程三:小组代表进行汇报分享,供全体学生相互学习。

在接下来的家长会中,班主任向全班家长进行了解读,除了对活动意义的解读,还侧重获取家长的支持,并指导家长对学生进行过程性辅导。

为了让同学们在过程中有分享、有学习、有提升,在实践活动过程中各班要求学生及时分享实践过程性资料。同学们有的拍摄图片、有的录制视频、有的使用App制作视频。他们将这些过程资料晒到班级群中,家长们点赞、老师点评、同学学习。通过这种方式促进每个学生实践质量的逐步提升。

在本次实践活动中,学生们收获多多,家长们好评如潮,现将部分家长和学生的反馈整理如下:

家长说:

> 年是甜蜜的糖果,是缤纷的烟火,是家人的团圆,是希望的启航。小朋友在年年长大,在岁岁成熟。又逢新年,祝福大家新年隽永,吉祥如意!
>
> 2021届1班 家长
>
> 昕昕,爸爸妈妈真切地感受到你长大了。在当家的这几天里,虽然你略显无助与忙乱,但在我们的引导下困难都能一一克服。我们希望你能将这次活动中体现出的勤学、好问、感恩、坚强等优秀品质融汇于你未来的学习和生活中。
>
> 2021届2班 家长

这次活动孩子做得不错，各项家务都做得很认真，在安排家人的三餐过程中体会到了责任。学校开展这样的活动很有意义，希望在以后的学习过程中可以多开展这样的活动。祝愿孩子在新的一年里多多参与劳动，再接再厉，学习进步，取得更优异的成绩。

2021届8班　家长

通过自己当家，孩子动手能力更强了，对事物安排的条理更明晰了；既知晓了亲情的可贵，又宏扬了中华传统文化。在这里，我祝愿我的乖女儿在新的一年里从点滴做起，向着自己的目标努力！快乐！健康！

2021届6班　家长

"我当三天家　祥和中国家"实践活动精彩瞬间

学生说：

爱在平凡，贵在用心。爱的方式有许多，不必轰轰烈烈，也无需红红火火。做菜、擦鞋、拖地、策划出行……几件平常的事就让我体会到了父母浓浓的爱。但回想过去，这些与父母对我的付出相比，也只是繁星点点中的一缕微光罢了。爱可喧闹，也能平静。没有太多言语倾注心灵，就会油生感悟。爱在细微，情在真切，生活的片段如小小碎石，并不一定光鲜亮丽，但用它们摩擦出的饱含心意的"星星之火"，却是我们人生中必不可少的动力。

2021届13班　学生

通过这次当家,我深深体会到当家是如此不易,仅仅是一日三餐就已经把我折磨得筋疲力尽。我发现,任何看起来容易的小事做起来都不是那么容易,甚至有些时候你做了还不会被人重视。这让我深深地理解了妈妈和婆婆的辛苦。以后我一定要更加珍惜,也要学会为家人分担。

2021届5班　学生

本以为以上的内容做起来很累,但操作之后,我改变了自己的看法——这不是一般的累,而是超级累。平常那些我认为的无脑操作,现在却秀了我一脸。此次活动让我体会到了父母的辛苦,也让我对自己之前说那些没良心的话的行为感到愧疚。爸爸妈妈平时太辛苦,我应该多帮帮他们,体谅他们,让他们歇一歇。

2021届11班　学生

家是幸福的场所,是充满爱的地方,它虽然抽象无形,但因为有爱的泉水源源不断地流淌,所以家才会如此温暖,让人眷念。这次当家,让我充分了解到了父母照顾我们的不易,我们应该去理解他们,平时就该多替他们分担。而不是整天什么也不做,还要抱怨父母。对父母的付出不应仅限于假期当家的几天,平时就应该多体贴他们,多做一些家务,这也是作为家庭一员应有的付出。

2021届3班　学生

精心挑选食材,诚意十足

用心制作美食,爱意满满

【附2】

成都七中育才学校"好习惯"系列班会案例
——微笑让生活更美好

一、课程方案

习惯决定性格,性格决定命运。我国著名教育家叶圣陶先生认为:教育就是养成习惯。陶行知先生也曾经说过一句话:"播种行为,就收获习惯;播种习惯,就收获性格;播种性格,就收获命运。"欲求好人生,先求好习惯,欲求好习惯,只需要做一件事:告诉学生如何去做,激发学生愿意去做,支持学生努力去做,鼓励学生坚持去做。让我们的孩子养成良好的习惯,明天让好习惯成就我们的孩子。因此,我们开展了"育才十大好习惯系列主题班会"。此次班会课程旨在培养孩子们良好的学习和生活习惯,鞭策大家在成长的路上砥砺前行。

1. 课程目标

学生核心素养是关于学生知识、技能、情感、态度、价值观等多方面要求的综合表现,是每一名学生获得成功生活、适应个人终生发展和社会发展都需要的、不可或缺的共同素养。该课程以班级文化建设为目的,围绕学生核心素养,通过设计一堂班会课,让学生了解微笑的作用,微笑体现了我们积极的心理品质,展现出我们自信自爱的精神面貌,这既能提高我们的生理健康水平,也有利于促使我们寻求社会支持和社会交往。课程引导学生认知六大核心素养,并以培养学生核心素养为发展目标和方向。

2. 课程内容

首先,此课程从我校十大好习惯入手,引出"主动问好,常微笑"。通过讨论感悟微笑问好的重要作用,并思考需要在生活中向哪些人微笑问好。其次,进行问卷调查,真实反馈学生在学校微笑问好的情况。通过微笑的魔力和倪萍老师的故事,一步一步引导学生挖掘微笑背后体现的健全人格。学生拥有了健全人格,才会拥有健康生活,这也是学生六大核心素养的必备素养之一。最后,让学生分享一句微笑宣言,相互激励,提醒学生每天保持微笑。

活动重点:引导学生培养健全人格,学会健康生活。

活动难点:引导学生认知学生核心素养的重要作用。采取多样化的活动形式,如观看视频、小组讨论、同桌交流、思考发言,帮助学生积极主动参与到活动中。

本堂课的设计分为三个层次:①晓微笑之义——了解为什么要微笑;②明

微笑之力——了解微笑后的魔力；③践微笑之行——了解怎么微笑待人。

3. 课程时间和对象

课程时间：八年级上期。

课程对象：八年级9班学生。

4. 课程评价

（1）课后一个月，再进行 iPad 问卷调查，看看学生们是否在生活中做到了对老师、同学、保安、清洁阿姨、外来访客等微笑问好。

（2）将每位学生写下的关于微笑魔力的感悟张贴在教室内墙。

（3）学校收集班会课程的案例、照片以及学生参加课程的感受，制作推文，通过学校微信公众号推送。

二、案例呈现

1. 导入——重温育才十大好习惯

以抢答题的方式，引导同学们回忆新生入学时期学过的育才十大好习惯。

[资料一]

习惯一：热爱运动_____

习惯二：幸福人生书相伴

习惯三：_____善整理

习惯四：乐于沟通善表达

习惯五：主动问好_____

习惯六：心怀他人有担当

习惯七：_____应兑现

习惯八：自己的事自己做

习惯九：_____有计划

习惯十：一件事情做到底

2. 聆听校长寄语

3. 结合学生实际，调查微笑问好的情况

生活中我们应该对如下人士问好：

校内：老师、同学、保安、清洁阿姨、外来访客等。

校外：邻居、小区的保安、亲人、父母的朋友等。

[资料三]

iPad 问卷调查

1. 你会向学校里认识的同学微笑问好吗?
A. 是　　　　　　B. 否
2. 你会向学校里所有教你的老师微笑问好吗?
A. 是　　　　　　B. 否
3. 你会向学校里陌生的老师或外来访客微笑问好吗?
A. 是　　　　　　B. 否
4. 你会向学校里的保安、清洁阿姨等其他人微笑问好吗?
A. 是　　　　　　B. 否

4. 了解微笑的魔力

看看《微笑的魔力》视频。

[资料四]

观看视频《微笑的魔力》。

从视频中,学生可知微笑帮助人们赢得了工作、收获了爱情和友谊等,其实微笑还有更多的"魔力"。

5. 心理研究论据证实微笑的重要性

心理学研究结果表明,微笑待人,一定程度上可能会比智商或情商等因素更能决定一个人未来的成就。

[资料五]

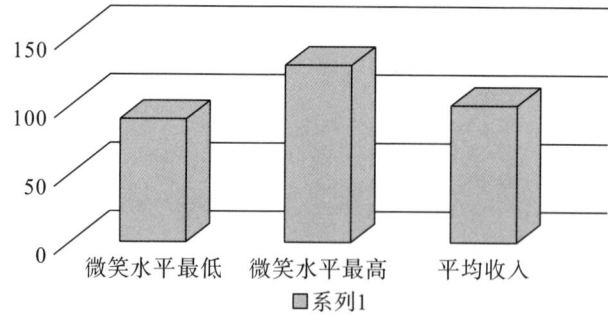

6. 小组讨论微笑的"魔力"

在分享环节,同学们说到了,微笑让我们乐观和开朗,帮助我们建立良好的人际关系,带给人们温暖。事实上,一个微笑看似简单,背后也蕴含了很多的故事。

7. 微笑背后的故事

了解13届春节联欢晚会主持人倪萍老师微笑背后的故事。

[资料六]

观看视频《倪萍的故事》。

透过倪萍老师的微笑,学生知道了:岁月这个神偷,偷走了她的青春和张扬,她就像一个普通的邻居阿姨,身材发福,眼袋低垂且满脸皱纹。可她在和生活贴身肉搏后,从身到心都散发出一种超越外表的力量和光芒。她对所受的委屈一笑置之,微笑着善待自己,也善待世界。

[资料七]

人生,有过摇晃,也有过静浪,
一个人穿过四季,
沧桑地走过每一站,
经历过人生的劫难,
会明白生命的无常。
而真正的智者,
会在大风大雨中懂得隐忍,
懂得在宽容中壮大自己。
懂得微笑着善待世界,
懂得用乐观作为自己的武器,
面对生命中的风雨,锻造达观刚毅的人生境界。
只有这样的人,才有勇气,
踏踏实实,活得真实而勇敢,
把一段富有情致的人生传奇,
永恒地流传下去。

活动现场学生专注投入

在本次实践活动中学生们获益匪浅,现将部分学生的反馈整理如下:

学生说：

> 聆听了吴校长对大家的期望，更深切地感受到微笑问好代表着尊重，敬人者人恒敬之，微笑能带给人温暖，为他人种下一缕阳光。而"主动问好，常微笑"的好习惯与学生"健康生活"的核心素养也不谋而合。
>
> 2022届9班　郭佳韵
>
> 我感受到了"微笑"在生活中的魔力和魅力。倪萍老师的故事更是让我领略到了微笑对"健康生活"的诠释和展现，让我对微笑有了更加深刻的理解和感悟。
>
> 2022届9班　宋柳卿

第三节　法治教育

加强青少年法治教育，使广大青少年学生从小树立法治观念，养成自觉守法、遇事找法、解决问题靠法的思维习惯和行为方式，是全面依法治国、加快建设社会主义法治国家的基础工程。"法治教育课程"是学校德育底色课程的重要组成部分，课程以"汇法建和谐"为目标导向，着力打造学生的公民素养，促进中学生健康成长、全面发展，培养社会主义合格公民，努力实现《中国学生发展核心素养》中社会责任板块对中学生的要求。

学校法治教育课程力图赋予法治教育更加丰富的内涵和形式，不仅仅是传授法治知识，还着力于培养法治意识，变以往的"法制教育"为今天的"法治教育"，使学生尊法学法守法用法，自觉参加社会主义法治国家建设。通过法治教育课程，让学生对法治社会、法治国家建设的意义有更深刻的理解，增强青少年的法治意识，有助于学生在生活中依法行使权力、履行义务，验收道德底线、维护公平正义，做社会主义法治的忠实崇尚者、自觉遵守者、坚定捍卫者。同时，潜移默化地帮助学生建立起对法治的理性认知，增强权利意识、平等意识、公正意识，培养学生对法治的情感认同，发挥法治的情感驱动作用，最终达到知行合一的目的。

学校法治教育课程以初中"道德与法治"学科课程为主阵地，依托教材的法治内容和教学实践经验，汇编了《汇法建和谐　法治伴我行》法治校本教材，教材覆盖初中三年的法治校本课程，在充分尊重学生自主选择的基础上，指导学生根据自身情况开展法治学习。学校将法治内容与德育活动相结合，把每年的十一月作为学校的"法治活动月",利用升旗仪式、班团会、午间十分钟等时机介入法治教育。采用"引进来、走出去"的形式,整合课堂内外、校园内外的法治资源,让学生沉浸在法治校园的氛围中。利用学校社团平台,大力开展法治社团活动。组建"模拟法庭""今日说法"等社团,既丰富了学生的校园生活,也潜移默化地进行了法治素养的培养。此外,学校还积极探索法治综合实践课程,实施"以案说法"的项目式学习。在区人民检察院和区人民法院的大力支持和指导下,深度挖掘青少年犯罪的典型案例,以法治校园剧的形式让学生了解案情,指导学生进行角色扮演,模拟庭审过程,在庭审过程中学习法治知识,体验法治的公平正义。

下面,我们以 2020 年开展的法治教育活动"法治大讲堂"和法治综合实践课程"模拟法庭"为例为大家做详细介绍。

【附1】

成都七中育才学校"模拟法庭"课程案例

一、课程方案

"模拟法庭"课程已经成为学校法治教育的一张名片,受到了教育同行和社会各界的广泛好评。在成都市锦江区人民法院、检察院的持续支持下,学校通过大量的实践教学,推出了综合实践型"模拟法庭"课程,将法治知识与司法实践有机结合起来,把知识传授与能力培养有机结合起来,将法治观念与法治行为融合起来,让学生养成自觉守法、遇事找法、解决问题靠法的思维习惯。

1. 课程目标

通过"模拟法庭"课程,感受法庭威严,熟悉庭审流程,初步撰写合理合法的法律文书,有礼有节地完成模拟庭审,学习法治知识,养成法治意识。

2. 课程内容

(1) 观看由学校精心拍摄的法治短剧《风筝》。

(2) 以角色扮演进行实战性模拟庭审。

(3) 归纳总结法治知识,分享交流感受和体会。

3. 课程对象及时间

课程对象:八年级。

课程时间:每年 11 月份。

4. 课程实施

"模拟法庭"课程采用了综合实践性教学方式,实施方案如下:

(1) 地点:成都七中育才学校模拟法庭。

(2) 要求:对法律工作有一定兴趣的学生参加角色扮演。在整个过程中,学生要充分发挥主体性和自主性,积极地分析案情、查看法律书籍,公平公正地进行庭审。

(3) 安排。

①前置学习阶段。

观看学校法治短剧《风筝》前半部分,熟悉案情。按照案情需要以及同学们的兴趣爱好,分为四个组:审判组、辩护组、公诉组和旁听组。

②实战性模拟庭审阶段。

各小组分配角色:审判长、书记员、公诉人、辩护人、被告、法警和旁听席人员,并了解各角色职能。明晰职能后,站在不同的角度研讨案情,分析案情中的事实存在。根据各小组对案情的初步判断以及相应的法律常识,寻找法律条文支持,撰写法律文书初稿。在模拟法庭中,进行陈述、调查、辩论、审判等实战性模拟庭审。

③总结与交流阶段。

观看学校法治短剧《风筝》后半部分,此短剧还原了真实的庭审场景。用真实庭审对比模拟庭审的过程和结果,认真反思,交流感想,总结我们的得与失。

5. 课程评价

根据学生在前置学习准备过程的参与程度,在模拟庭审过程中的陈述、辩论、宣判等过程中的发言是否精当,法律用语是否精准,以及在模拟庭审完成之后的感受和体会,来判断学生对法治知识的掌握程度和法律意识的强弱。同时,我们还邀请了所有道德与法治老师观摩庭审过程,并对家长进行问卷调查,追踪课程的真实效果。

二、案例呈现

下面我们以2020年11月的八年级"模拟法庭"课程"弘扬法治精神,维护公平正义"为例,呈现该课程的具体实施过程。

1. 课时安排

整个课程共五个课时:前置学习(1课时),分组(1课时),商讨案情、查阅法律书籍(1课时),模拟庭审(1课时),分享交流(1课时)。

2. 课程推进具体内容

第一课时:观看七中育才学校法治短剧《风筝》前半部分,了解案件的前因后果。

七中育才学校法治短剧《风筝》

组织学生观看学校法治短剧《风筝》

第二课时：将学生带到学校的模拟法庭，介绍法庭的相关工作人员及其职能，并根据案情需要以及学生的兴趣进行分组。

学生了解法庭工作人员及其职能

第三课时：学生根据各自的角色和职能，分析商讨案情并查阅法律书籍，准备相应的法律文书，如起诉书、辩护词、审判词等。

模拟起诉书

本案由成都市公安局锦江区分局侦查终结,以被告人陈诺涉嫌抢劫罪于2019年6月28日向本院移送审查起诉。本院受理后,于当日已告知被告人有权委托辩护人,已告知被害人有权委托诉讼代理人,依法讯问了被告人,听取了被害人意见,审查了全部案件材料。经依法审查查明、有足够证据认定犯罪事实。

本院认为,被告人陈诺 _____
_____
_____
_____
_____
_____
_____

依照《中华人民共和国刑事诉讼法》第一百七十二条之规定,提起公诉,请依法判处。

此致

敬礼

成都市锦江区人民法院
助理检察员:
二〇一九年七月十五日

模拟辩护词

审判长,我对陈诺**构成抢劫罪和犯罪事实不持异议**,仅就量型发表如下辩护意见:

1. _____
_____

2. _____
_____

3. _____
_____

4. _____
_____

5. _____
_____

综上,请合议庭考虑到其系未成年人,秉着对未成年人**教育为主,惩罚为辅**的刑事政策,给予陈诺一次改过自新的机会,让其回归到社会中,肯请法庭对陈诺作出有罪**免除判决或适用缓刑**。

模拟审判词

通过今天的庭审及公诉人出示的大量证据证实,公诉机关指控被告人陈诺犯抢劫罪事实清楚,证据确实充分,罪名成立,本院予以支持,被告人陈诺在归案后能够如实供述其犯罪事实,其认罪态度较好,且得到被害人谅解,本院在量刑时酌情予以从轻判处,辩护人提出的辩护意见和查明的事实相符,予以采纳,现我代表锦江区人民法院口头宣判如下:

_____

_____

_____

_____

_____

今日为口头判决,书面判决于五日内送。如不服本判决,可在接到判决书第二日起十日内,通过本院或直接向四川省成都市中级人民法院提起上诉。书面上诉的,应当提交上诉状正本一份、副本一份。

三类法律文书的模板

学生在老师的指导下讨论案情、查阅法律书籍

第四课时:严格按照规定的程序,进行一场实战性模拟庭审。

实战性模拟庭审

第五课时：观看七中育才学校法治短剧《风筝》后半部分，若有差异，分析原因，并总结与交流分享。

3. 关键环节：实战性模拟庭审

"模拟法庭"课程的关键环节是实战性模拟庭审。结合学生实际，通过充分的前置学习、分组准备、讨论拟定、模拟庭审、旁听交流等教学活动，让学生在实践中获得鲜活的法律知识，让学生通过对法律知识的运用去维护庭审中的公平与正义，在实践中提升自己的法律素养，增强法治意识。

在模拟庭审中，我们完全按照庭审的流程还原庭审过程。

（1）书记员核对当事人情况。

（2）书记员宣布起立，法官进入。

（3）审判组介绍案件基本情况（合议庭组成、原被告、案由等）。

（4）公诉组宣读起诉书，从诉讼请求开始读。

（5）辩护组宣读答辩意见。

（6）审判组可以提问，归纳辩论焦点。

（7）法庭调查，证据交换：原告出示第一组证据，说明证明内容，传递给被告质证，被告发表质证意见（一般从证据真实性和证明内容两方面说，比如真实性无异议，但所证明内容有异议之类的）。之后出示第二组证据，然后被告出示证据。

（8）法庭辩论：公诉组先说，辩护组后说，主要是对有争议的事实进行说明。

（9）审判组询问是否调解，若否立即判定。

模拟庭审综合实践课堂

整个模拟庭审的过程全部交给学生,由审判组的"法官"全程组织,由书记员担任各环节的主持工作,老师在该课时中,主要是观察学生的表现,及时纠正一些错误的法律用语,并且在他们准备庭前辩论和合议审判结果时给出一些合理的建议。

在"模拟庭审"课程中,我们认为有以下亮点:①以大概念为核心展开整合性综合实践教学,引导学生在实践参与和问题解决中学习。以"公平正义"为大概念,整合了人教版教材七年级下册第四单元《走进法治天地》和八年级下册第四单元《崇尚法治精神》两个单元的内容。对教材深入分析,探寻课时之间、单元之间的联系,利用大概念"公平与正义"整合相关知识,以核心问题为引导,通过学生查阅收集资料、调研真实案情、亲身操作来解决真实问题。②在整个课程进行的过程中,通过发生在学生身边的真实案例充分地调动起了他们的兴趣,而且这个嫌疑人和学生处于同样的年龄阶段,犯下的罪行也是会经常出现在生活中的抢劫罪,"究竟该如何审判犯罪嫌疑人",成为驱动学生自主探索的动力。③在以事实为依据、以法律为准绳的原则下,同学们亲身经历一次完整的庭审,不仅能够让他们学到大量的法治常识,还可以锻炼他们的综合能力,让课程拥有温度和生命力,让同学们得到长足的发展。

一名"法官"的扮演者分享了这样的观点:"'模拟法庭'用一个真实案例贯穿始终,充分地让我们参与其中,我特别有感触的地方是在讨论案情的环节,同学们据理力争,不停地在事实的基础上,寻找法律的支持,我能够感觉到的就是严谨,不能乱说,事实是基础,法律是依据。这样做能够培养我们的实践能力,树立崇尚法治精神、追求公平正义的责任感和使命感。"

一位观摩模拟庭审的老师这样说:"模拟庭审按照一套严谨、连续的流水作业程序操作,较为彻底地改变了旧有模式理论脱离实际的弊端,在培养学生的实践能力和综合素质方面,收到了意外之喜,对于一位中学教师来说,转变思想观念,大胆探索创新,自然而然地将教学内容贯穿到实践过程中,非常值得借鉴。"

一些家长非常有感慨地说道:"学校开展的模拟庭审教学效果显著,给我留下深刻的印象,孩子一回到家,就开始查资料,偶尔还会问我们类似抢劫罪怎么判,会有什么社会影响等问题,甚至我们的一些不准确的表述,都会被他反驳,有那么一瞬间,我真心觉得孩子眼界开阔了,更加理性了,长大了!"

【附2】

成都七中育才学校"汇法建和谐"课程案例

一、课程方案

"法治大讲堂"是将法治内容与德育活动相结合,通过一系列法治主题教育活动,让学生沉浸在法治校园的学习氛围中,学习法治知识,汲取法治的力量。

1. 课程目标

法治教育是学校"双色"德育体系培育具有公民素养的底色课程的重要组成部分,学校以"汇法建和谐"课程模式推进,每年11月是学校"法治活动月",是法治教育的总结和提升阶段,通过"法治大讲堂"中的环境打造、主题讲座等活动,加强学生对法治知识的学习,进一步培育学生的法治意识;同时,通过法治副校长、司法部门的参与整合各方资源,给学生搭建更多的体验和参与平台,从而指导学生将所学运用于实践,让育才学子树立法治观念,养成自觉守法、遇事找法、解决问题靠法的思维习惯和行为方式。

2. 课程时间

每年11月。

3. 课程对象

全体师生。

4. 课程内容

本课程包含由教育处和道德与法治组的老师执行的"教育引领";由法院、

检察院等社会资源指导的"司法护航";由班级外墙环境打造构成的"法治宣传"。此外,还有学科融合。

5. 课程实施

地点:七中育才学校学术厅、各班级教室。

安排:

序号	项目名称	时间	内容	参加人员	负责部门
1	教育引领	11月初	法律护航　健康成长	全校师生	教育处、道德与法治教研组
2		11月中旬	行之有道　安全出行		
3		11月下旬	和谐有我　普法先行		
4		11月6日—30日	全国中小学生禁毒知识竞赛		教育处、年级组
5	司法护航	11月上旬	友善——拒绝校园霸凌 ——锦江区人民检察院	七年级	教育处、年级组
6		11月中旬	警校携手　扫除毒瘤 ——锦江区禁毒大队	八年级	教育处、年级组
7		11月下旬	成长有法　未来可期 ——锦江区人民检察院	七年级	教育处、年级组
8		12月4日	宪法护本　国家必兴 ——法治副校长	八年级	教育处、年级组
9	法治宣传	11月9日—20日	学生"法律伴我行,廉洁在我心"主题外墙宣传展示	八年级	教育处、年级组、政治组
10		11月9日—20日	学生"普法先锋,智慧前行"主题校园楼道普法宣传工作	七年级	教育处、年级组、政治组
11	学科融合	11月初—12月4日	法治课堂	全校师生	政治组
12	总结	12月初	汇法建和谐	全校师生	教育处、年级组、政治组

6. 课程评价

组织各年级法律知识竞赛,评选法治知识小达人、普法小先锋;根据各班参加法治活动的效果(法治宣传环境打造、法治主题班会、法治小报、法治漫画、法治感言的质量等）评选优秀法治宣传班级、法治文明班级。在班级能带头学法、守法，严格遵守班规校纪，起引领示范作用，积极参加法治宣传教育活动，弘扬法治精神的同学，评选为学校法治代言人。

二、案例呈现

以2020年学校"法治大讲堂"活动为例。

（一）准备阶段

11月初，学校组织全体教职工重温《廉洁从教承诺书》，遵守承诺，廉洁从教。重点学习《教育法》《教师法》等教育法律。同时，在全体班主任会上组织学校所有班主任落实法治活动月的各项法治宣传任务，确保接下来的工作顺利开展。

11月6日—30日，组织全校学生参加禁毒知识的学习和全国中小学禁毒知识竞赛。

11月9日，学校在升旗仪式上举行法治月活动启动仪式，七中育才学校的"法治大讲堂"正式拉开序幕。由道德与法治组老师在国旗下讲话，向全体师生发出"增强法治意识，共建和谐校园"为主旋律的倡议，激发全体师生促进学校安全发展、和谐发展、科学发展的信心。

（二）法治教育引领

11月至12月初的每周升旗仪式，学校分别开展主题为"奋进新时代，法治新征程""维护秩序，你我同行""国泰民安——国家安全主题教育""宪法晨读"等的教育活动。

"石以砥焉，化钝为利；法以砥焉，化愚为智。"在2020年11月23日的第十三周升旗仪式上，几位育才学子在历经几周的法治教育学习后，通过情景演绎，以法为教，达到宣传法治知识的目的。由八年级的尚敬轩、崔直衡、徐睿聪、王思淇、李云博同学带来的第一幕情景剧，讲述了父母开车送孩子上学，因赶时间而发生超速、闯红灯、双实线变道等违反交通法规的行为。通过台上同学们幽默风趣的表演，台下师生们在欢声笑语中思考，在情景演绎中知晓只有人人遵守交通法规，文明城市才能处处美好，美丽汇源才能时时安全。

第二幕情景剧中，同学们生动演绎了同学们因好奇心而损坏学校公物的场景。他们精心的筹备、生动的表演，向全体师生传递着"一花一木，一桌一椅，共同呵护"的规则意识，呼吁着我们携手共建一个整洁大方、自然生态、文明和谐、文化浓郁的最美汇源！

举手之间，有善恶美丑；点滴之间，见是非荣辱。政治老师谈道："一个人真正的素养是对规矩和文明的自觉遵守，是根植于内心的纪律意识和道德信念。"她向全体同学发出倡议:"以遵纪守法为荣,以违法乱纪为耻;尊重规则,遵守秩序,自觉做尊法、学法、守法、用法的好公民!"细微处见公德,举手间显文明,做文明守法育才人!

学生情景表演

12月4日上午,学校组织七、八年级同学开展了宪法晨读活动,在庄严肃穆的氛围中,抑扬顿挫的朗诵中,让同学们深刻地感受到宪法的重要性及崇高地位。

(三)班级活动,环境打造

11月9日—20日,开展"法治伴我行,廉洁在我心"外墙设计比赛。各班围绕"禁毒""民法典""未成年人保护法""廉政教育"设计教室的法治外墙。通过外墙法治阵地的宣传,营造校园法治教育氛围。

各班开展"知法事,明法理"活动,推选出法治代言人,代言人发表自己对法律条文的认识和感想,让学生明晰法律责任,增强自我保护意识,提高法治素养。通过此次活动,让同学们更深刻地体会到"维护法律,人人有责"。

(四)警校共建,家校合力

在交警部门助力下开展"行之有道,安全出行"活动,指引文明出行;在各司法部门的护航下开展了"认真对待权利,向校园欺凌说'不'"法治专题讲座、"健康生活,绿色无毒"禁毒主题教育、"宪法护本,国家必兴"宪法主题教育活动。

11月16日,学校联合属地人民检察院未检科、派出所,开展了"认真对待权利,向校园欺凌说'不'讲座。讲座主要围绕宪法、未成年人保护法、道路交通安全知识、预防未成年人犯罪法等与学生息息相关的法律法规,运用生动鲜活的案例和幽默风趣的语言,为学生们讲解遵纪守法、远离不良行为的基本方法和策略等知识,引导学生学法、懂法、守法,学会判断是非,自觉遵守法律法规及社会公共道德规范,增强法律意识,树立正确的人生观和世界观,做一个懂法守法的好少年。

法治讲座进校园

扫除毒害,利国利民。学校特邀属地禁毒大队警官到校开展了"健康生活,绿色无毒"禁毒主题教育活动。为了调动同学们的学习积极性,禁毒办准备了精彩的游戏和丰富的礼品。知识抢答环节,同学们踊跃举手,展现自己学习禁毒知识的成果;禁毒游戏环节,同学们兴味盎然,争先恐后;禁毒展览专栏前,同学们认真领悟,增强自防意识。通过此次活动,切实增强了广大师生识毒、防毒、拒毒和参与禁毒斗争的意识,进一步增强了学生的法治观念和拒毒意识，有力地推动了学校禁毒教育、安全教育工作的开展。

警校携手共护生命，法理在心共营和谐

（五）总结提升

在参与法治活动、聆听法治课、阅读法律书籍的基础上，发动学生人人撰写一篇学法心得体会作文并在班级演讲交流，筛选出优秀作文在全校交流。

通过此次法治活动月的学习，同学们收获满满。

一位家长这样说："孩子的健康是我们的共同愿望，法治教育一定要警钟长鸣。作为家长，我们要家校携手，共育良才。"

一位老师这样说："作为教师，知法是重要的权利义务，学法是重要的必修课程，守法是重要的师德内容，用法是重要的基本功架，护法是重要的基本职责，让我们与法同行，做一名让人民满意的合格的人民教师。"

一位负责法治外墙设计的同学这样说："作为中学生的我们，要遵纪守法，而遵纪是基础。现在小小的放松，很可能在将来酿成大祸，难道要等到接受法律制裁的时候才来悔恨吗？我们一定要从小加强道德修养，树立法律意识，增强法治观念，自觉遵纪守法，当我们走出校园、融入社会后，才能成为一名尊法、知法、懂法、守法的好公民。"

一位负责班级法治代言的同学在学习了《预防未成年人犯罪法》后这样说："学习相关法律后，我知道如果不及时干预不良行为，很有可能演化为违法犯罪行为。在生活中，我们应该时刻审视自己的行为，做到防微杜渐，也应劝导身边有不良行为的同学，帮助他们及时改正。"

根据当今校园的隐患情况，普法教育要重点突出对学生们的校园安全教育，为建设安全和谐的校园助力。以校园宣传形式为同学们营造学法氛围，使法律知识浸润学生们的生活中，从而潜移默化地影响他们，让学习法律成为学生们的一种习惯。国家提倡"依法治国"，学校就应该"依法治校"，这需要一个过程，一个普及法律、转变观念的过程，也需要全社会共同倡导，更需要学校的主动配合。学生阶段对一个人的人生观、世界观的树立有着至关重要的作用，尤其是中小学阶段，人的世界观可塑性很大。

因此，在中小学强化法治教育，让学生从小就知法懂法，从小养成依法办事的观念，明白用法律来维护自己的权益是社会文明进步的表现，是社会主义法治建设的内在需要。七中育才学校将一直秉持"培育法治意识，厚重公民底色"的法治教育课程理念，培育具有法治思想和意识的未来公民。

第二章　生命与生活
——让生命灵动起来

教育即生长，生命是教育的根本目的。叶澜教授曾说："教育是直面人的生命、通过人的生命、为了人的生命质量的提高而进行的社会活动，是以人为本的社会中最体现生命关怀的一种事业。"教育的主体是人，决定着教育起点和终点的是人生命延续和生命价值的实现。因此，校园不仅应该是学生求知的地方，更是学生生命成长的重要场域。学生在五彩缤纷的校园生活中，在浓厚文化气息的氛围中获取知识、发展思维、习得智慧、健康和谐地成长。学校要回归生命本身，担负起生命教育的责任，把对生命的关注和成全融入教育环节中，引导学生认识生命现象，了解生命特征，发现生命意义，感受生命精彩，积极创造生命的价值。

生命教育是基本的教育，指向生命的安全健康。它主要包括普及生理、健康、避害、保护、自救等方面的知识，旨在增强学生的安全意识，提高自我保护能力，掌握适合自身的运动方法和技能，养成健康文明的行为习惯和生活方式等。

生命教育是最高层次的教育，指向生活需要和生命发展。人不仅要活着，还要活出质量、活出意义、活出价值。因此，生命教育还应引导学生理解生命的意义，珍惜自然生命，拓展社会生命，激扬精神生命，实现生命的和谐发展。

七中育才坚持"重德育才，面向未来，最优发展"的办学理念，以提升学生素养为宗旨，以"涵养生命，润泽人生"为课程理念，以学校、家庭、社区共同协作为主要模式，构建并完善了以"生命与生活"为主题的"底色培养"系列课程，引导学生热爱生命，积极生活，成就人生。该课程主要包括"安全教育""健康教育""劳动教育"三个领域。

安全教育领域的课程内容主要包括食品安全、交通安全和校园安全三个模块。它主要针对安全教育中的热点、难点问题，以安全教育与各个学科融合为路径开发的校本课程，通过邀请相关领域专业人士开展校园安全知识讲座、开展校园安全应急疏散演练、召开安全教育的主题班会、组织安全知识竞赛等多种方式，让孩子具有较强的安全意识，并能掌握各种突发事件的应对措施，切实增强学生的自护自救能力。

健康教育领域的课程内容主要包括身体健康和心理健康两个模块。身体健康方面，主要让学生在了解身体器官、生长发育、疾病危害等基础上，掌握运动方法，养成锻炼习惯，拥有健康体魄，提高身体素质和运动能力。心理健康方面，主要让学生在了解情绪、性格、压力等基础上，重点掌握情绪管理、环境适应、压力缓解等方法，并能正确认识与评估自我，能调节和管理情绪，形成积极的心理品质。

劳动教育领域的课程内容主要包括劳动技能和劳动服务两个模块。学校基于各年级学生特点，整合校内外教育教学资源，开展灵活多样的实践活动，让学生在动手实践中学会多种实用的劳动小技能，并充分感受劳动的乐趣与意义，养成劳动习惯，成为爱动手、会劳动、能设计的小小劳动者。同时，学校还实施班级值周管理，组织学生以志愿者的身份走进社区、敬老院开展扶老助残、知识宣传等志愿服务活动，帮助学生形成热心公益、服务社会的优良品质。

联合国教科文组织教育丛书《学会生存——教育世界的今天和明天》中指出："教育的最终目的，即培养完善的人。"对人的生命与灵魂的关注应该是教育终极价值的取向。七中育才以实践体悟为主要途径，面向全体学生开展了一系列丰富多样的生命教育活动，充分满足学生整体发展、主体发展、个性发展的需求，使学生懂得生命的价值、担当和责任，并对生活充满信心，对他人充满爱心，对未来充满自信，更加珍惜美好生活，最终成为"健康、高雅、聪慧、大气"的未来建设者。

唯愿每个学生都能享有健康生活，拥有美好人生！

第一节　安全意识

七中育才在以"生命与生活"为主题的"底色培养"系列课程中，将安全教育作为其中的重要领域，针对安全教育中的重点、难点问题，开发安全教育校本课程，从多个层面和多种形式对学生进行生命安全教育，在营造安全良好的校园环境的同时，聚焦德育视角开展安全教育，实现安全教育服务于"立德树人"的时代需求。

学校开发安全教育的课程，主要希望能实现以下目标：在安全意识教育中提高学生对危险的认识，树立"珍爱生命，安全第一"的意识，形成对自身生命安全负责的态度；通过安全教育课程，在风险回避教育中了解系统防护知识，掌握保护生命安全与保持身心健康的知识，获得全面丰富的安全教育知识；在危机应对教育中掌握应对危险事件的基本技能，熟知各类危险发生时的应对举措，切实增强学生的自护自救能力。

基于以上目标，学校先后开发了安全意识、风险回避和危机应对三大系列课程。学校通过主题宣传、多形式多平台宣传进行安全知识的教育，引导学生树立安全意识。同时，学校还通过任务学习和活动开展，让学生在参与各种形式的综合实践活动中培养安全意识，了解各种基本安全知识和防护知识，提高安全防患能力。此外，学校还与家长、社会、警方、教育部门形成联动机制，发挥家校共育优势，从多方面、多渠道、多角度普及安全知识和培养安全技能，以提高学生正确应对危险情况的能力。

在课程实施过程中，校区主要聚焦食品安全、校园安全和交通安全三大主题进行学校安全教育。在食品安全教育中，学校通过开展"舌尖上的安全"系列活动，如"我为食品安全代言""和垃圾食品再见""厨房小助手"等活动引导学生认识饮食卫生的重要性，树立健康饮食观念，了解食用不健康食品的危害，掌握选择健康食品的能力和应对食物中毒的方法，以提高食品安全素养。在校园安全教育中，学校通过开展"校园安全常相伴"系列活动，如"校园安全我守护""安全应急演练""学科中的校园安全"等，让学生在实践中了解校园安全的重要性，及时发现校园安全隐患，劝阻学生的危险行为，掌握应对各种常见安全事故的基本方法。在交通安全教育中，学校通过开展"安全伴我行"系列活动，如"安全交通课""交通安全游戏闯关""我是小交警"等，让学生在知识宣讲和实践体验中了解交通安全知识，遵守交通法规，掌握交通出行中突发情况的应急处理方法。

下面我们就以"校园安全教育"为例来阐述学校安全教育的课程实施。

【附1】

成都七中育才学校"校园安全教育"课程案例

一、课程方案

青少年学生的生命安全和健康成长，既关系到正常教育教学活动的开展和实施，也关系到千万家庭的幸福。因此，保障学生的生命安全是家庭和教育工作的首要职责，也是构建社会主义和谐社会的重要基础。成都七中育才学校每年9月都会开展主题安全教育活动,采用多种形式的安全教育主题活动,如"召开主题班会""橱窗宣传安全知识""绘制安全手抄报""争做班级安全小达人""举办安全知识竞赛"等,让学生在学习、体验中不断提升自己的安全常识和应急安全处置技能,增强全校师生的安全意识,掌握安全应急处置技能,提高学校安全防患能力,提升师生生命质量。

1. 课程目标

七中育才学校坚持"安全第一,预防为主"的原则,综合整治校园安全隐患,营造"人人关心安全,个个重视平安"的良好校园氛围,通过一系列安全教育主题活动,增强学生校园安全意识,普及校园安全知识,掌握应对各种常见安全事故的基本方法,提高防范各种校园安全事故的能力,保障全校师生人身安全和学生健康成长,促进学校安全工作水平进一步提高。

2. 课程内容

每年9月,七中育才学校把安全教育主题皆定为"防空防灾安全教育月"。学校通过前期多形态的防空防灾知识宣传,例如,创办"铭记历史,勿忘国耻"为主题的黑板报,以唤醒学生的忧患意识;学校橱窗张贴空袭逃生、地震自救、火灾逃生等宣传海报,给学生普适性的安全知识教育;班级课前10分钟播放安全教育平台各种安全小视频,让学生学习安全技能;学生制作手抄报并在外墙张贴,普及校园安全小常识;在学校走廊公共图书借阅处投放宣传手册,让学生随时都可以翻阅并了解校园安全知识;召开校园安全主题班会,提升学生的安全认知;与社区、医院、消防队等形成联动机制,让学生亲身体验自救和互救的安全实操技能。

3. 课程对象

全校师生。

4. 课程时间

每年9月。

5. 课程实施

(1) 动员阶段:让学生在教师的指导下,认真学习《中小学生应急避险知识手册》;各班组织观看安全教育平台上的相关视频;张贴和悬挂安全教育标语;邀请街道法制讲解员开展法制方面的讲座。

(2) 实施阶段:在实施学校安全教育时,可以采取多种形式开展不同主题的教育活动,例如,可以开展"校园安全我守护"活动,让学生寻找校园中潜在的安全隐患,对学校安全问题进行梳理,形成调查报告;可以和街道、社区医院、消防大队等单位联动,每月组织全校师生开展一次校园防火、防震、防爆等安全应急疏散演练；可以邀请专业医生现场教授安全事故的急救处理，讲解常见的运动损伤的处理办法等，也可以在体育课和保健课上普及预防运动损伤的相关知识。

6. 课程评价

(1) 以班级为单位开展校园安全知识竞赛，评选"校园安全小达人"。
(2) 以班级为单位开展"安全优秀手抄报"评选活动，评选优秀个人。
(3) 以安全疏散快静齐为评价标准，评选"应急疏散演练优秀班集体"。
(4) 以参与急救训练活动所获积分为评价标准，评选"急救技能之星"。

二、案例呈现

下面以2019年七中育才学校9月校园安全教育主题活动"演于和平时期，赢在危难之际"活动纪实为例，展示课程实施的具体过程。

2019年9月18日，晴空万里，上午10点，学校的教育教学活动正有序进行，"哗……"的一声，尖厉急促的警笛声瞬间划破了校园的宁静。学校广播传来校长紧急的广播通知："接到上级通知，一架敌机正向我区方向飞来，对我区进行空袭，请全体老师即刻组织学生进行紧急疏散。"全体学生在当堂任课教师的指挥下，第一时间撤离到了校园的安全地带——七中育才学校校园安全应急疏散演练活动正在进行！

学校安全疏散演练

在老师们的有序组织下，同学们按照规定的疏散路线和要求，紧急撤退到指定的安全地带——操场。在集合与疏散的过程中，所有同学双手抱头、弯腰、捂住口鼻，紧紧跟随着前面的同学前进，严肃认真，没有慌乱失措，也没有嬉戏打闹，在2分55秒内全部井然有序地疏散撤退到学校操场，集结完毕并完成人数清点。在应急疏散演练完毕之后，为了提升学生应对突发安全事故的应急处理技能，增强自我保护能力，学校联合区卫生健康局、区消防救援大队、省友谊医院三家单位为全校师生准备了一场现场急救知识讲解与实操体验的盛宴。

成都市锦江区消防救援大队教官为全校师生详细讲解了突发火灾的处理办法和干粉灭火器的操作步骤,并让学生代表进行灭火实操演练,既让学生了解了消防基础知识,又掀起了学生们学习消防、了解消防、关注消防的热情。

学校消防安全演练

紧接着,四川省友谊医院急诊科主任与成都市锦江区卫生健康局的医护工作人员共同协作,为我们详细讲解了心肺复苏的急救知识,进行了现场操作演练,包括判断患者有无意识呼吸、清理口腔分泌物开放气道、人工呼吸、胸外心脏按压等急救、抢救措施,并亲自示范止血、包扎、固定等常用急救技能,提高了师生对于突发事件的应急反应能力和处理能力。

最后,同学们积极观摩人防通信指挥车和各类消防器材,了解人防应急包的使用,体验了其他应急演练展示活动,如发放宣传资料、展示新式毒品、体验心肺复苏过程、使用防毒面具等。在整个体验过程中,同学们热情洋溢、积极参与,都认为本次活动很有必要,也很有意义。

本次活动圆满结束后,同学们仍意犹未尽,对自救互救知识产生了浓厚的兴趣和学习热情,纷纷围住指导医师和教官要求"加课"。指导医师和教官耐心细致地解答了同学们的问题,让同学们在寓教于乐的同时掌握了应急救护的基本知识。生动活泼的讲解方式、简单易学的操作方法,让同学们在活动过程中学习和了解了应急救护知识,提高了自救互救意识,此次活动赢得了学校广大师生的广泛好评。

学生学习安全急救知识

一位同学这样说:"我以前从来没有过这么高大上的亲身体验,七中育才学校不仅让我们深入了解了防空防灾理论知识,还为我们精心组织了这样的现场体验活动,让我们可以亲自感受心肺复苏的不易,亲手操作干粉灭火器,亲自体验伤口包扎的正确处理方式……七中育才学校的这个安全教育月简直太牛了!"

一位老师这样说:"以前,我们给学生强调安全时,多流于口头传达与讲解,这次安全活动月的活动形式多样,内容丰富,从理论到实操层层推进,在大型的防空防灾应急疏散演练活动中把理论知识与实际操作相结合。相信这样的安全教育一定会根植于学生的内心,让他们终身受益匪浅!"

校园安全是校园发展的基石,是学生健康成长永恒的旋律。不断完善和巩固相关安全制度,保证学生安全无事故,努力打造"平安校园",为师生营造一个安全健康的育人环境,是七中育才学校孜孜不倦的追求!

第二节 体质健康

学校一直把"健康、高雅、聪慧、大气"作为学生的培养目标,健康是首位,健康的体魄是成就精彩人生的第一保障。学校体质健康课程在学校双色德育的培养理念和核心素养的思想指导下,坚持成就每一个生命,五育并举,从核心素养高度和体育课程一体化思路出发,培养终身体育意识,以课堂为阵地、活动为载体,强化"教会、勤练、常赛",倡导人人懂运动、人人会运动、人人爱运动。通过体质健康课程,培养学生良好的身体素质、掌握体育与健康基础知识、基本技能与方法,增强体能;学会学习与锻炼,发展体育与健康实践和创新能力;体验运动的乐趣和成功,养成体育锻炼的习惯;发展良好的心理品质和合作与交往能力；提高自觉维护健康的意识，形成健康的生活方式和积极进取、乐观开朗的人生态度；培养学生树立健康第一、终身体育的意识。

学校体质健康课程工作以基础课程的基础教学、拓展课程的特长培养、综合课程的兴趣提升，结合学生实际，秉承关注学生个体的差异与不同需求，确保每一个学生受益。基础课程，强调规则习惯意识，建立运动基础，学习体验各运动技能，提升个人能力素养，引导学生建立健康的体育观，形成健康的体育意识。拓展课程，强调纪律团队意识，强化运动技术，巩固提高运动技能，提升个人外显素养。如社团课、选修课凸显学生的特长培养，发展学生亮色，增强体质活力。综合课程，强调参与合作意识，培养运动兴趣，提升个人综合素养，如运动会嘉年华、"汇源杯"三大球比赛等活动，让学生在群体中参与、实践，提升学生体质健康综合素养。

下面分别以校园运动会和球类活动为例，阐述学校体质健康课程。

【附1】

成都七中育才学校"校园运动会"课程案例

一、课程方案

校园体育活动是学校推进五育并举、立德树人的重要载体，是促进学生身心健康全面发展、提升学校人文建设的重要一环。运动会是学校校园文化建设和提升学生体质健康必不可少的手段和载体。

1. 课程目标

运动会是学校体育综合实践课程，倡导人人参与、人人运动，让关键少部分人充分体现运动特长，展现个人魅力；也让参与的大部分人体验运动的快乐，享受运动的乐趣。培养学生健康向上的运动氛围，"友谊第一，比赛第二"的运动精神，提升班级团队建设和活力建设。

2. 课程内容

每年运动会，学校都会以某一个主题贯穿全场，班级入场式、年级团体操、集体比赛、个人竞赛、师生比赛、体育嘉年华已经根植于学生心中，成为育才人必须参与的重要一课。

3. 课程对象

全校师生。

4. 课程时间

每年10月。

5. 课程实施

（1）筹备阶段：学校确定运动会主题，制订实施方案，明确时间节点和相关工作推进。教育处制订会歌、会旗、吉祥物征集方案，各年级安排确定运动会推进办法和管理细则，各班级根据年级安排确定本班入场式主题、班级口号、表演形式等。

（2）训练阶段：各年级、班级按照运动会时间进度表进行团体操、入场式训练彩排，教育处统一时间进行年级、班级合排。

（3）展示阶段：全校各年级、各班入场式表演、集体比赛、个人竞赛。

（4）嘉年华活动：学校倡导人人参与，每年设立"体育嘉年华"，以班级为单位组织开展体育体验式活动，如谁是垫球王、篮球趣味投篮、篮球折返运球上篮、足球颠球比赛、足球运球绕标志杆、看谁跳得更远、颠羽毛球、力与力的较量、袋鼠跳、摄影展、师生三大球比赛。

【具体规程】按体育组下发秩序册为准，所有比赛参照最新裁判法进行，最终解释权由体育组进行。详见《秩序册》《班级管理细则》。

6. 课程评价

运动会是学校大型传统活动之一，既是个人成绩的展现又是班级团队建设的体现。因此，运动会不仅设立个人项目奖项，还设置团体荣誉，如班级团体分、通信班集体、道德风尚奖、班级外墙奖等多个评价项目。

二、案例呈现

下面以学校2020年运动会"一样的运动会，不一样的精彩"为例，展示这一课程的具体实施过程。

每年的运动会都是全校师生精心筹备、倾情打造的盛宴。进入10月后，各班、各年级都开始了运动会的筹备工作。在升旗仪式上做动员，确定主题。本届运动会我们以迎大运为主题，邀请参加大运会筹备的工作人员、比赛的运动员及我校运动代表队同学为全校师生带来《扬体育精神，迎大运风采》精彩演讲，让全校师生融入校园十月的运动氛围中。

近一个月的彩排、训练之后，10月21日早上8：00，伴随着第一缕升起的朝阳，我校第24届运动会顺利开幕，从班级入场式到年级团体操，从教职工队列跑步到旗队入场，从集体比赛到个人比赛，从师生三大球友谊赛再到人人参与的体育嘉年华，为期两天的运动盛会让校园里处处洋溢着运动的氛围。

以"运动"为主题的升旗仪式

从班级入场式开始，就预示着这场运动会并不简单。从啦啦操到体操表演，从中华武术到神话故事演绎，每个班级充分发挥想象与创造力。孩子们通过饱含热情、青春洋溢的表演，向众人展示着育才学子的创造精神、奋斗精神、团结精神和伟大的梦想精神。凝聚了整个年级的团体操最为气势磅礴、振奋人心。看，他们眼神坚定，自信有力；瞧，他们动作整齐，干净利落。就是这股如朝阳般充满生命力的精气神，彰显着育才学子的精神面貌。

学校运动会开幕式

如果说开幕式是开胃前菜，那充斥着汗水与荷尔蒙的竞赛绝对是一场饕餮盛宴。运动场上，各班同学们摩拳擦掌，蓄势待发；跑道上，运动员们你追我赶，勇争第一；跳高场上，运动员们身轻如燕，轻松越杆；拔河比赛上，孩子们齐心协力，一鼓作气；接力赛上，孩子们鼓足干劲，奋力拼搏。在个人竞技比赛与班级团体项目中,健儿们顽强拼搏,奋勇争先,赛出风格,赛出水平,赛出友谊,充分展示了育才学生的时代风采,展示出每个班级的凝聚力、战斗力。

挥洒激情汗水的运动会

运动大餐过后,接下来就该我们的餐后甜点"体育嘉年华"上场了。"体育嘉年华"打造出校园游乐场,为全校师生准备了趣味十足的体育活动,让传统运动项目焕发新的光彩。师生团结一致,为闯关大开脑洞,真是"八仙过海,各显神通"。"体育嘉年华"让我们在欢声笑语、团体协作中深深感受到了体育的魅力。

育才"体育嘉年华"

一位班主任说道:"一场运动会看似只是班级表演、学生比赛,让学生去玩起来就行,其实更是一个班级管理的缩影,队伍的组建、磨合、提升,在过程中的管理、引导,培养孩子的自信、团队意识。一场运动会下来,你的班级建设也就基本形成了。"

一位同学说："我看到了每个人的热情投入，我们在'更快、更高、更强'的体育精神中，更多地感受到了'我参与、我快乐、我运动、我健康'的运动魅力。"

运动会上全身心的育才学子

少年强则国强，全民健身，从你我做起，在运动中感受生命的律动，在运动中成为一个健康、高雅、聪慧、大气的育才人。人人参与、人人享受，体验运动的乐趣。运动让每个育才人收获了快乐，也看见了自己的无限可能，更传递出一种积极向上的生活姿态。

【附2】

成都七中育才学校"球类活动"课程案例

一、课程方案

教育部明确提出"教会、勤练、常赛"是教育教学改革的核心。课上有教会内容、课后有勤练手段、课外构建各级比赛,为学生掌握体育技能、提高运动能力打下坚实基础。"汇源杯"作为学校综合实践课程,是学生参与体验的重要载体。

1. 课程目标

通过"汇源杯"等品牌赛事构建青春、活力、激情的校园文化氛围,检验体育教学效果,让学生在参与中体验成功、收获快乐,磨炼艰苦奋斗、顽强拼搏的意志品质,并掌握1~2项运动技能,养成终身体育意识。

2. 课程内容

足球、篮球、排球比赛。

3. 课程对象

七年级、八年级学生。

4. 课程时间

每年3月、4月。

5. 课程实施

(1) 启动阶段:艺体卫处制订"汇源杯"活动方案,利用学校升旗仪式进行"汇源杯"启动,进行七年级、八年级三大球抽签仪式。

(2) 赛前阶段:各班依据《秩序册》组建班级队伍、运动队、拉拉队、后勤队、摄影师,根据比赛要求统一服装、海报等事宜。

(3) 比赛阶段:"汇源杯"分两个阶段进行,采用积分小组循环赛制,小组前两名出线,进入半决赛、决赛阶段,最终产生冠亚季军。

【具体规程】详见《汇源杯秩序册》《班级参赛细则》。

6. 课程评价

"汇源杯"比赛设冠亚季军,冠军班级颁发奖杯、奖状,其他获奖班级颁发奖状;设立三大球最有价值球员,颁发奖杯及奖状。增设最具魅力班级、道德风尚奖、最佳摄影师等若干奖项。

二、案例呈现

下面以学校2019年"汇源杯专属你的世界杯"为例,展示这一课程的具体实施过程。

每年3月、4月是育才学子最激动的时候,因为"汇源杯"要开幕了。升旗仪式上,上一年的冠军班和最有价值球员上场为学弟学妹们分享如何打"汇源杯"。三座象征最高荣誉的"汇源杯"矗立在主席台上,台下的运动员们已掩饰不住捧起冠军奖杯的喜悦。

"汇源杯"被学生称为世界杯,可见其分量,有的班甚至在上期就已组建班级队伍,准备在赛场上大显身手。各班的抽签分组、确定比赛服装、选拔拉拉队员、后勤团队和摄影师都有条不紊地推进。

奖杯的背后是对每个人的关注

回顾本届"汇源杯",在长达28天的比赛中,天天有比赛。每天一节的体育课成为比赛最有力的保障,学生又到比赛中去检验自己的学习成果。本届活动月共有843名学生参加比赛,年级有82%的学生加入比赛中。足球场上,你抢我夺,你有你的花式盘带,我有我的铜墙铁壁;你有你的凌空一脚,我有我的飞身一跃。排球场上,谁说女子不如男,看我育才女将出马,一个顶俩;排球一直是我校传统项目之一,无论你是七年级的新生还是要毕业的学长,只要三三两两就可以来场小型比赛,"汇源杯"无疑给了女同学最好的展示机会。篮球场上,人人化身"流川枫""樱木花道",运球、行进间上篮、胸前传接球。实践是检验真理的最有效手段，每场比赛都是检验课堂教学效果的最佳战场。

不会踢足球咋办？打不好篮球咋办？排球赛上不了场咋办？在"汇源杯"这里都不是问题，因为还有一道美丽的风景线等着你，那就是我们的拉拉队表演，帅哥美女们或是表演拉拉操或是扯起横幅呐喊助威，用他们的话来说就是"要从气势上全面压制对手，让队员感受到他们不是一个人在战斗"。

人人参与的"汇源杯"

"运筹帷幄，决胜千里之外"，我们的教练团队也不甘示弱，虽然不是专业的，但却是最敬业的，物理老师来个抛物线，数学老师来个数轴，各种招数数不胜数。让课堂走进实践，融入生活，孩子们想打好球那就得先把抛物线、数轴等理论知识搞清楚。2019年"汇源杯"足球赛最有价值队员说道："'汇源杯'足球比赛圆了我很多梦，一个场上队长的梦、一个替班级举起冠军奖杯的梦，更重要的是，它让我感受到了我选择足球是问心无愧的。"

一位女同学这样说："初一的时候我班篮球、排球都没能挺进第二轮，你打你的，我打我的，根本不知道什么是团队。今年就不一样了，我班的男生们突然间长大了许多，自己组队训练制订战术，输了我们相互鼓励，赢了我们相互祝贺，就这样，我们一步一步取得冠军，是学校的比赛让我们班级有如此强大的凝聚力。"

隆重的表彰大会

第三节　心理健康

"心理健康"是"健康"领域的重要内容。中学阶段是个体发展的关键时期，心理学家称之为"心理断乳期""疾风暴雨期"，这一阶段的特点决定了个体无论是在生理还是心理上都会面临巨大的变化和挑战。随着社会的发展，信息化时代的中学生还需要应对多元价值观的冲击和快节奏生活带来的压力，对学生的心理素养提出了更高的要求。这不仅需要学生的自我调节，更需要持续、深入、有效的学校心理健康教育为其构建良好的心理关护生态环境，为学生的健康成长助力，为学生的终身发展赋能。

七中育才的心理健康教育以"全面和谐发展教育思想""人本主义心理学"和"积极心理学"为理论支撑，以学校"卓尔不群，大器天下"的办学精神为引领，积极回应学校"重德育才，面向未来，最优发展"的办学理念和"健康、高雅、聪慧、大气"的培养目标，建构起了以"心理和谐"为目标的"三型"心理健康教育课程体系。心理健康教育的总目标：在持续的"赋能"中促进学生"心理和谐"状态的发展，提升学生维持"心理和谐"状态的能力；在与自我的和谐相处中激发潜能，拓展生命的宽度；在与他人的和谐相处中滋养心灵，增强生命的厚度；在与环境的和谐相处中领悟意义，提升生命的高度。

"三型"心理健康教育课程体系包括"心理基础课程（辅导型）""心理综合课程（实践型）""心理自助课程（提升型）"。

"辅导型"课程以"课堂"为主要路径，遵从"面向全体"与"关注个体"相结合的原则，通过"心理辅导课""心理选修课""心理游戏体验课""学生个体心理辅导"等方式达成"调整认知、转变思维、习得技能"的课程目标。

"实践型"课程通过创设与生活紧密相连的体验情境，以趣味性、育人性并重的心育综合实践活动为载体，引导学生在深度参与中拓展视野、加深体验，形成个性化的直接经验，提升自我成长的内在动力；能主动地将所学所知运用在生活中，在"知行合一"的状态中逐渐达成"心理和谐"。

"提升型"课程主要通过指导学生进行"项目式自主探究"、开展"主题式朋辈辅导"和参与"体悟式编辑研发"三种路径实现"领悟内化、经验输出、能量增长"的课程目标，促进学生主动将自己习得的心理知识提炼、内化、输出，达成心理关护从自知到自觉再到自助的理想状态。

下面以"辅导型"课程中的"来自更成熟的问候"一课和"提升型"课程

中的"心理关护进班级"朋辈辅导为例对学校心理健康教育进行说明。

【附1】

<h3 style="text-align:center">成都七中育才学校"心理适应"课程案例</h3>
——来自更成熟的问候

一、课程方案

"来自更成熟的问候"属于心理基础课程体系"适应性辅导"主题下的一节活动课程，兼具"三型"心理健康教育课程的特点及功能。朋辈辅导是一种心理活动的开展方式，在积极的人际互动过程中，有增强心育的效果。"来自更成熟的问候"活动在新学年的第一学月开展，充分利用朋辈辅导，借用信件形式进行跨年级沟通，帮助七年级学生尽快融入育才，适应初中生活，帮助八年级学生增强认同感与成就感。年复一年，"来自更成熟的问候"已经成为学校的心理特色活动。

1. 课程目标

通过信件的交流，低年级的学生既可以了解到新学年可能会出现的情况，也可以认识到自己感受到的困惑并非个例，从而将问题合理化、正常化，以达到"调整认知、转变思维"的目的。同时，在高年级介绍的方法中习得新的技能。高年级的同学在收到感谢信时也能增强自我认同感、成就感。

2. 课程内容

为达到活动效果，课程创设了生动的体验情境。在每学年开始时，由高年级学生向低年级学生写一封特别的问候信，问候信包含以下三个方面的内容：①低年级可能会遇到的一些问题与困惑；②自己觉得比较好的应对方法与建议；③给学弟学妹的一些期望与祝福。每一位低年级的学弟学妹都会随机收到一封来自高年级学生的问候信，阅读后会写一封回信表达感谢，感谢信包含三个方面的内容：①这封信对自己的帮助；②收到信的感受；③表达对学姐学长的感谢与祝福。

3. 课程对象

七年级、八年级学生。

4. 课程时间

新学年第一学月。

5. 课程实施

（1）活动准备阶段：第一学月第一周，课程具体化。在七年级，以"适应新环境"为主题,带领学生认识到,面对新环境,每个人都需要一个适应的过程,并由此给他们传递来自学长学姐的成长经验,在信件中去探索面对新环境的窍门。在八年级,将主题定为"自我价值探索",由一张纸的价值转换到一个人的价值,再从社会、家庭、学校中的"我"出发,探寻角色及其体现出的价值,然后将目光聚焦到学校中,思考作为学长学姐的价值,鼓励学生在"来自六分熟的问候"中积极体现自身的价值,给学弟学妹传递成长经验。

(2)活动开展阶段:第一学月第二周,八年级学生于心理课堂完成"来自六分熟的问候",形成问候信件。第一学月第三周,七年级新生于心理课堂阅读"来自六分熟的问候",并完成"来自三分熟的感谢"。

(3)活动展示阶段:第一学月第四周,精选精彩内容,以展板形式在校园进行展出。

6.课程评价

(1)过程性评价:在活动过程中完成。在完成"来自更成熟的问候"活动中,无论是七年级新生还是八年级学生,都在课程中进行自我沉淀与反思,并完成了纸质信件。书写信件本身其实可以看作是过程性评价的一种,学生把对课程的所思所悟直观地呈现出来。

(2)结果评价:在跨年级交流活动结束以后,活动指导老师们根据情况在八年级的信件中选择有参考性的成长建议,在七年级的信件中选择诚挚的感谢信件并将其整理制作为宣传展板,在全校进行展出。七年级学生们在欣赏后自主完成"三分熟的成长"反馈单,体现了结果性评价。

二、案例呈现

以2018级、2019级学生活动为例,呈现"来自更成熟的问候"心理主题活动开展情况。

九月,育才的校园迎来一批新的学子。新的环境,新的开始,充满活力与梦想的他们同样面临着困难与挑战:如何适应初中的学习节奏?如何更高效地安排时间?如何更快地融入新的集体?这些问题需要每一个2019级的学子去寻找答案。现在,一起来看看2018级的学长学姐们给学弟学妹们最真挚、最实用的问候吧!

学习方法篇:

工欲善其事,必先利其器。做学习的"智者",用适合自己的方法获取成功。

学习方法篇

人际交往篇：

人际关系，关乎你我，解决困扰，拉近距离。

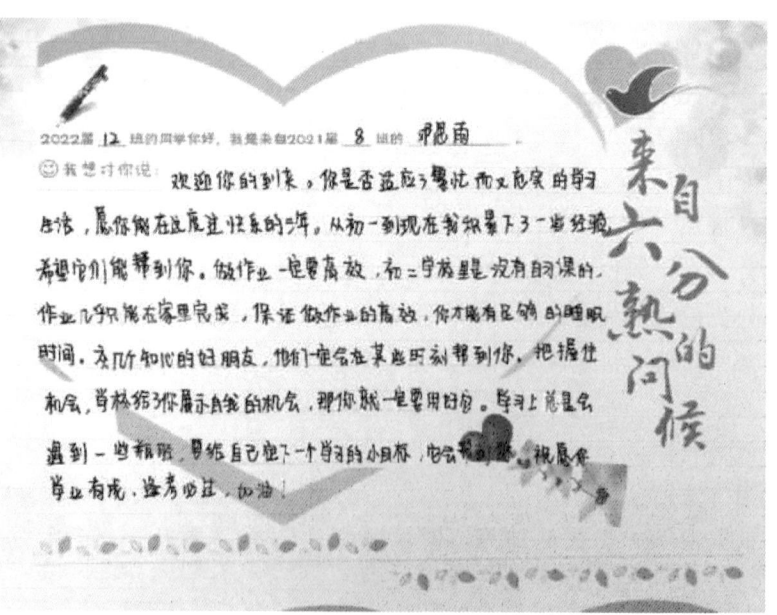

人际交往篇

师生关系篇：

让园丁与花朵，在阳光下共同成长。

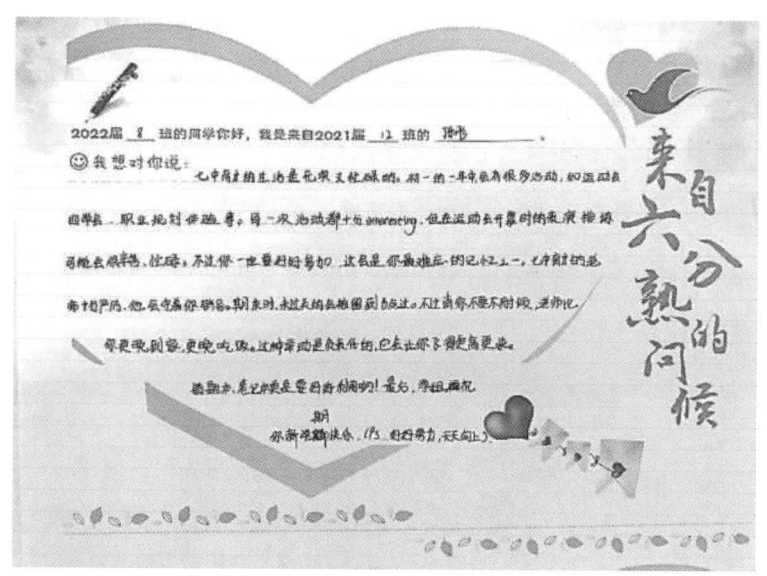

师生关系篇

时间安排篇：

生命是以时间为单位的，时间是你的财产。合理安排时间，做一个时间"富人"。

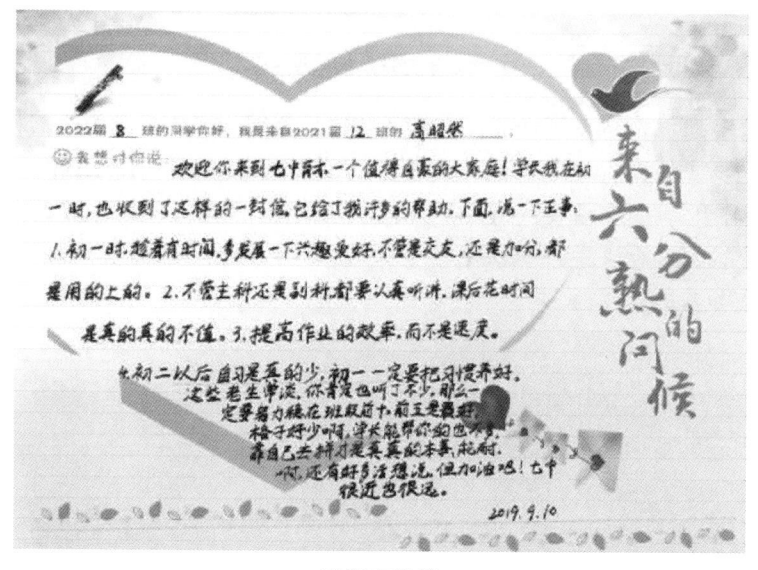

时间安排篇

新的环境,新的开始,七年级的同学们怀揣着梦想与热情来到育才,准备在这里创造人生又一阶段的精彩!追梦的路上,却难免遇到挫折与困难,但是他们不孤单,阅读了八年级的学长学姐们带来的特别问候,七年级的学弟学妹们也传递了自己的感谢。

来自三分熟的感谢:

会感恩的人,才懂得珍惜;会珍惜的人,才能够快乐。

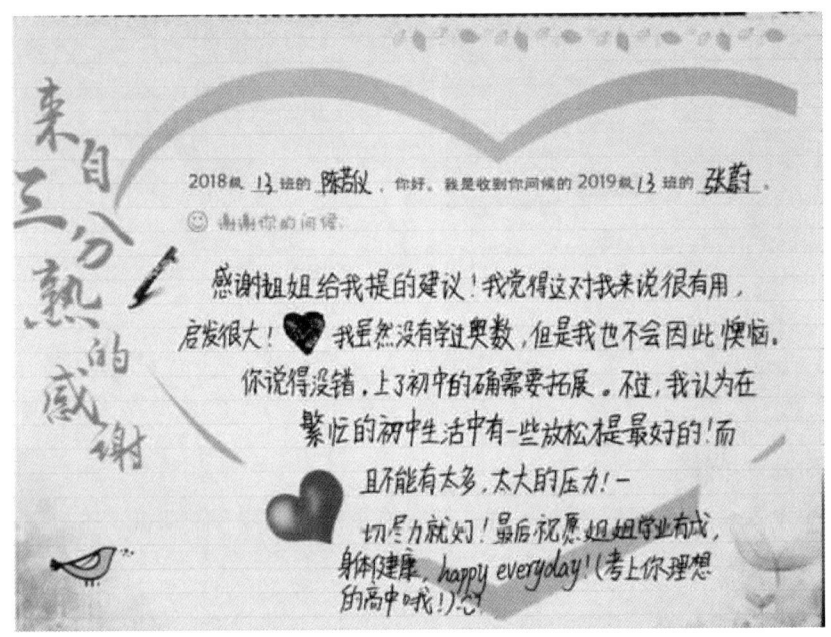

来自三分熟的感谢

跨年级交流活动结束以后,心理老师们提取信件中具有代表性的问候信和感谢信,以主题展板的形式在校园内进行宣讲和展示,海报的内容丰富,"有营养""有干货""有温暖",让师生们驻足品鉴。这是对学科课程受众面的普及和补充,同时也可进一步加深学生体验,在众多成功的经验中提升改变动力,达成知行合一。

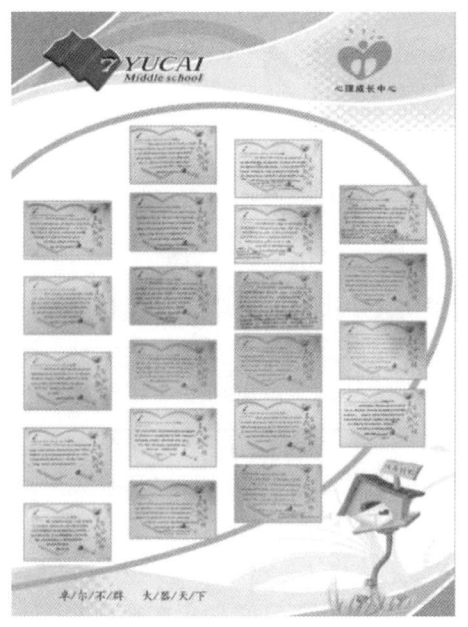

主题展板海报

在多样实践型体验中,逐渐形成一种文化浸润,学生会自觉关注自己的适应情况,更加清楚如何应对相应的情况。这不,在相互问候之后,"三分熟的成长"让七年级的新生们都收获满满。

三分熟的成长

"来自更成熟的问候"这一体验情境的创设初衷与归宿都源自对"心理和谐"的培养目标,同学们可以在"问候与感谢"中更好地调整学习状态,享受学习,也可以在相互的支持、帮助中感受人际的联系,在"三分熟的成长"书写过程中,不仅体现出了自我思考的过程,更是一个自我完善的过程。

【附2】

成都七中育才学校"心理关护"课程案例
——心语社心理关护进班级主题活动

一、课程方案

进入青春期的初中生处于半成熟、半幼稚状态。在这一阶段，学生在身心和外界环境的双重作用下，容易产生诸多困扰，如对人际关系、情绪调节、学业与自我成长的疑问等。同时，初中生的心理特点决定了心理工作的开展需要以活动为载体。形式新颖、内涵丰富的活动既能激发学生的参与兴趣，营造积极的课堂氛围，也能让学生在活动参与过程中产生深刻的体验和感悟，生成积极的心理体验。

"心理关护进班级"是学校"三型"心育课程中"提升型"课程的经典活动，是心语社的特色活动之一，也是学生开展朋辈辅导的有效途径。基于这样的现状与需求，学校学生心理社团心语社组织策划了面向全校学生的"心理关护进班级"主题活动，以丰富同学们的心理关护知识，提升同学们的心理关护技能。

1. 课程目标

通过"心理关护进班级"活动的开展，以朋辈辅导的方式，帮助学生正确客观地看待考试焦虑、人际冲突、学业困惑等问题。学会缓解压力、调整状态、舒缓情绪的技巧，以更加积极的状态面对学习生活。同时，于心语社成员而言，可以在关护过程中，锻炼其口语表达、临场应变、人际交流、抗压耐挫等能力，提升自信心。

2. 课程内容

在心理老师的指导下，由心语社成员担任心理辅导"小老师"，进入班级开展心理关护活动。活动内容包括：①知识性：正确认识情绪，什么是有效的沟通，如何积极迎考等；②实践性：心理放松的方法、负面情绪的调节、有效的沟通方式等内容。

3. 课程对象

七年级至九年级全体学生。

4. 课程时间

每学期进行1~2次，利用各班午间十分钟。

5. 课程实施

（1）前期准备阶段：指导老师对心语社成员进行培训，明确心理关护内容，讲解关护要求。成员自行练习并进行试讲，指导老师检查。

（2）活动阶段：心语社成员开展"心理关护进班级"活动。分组到班，进行心理关护主题活动，并收集学生及班主任老师的评价及意见。

（3）活动总结阶段：根据老师及学生的反馈，小组总结，成员反思。社团全体成员召开总结会。

6. 课程评价

（1）过程性评价：过程性评价是在学习过程中完成的。活动课程中，各班学生积极参与，在聆听、互动、体验的过程中，对课程进行过程性的反馈，作为过程性评价的一部分。

（2）结果评价：结果评价是指在活动结束后或措施告一段落时进行的评价。心理关护结束后，各班班主任进行对活动实施效果的评价，同时各班学生自主讲述和书写自己对活动的感受，作为结果评价的内容。

二、案例呈现

以第十二届心语社"考前心理按摩进班级"活动为例。

正确客观地看待考试焦虑，学会缓解压力、调整学习状态的小技巧，这些对学生来说都是非常重要的，特别是在期末这一特殊时期。因此，心语社的成员们在临近期末时，为七年级至九年级的各班学生进行考前心理按摩，在传播心理关护技巧的同时，也可以锻炼心语社成员的口语表达、临场应变、人际交流、抗压耐挫等能力，提升自信心。

前期，指导老师组织心语社全体成员进行了"考前心理按摩进班级"的培训。培训会上，指导老师与心语社成员详细探讨了本次活动的组织细节，确定了推进方案，并详细地示范了整个"心理按摩"的环节，让心语社成员进行亲身体验，获得深刻的直接经验，这样才能更好地将放松技巧传递给每一个班级。

自我学习消化一周后，心语社成员再次聚集在心理成长中心，进行培训之前的试讲，为进班做好充分的准备，每一个成员试讲结束之后，其他听众都真诚地提出完善建议。心语社的成员们正在用他们的认真、热情、踏实与专业告诉大家："我，准备好了！"

考前心理按摩培训会

周一中午2：00—2：10，"考前心理按摩"培训活动走进班级，用十分钟时间为同学们带来了一次别开生面的心灵体验。首先，心语社成员通过对"耶克斯－多德逊"定律的解析，让同学们从心理学的角度正确地看待焦虑程度与成绩水平之间的关系，从而坦然地接纳自己合理的焦虑状态；然后，心语社成员带着同学们在一段轻柔的音乐中体验"渐进式肌肉放松"带来的沉静与愉悦，这一放松方法能有效地缓解焦虑、紧张的情绪，帮助同学们快速地清醒头脑，放松心情，恢复到良好的精神状态。你听，教室里放松后的那一阵阵欢笑声昭示着孩子们应有的青春与活力，在这样的状态下，他们一定更能取得自己理想的成绩。

考前心理辅导进班级活动开展现场

在培训的过程中，我们也欣喜地看到心语社成员自身的成长，在不断地试讲磨炼中逐渐增强能力、提升实力，在一次次的进班实战中变得更加坦然自信。相信这一次培训也在他们的心里烙下了深深的印记，人生的亮色正在一点点聚集。

十分钟的"心理按摩"很快就结束了，但我们对学生心灵的关护还会继续。心语社的成员们还将用他们智慧的头脑、温暖的内心为师生带来更多的心理活动，让我们一起期待更精彩的续集吧！

学生感悟节选

学生感悟1：期末大考来临之际，我们心语社的成员们对各班同学做了"考前心理按摩"培训。经过这次挑战，我体验了很多，收获了很多。其中，最大的收获是抗挫能力。那次，我印象很深。当时，我在引导九年级的学长学姐们做放松，我正讲解着，不知说错了什么话，台下的同学们突然哄堂大笑。我一时十分窘迫，不知道怎么办。而此时，我的搭档也无法帮我，看来只有靠自己了。闭上眼，调整了几次呼吸后，我渐渐平静了下来，台下的同学们也收住了笑声。等了一会儿，我继续讲解，比开始更加从容。这一次，同学们不再笑，而是跟着我的引导，做起放松。这次，我收获了如何面对挫折。

同时，这次培训也锻炼了我的口头表达能力。从一开始给七年级的同学们讲时手心冒汗，到后来面对九年级的学长学姐们从容不迫，滔滔不绝，我收获了自信，提升了表达能力。

这就是我最大的收获吧。当然，这次我还收获了很多很多，它们都将使我受益匪浅。

——学生

学生感悟2：这一周心语社的成员都在进行"考前心理按摩"的活动，也是我第一次在别人班进行交流、讲解，未免有一些期待与紧张。经过几天的练习，终于盼来了周一。这天午休一结束，我和我的同伴余若溪就赶到了七年级二班，这天的讲解有些小插曲——他们班的屏幕有一些问题，好在很快就解决了。随后，我们开始了讲解，没有想象中的那么紧张，一切都在掌握中，而且绝大部分同学都很配合，这天的讲解很顺利。星期三，我因为身体原因，没有到学校。讲解的任务也都落在了同伴余若溪的身上。星期四，同样因为身体原因，我嗓子是哑的，也就只有劳烦余若溪讲解了。

在给九年级讲解时，余若溪并没有因为他们是九年级的学长学姐而紧张，反而落落大方、十分自信，当然，这天也十分顺利。

我觉得这次的活动很有意义，让我们更加自信，能更从容地面对每一个人，不至于说话时吞吞吐吐；我也很遗憾，因为身体原因，两天都没有真正地参与其中。谢谢心语社给了我们这样一个拓展自我的机会，我学到了很多！

——学生

学生感悟3：这周，我和心语社副社长吴蕴诗一组，担任了考前心理按摩培训会的主讲一次和辅助者两次。

这次培训对于我们都很有帮助，不仅能让同学们在考前更好地放松，还可以帮助大家在考场上更好地发挥出自己的实力，展现出最佳的状态。而对于我个人来说，除了学习上的益处，更多的还是自己在演讲能力上的提升。作为一个原本不善于在众人面前表达的人，这次心理按摩让我收获了很多需要凭借"实战"才能得到的能力。虽然每次只有短短十分钟的培训，但实际上我在家练习的时间远在半小时以上，从对各种专业概念的熟悉到PPT的制作，都让我学到了很多。唯一有一点小遗憾，就是我在播放音乐的过程中疏漏了，导致本应该作为按摩辅助的音乐没有播放，使放松效果打了折扣，对于聆听的同学我很抱歉。

如果有下次机会，我会更完善地准备，努力做到更好。

——学生

第四节　劳动技能

在"生命与生活"板块中，七中育才一直坚持的底色培养形式之一就是劳动教育，而劳动技能习得的相关课程是劳动教育的具体抓手。七中育才劳动技能系列课程将学生的个人劳动与社会生活所结合，真实、可操作地引导学生完成具体的劳动，而非意识和形式的"劳动"。七中育才在培育学生具体劳动技能方面经过精心的设计，融合多门学科的特点，精选各类劳动项目，实现学生核心素养的提升。通过劳动技能课的思想指导让学生树立正确的劳动观，理解劳动的具体内涵，形成劳动的意识和习惯，激发对劳动的向往；通过具体的方法指导，让学生在趣味化的活动中自主劳动，了解在生活中展开劳动的具体方法，实现劳动训练、实践和技能习得；通过跨学科融合，增强学生与他人互助协作、共同解决问题的能力，提升学生的社会责任感，促进学生关键能力的全面提升。

七中育才对学生劳动技能培养的主要载体是综合实践课程，百门精彩课程中有许多课程内容有助于培养学生的劳动基本技能，如生物组的"植物私生活""微美小世界"等。这些课程从学科出发，依据学科特色，在精彩的课堂上为学生的劳动技能教育提供了场域。在课程中，学生有机会体验植物种植、食用菌栽培、模型制作、美食烹饪、食物品鉴等，在与生活联系十分紧密的活动设计中，体会劳动的"美"与"乐"。此外，职业技能课程也是劳动技能培养的阵地之一，七中育才为各个班级提供了习得劳动技能的机会，为学生的社会家庭劳动提供了具体抓手。在此过程中，有专门的微课程指导学生进行高效有序的清洁扫除，还有医务室教师带领孩子们学习急救技术，让孩子们在具体的做中学、学中悟。在手把手带领学生完成细化明确任务的过程中，学生的习惯养成不再与具体任务割裂，在真实问题解决中学生也获得了更多的成长。七中育才还设计了丰富的主题教育活动，站稳了德育主阵地，利用好学校的教育平台开展了一次次精彩的劳动技能主题教育活动。在各类开放多元的实训基地，利用优秀社会资源引导学生体会"劳动最光荣"，这样的主题教育活动的代表之一就是每年都定期开展的"四学会"活动。"四学会"是学校传统的教育活动，简而言之就是四个学会，即"学会做人、学会求知、学会共处、学会做事"。孩子们在活动中，从一点一滴、一言一行中塑造自我、丰富自己、完美自己，促进自己的最优发展。劳动教育被纳入人才培养的全过程，跨学科融合活动也常体现其劳动技能培养的重大意义。劳动应该与德育、智育、体育、美育相融合，结合社会和经济的发展，立足学生生活实际，才能促进学生更长远的发展。七中育才展开了"绿水青山任我行""学校绿地我规划""再造墨池之秀"等跨学科项目学习活动，这些活动立足于真实情境，在跨学科的融合中让学生综合运用劳动知识和劳动技能，从多方面促进学生关键能力的提升，实现个人核心素养的增长。接下来就以"城市里的自然生活"课程及"四学会"综合实践活动为例进行阐述。

【附1】

成都七中育才学校"城市里的自然生活"课程案例

一、课程方案

教育家陈鹤琴认为"大自然、大社会都是活教材",而让学生亲近大自然、体会劳动之美的途径之一就是自然种植和微生物发酵。成都七中育才学校秉持"让生命精彩"的理念,为学生创设了感悟生活的场域。让学生在进行自然劳动的过程中与自我、他人及环境对话,重塑个人与周遭的关系。

1. 课程目标

亲手体验植物种植、食用菌栽培、微生物发酵等自然生活,了解不同类型植物种子萌发的条件及不同类型真菌繁殖及发酵的方式,学习自然变化的规律,习得自然种植及微生物发酵的技能,感受生命之美、劳动之乐。

2. 课程内容

(1) 博物馆参观。如水井坊博物馆、成都市博物馆、四川川菜博物馆等。

(2) 植物种植。在不同季节种植时令蔬果或花卉。

(3) 食用菌栽培。栽培并记录,成功以后还可以将食用菌制作成菜。

(4) 微生物发酵。制作酸奶、包子、泡菜、红酒等传统微生物发酵美食。

(5) 主题演讲。以演讲形式汇报课程感悟与收获。

3. 课程对象

七年级全体学生。

4. 课程时间

每年不同季节均可展开。

5. 课程实施

(1) 前置体验活动:为了更大程度地激发学生参与学习劳动技能的热情,可在学习具体劳动技能之前带学生去更广阔的场域里感受劳动的魅力与技艺之美。前置体验活动可以以博物馆参观为主,比如水井坊酒文化博物馆、成都市博物馆、四川川菜博物馆等,这类博物馆中收藏着人类传统技艺中的智慧成果,可以让学生体会自然生活的经济与社会价值,激发他们学习劳动技能的主观能动性。

(2) 课堂技能培训:在综合实践课程中,跟随生物组教师了解植物种植及养护、食用菌栽培及微生物发酵的具体方法。在实际操作中,感受劳动中的匠人精神,也习得可以在城市中展开的自然生活劳动技能。

（3）家庭实践体验：劳动技能的习得是一个长期连贯的过程，只是单课时的学习并不能长期改变学生的劳动习惯。比如植物种植、微生物发酵等都需要等待的时间，因此，后续劳动需要在家中完成实践体验。这也是劳动技能培养过程打破了家校间壁垒的体现，这样也可以真正改变学生的生活习惯。

（4）多元课程评价：只有体验和学习对于劳动技能的习得和巩固是远远不够的，劳动的积极性也会在繁忙的学业生活中逐渐消磨。成都七中育才学校对学生的劳动技能学习进行了多元的过程性评价与管理，以更好地督促其习惯养成。

（5）各级平台展示：为了给学生提供更多展示的机会，七中育才积极为其创设了各类平台，比如全年级的展示交流活动、成果展览和升旗仪式等。在展示的过程中，学生通过归纳总结与阐述表达，再次提升自己对劳动技能的认识，并加深对劳动意义的理解。

6. 课程评价

该课程更多采取了过程性评价方式，但也有结果性评价方式。

（1）过程性评价方式：现场汇报。以演讲形式展开，进行种植、发酵或栽培过程的讲解与心得交流，按内容、情感、形式、表达、时间五个维度进行量化打分，给出得分并评奖。种植、发酵等劳动技能体验的图片及过程可放在QQ群上进行即时分享。分享最有亮点者，可酌情加分。此外，成果小报或过程记录Vlog作为本门课程重要的物化成果将在全校进行展示，并为优秀者颁发一、二、三等奖。

（2）结果性评价方式：三个项目的评分相加，可依据得分高低评出"优秀实践个人"，并影响劳动表现的综合性评价。

二、案例呈现

下面以学校2020年七年级"城市里的自然生活"课程——自然种植为例，展示这一课程的具体实施过程。

种植植物可以让学生学习自然变化的规律，感受时令之美、劳动之乐。在劳动的过程中充满了付出的艰辛及收获的快乐。种植，这项看似简单的劳动却能促进学生的主体发展，并教会他们基本的劳动技能及生活美学。在对生命倾注热情的过程中，成都七中育才学校的劳动技能课程也为孩子们的人生赋予了色彩、注入了温情。

在该活动中，我们首先走进酒香四溢的水井坊博物馆，感受劳动背后的技艺与艺术。水井坊是中国酒文化有代表性的活文物宝库，在这座珍藏着都市酒文化深厚内涵的古窖之中诞生过许多名品。水井坊博物馆正以当代人的创新精神，延续祖先的智慧与荣光，融合现代与传统、文化与经济、技术与艺术，使古老的水井坊永葆青春，再度迸发出强大的现代生命力。同学们可以在参观的过程中感受劳动的艺术，也能激发自身的劳动热情与对生活的热爱。

走进水井坊博物馆

在参观结束后，很多孩子都感叹于传统劳动技术蕴含的无穷智慧，也想回到家中制作传统美食、进行种植体验。这些目之所及的生活劳动承载着古今文明的交汇，传承着简单质朴的生活美学。

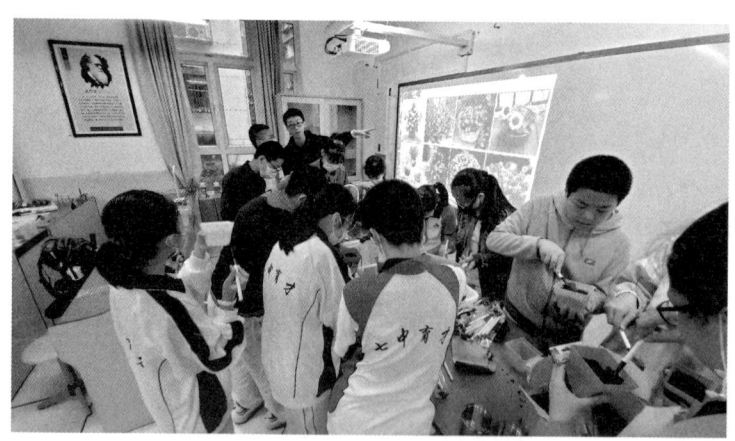

生物老师专业的培训

参观博物馆激发出了孩子们的劳动热情，但光有热情是不够的，同学们还需要掌握具体实用的劳动技能。为此，生物组全体教师对孩子们进行了统一的课堂培训与指导。生物组祁万军老师、贺宇老师就具体器材的使用方式、植物种植步骤、食用菌栽培技术进行了具体介绍,并对同学们的操作过程进行了一一指导。孩子们在参与农事活动的过程中也释放了天性,并收获了劳动的快乐。当孩子们种植的植株或者菌包有一点点变化时,他们都迫不及待地在临时组建的QQ群上进行成果分享。通过一张张图片,我们看见孩子们收获了劳动的喜悦,也感受到了被需要的快乐。

学生网络积极交流

为了增加孩子们对劳动内涵的理解与认识,我们在为期一个月的种植体验之后特别安排了经验交流活动,并从中遴选出优秀的作品进行全校展示。孩子们细心地记录了自己种植植物和栽培菌包的过程,与同伴分享快乐,并在与自我及他人的对话中重塑了自我与周遭的关系,对大社会、大自然有了更加深入的理解,也更深入地认识到了劳动的实用性及美学价值。

课堂上学生精彩展示

在本次活动中,同学们与老师体会到了劳动是生活的基础、幸福和源泉。为了将劳动教育融入学生的日常学习和生活,本次七中育才学校开展的劳动种植体验活动让同学们真切地感受到了劳动最光荣，劳动最崇高，劳动最伟大，劳动最美丽。全校师生也在此过程中收获了劳动的喜悦，学习了具体的技能，一起重温了田园生活的美好。

【附2】

成都七中育才学校"四学会"综合实践课程案例

一、课程方案

劳动与人的智力发展、道德提高、体力增强、美感培养、个性形成都有着密切的联系。劳动技术教育是实施素质教育的重要措施。学生只有亲身参加劳动，才能养成善良的心地，才能怀有感恩的心。本课程旨在通过对"农耕文化"和"农事活动"的了解与体验，让孩子们在深入农事活动的实践中，知晓部分植物的自然属性与生长规律，体会到农人们耕耘种植与收获加工的艰辛。

1. 课程目标

通过学习农耕文化，观光蔬菜景观等农业田园项目，引导学生感受我国"科技兴农"的新成果；通过体验全新的农村生态文化生活，培养学生的动手习惯和吃苦耐劳的精神，从而崇尚劳动，尊重劳动，珍惜劳动成果；通过小组合作的劳动体验模式，培养学生参与、合作的实践能力和创新意识。

2. 课程内容

成都七中育才学校"四学会"社会实践活动每年都有丰富多彩的内容。参观七中（全国性示范性高中）校园，聆听七中校长的报告和七中优秀学子的学习经验，让学生更好地了解七中的发展历史，明确学习的意义和方法，并激励他们付诸行动，为实现自己的目标而奋斗；深入素质拓展基地，开展"野炊"活动，让学生感受做饭炒菜的艰辛与快乐，学会与人合作；走进"成佳茶乡"，聆听关于茶文化的专家讲座，了解茶文化，并体验"采茶""炒茶"等活动，进一步帮助学生树立热爱家乡、建设家乡的观念；深入"秾人庄"，体验"挖红薯、挖莲藕、种植多肉、采摘四季豆"等农事劳动，培养学生参与、合作的实践能力和创新意识。

3. 课程对象

全校学生。

4. 课程时间

每年5月。

5. **课程实施**

(1) 筹备阶段：学校教育处制订"四学会"活动方案；学校或年级组老师分组筹备，对各班老师和学生进行系统培训。

(2) 实施阶段：主要通过"基地参观""聆听讲座""采茶、炒茶体验""农事体验"等方式实施本课程。在素质拓展基地开展"野炊"，学生根据划定的合作小组进行分工合作，每个小组在规定的时间内制作完成一道小组特色菜，提交给班级评委会（评委会成员由班主任、学科老师和学生代表组成）参加全班的评比；在"成佳茶乡"开展"茶文化讲座"和"采茶、炒茶"体验，各班学生按照工作人员的安排，有序交替进行两项活动，在聆听讲座时认真记录"茶文化"相关知识；在"采茶、炒茶"的体验过程中，听从采茶艺人的教导，爱护茶树、茶苗；在"秾人庄"里体验农事，"挖红薯""采摘四季豆""磨豆浆"与"种植多肉"分班分场次进行。

(3) 展示阶段：各班学生制作PPT和班级外墙展板，学校统一进行外墙评比。

6. **课程评价**

(1) 结果性评价：①学生认真填写《研学手册》，各年级各班评比优秀学员，颁发奖状；②学生按照小组劳动成果的多少评选出"优胜小组"；③每班收集精彩照片和制作PPT，进行评比和展示；④各班制作主题外墙，全年级进行评比。

(2) 社会性评价：学生家长针对此次活动的开展情况，评价学生在活动中的收获与体验。

二、案例呈现

"古人欲知稼穑之艰难，斯盖贵谷务本之道也。夫食为民天，民非食不生矣，三日不粒，父子不能相存。耕种之，茠锄之，刈获之，载积之，打拂之，簸扬之，凡几涉手而入仓廪，安可轻农事而贵末业哉？"这段话出自南北朝时期颜之推的《颜氏家训·涉务》，大意是人要懂得务农艰辛的道理，让人珍惜粮食，重视农业劳动。"小雪"已过，不久就是"大雪""冬至"了。在众人眼里，冬天是冷寂的、肃杀的。但在农人心中，冬天也可以是繁忙而充满生机的。冬天是植物的休眠期，是土地的自我修复期，农人们可以为土地施肥，也可以为果树剪枝，还可以种上应季的农作物。

也就是在这样的季节，成都七中育才学校2021级社会实践活动——"躬耕'好秾人'，研学在田间"于11月30日在"好秾人"如期开展。全年级所有师生沉醉于乡村的美景，在美好的时光里，参观、学习现代农业。同学们分组进行了实地参观，体验田间乐趣，增加农业科普知识，并在指定区域进行蔬菜采摘栽种体验，将喜悦的收获带回家。大家置身于宁静的大自然，畅游在宽敞的农场中。

《荀子·王制》中有"春耕、夏耘、秋收、冬藏，四者不失时，故五谷不绝"，这是农业生产的一般过程。尽管现在不是"春耕""夏耘"之时，但学校依然带领同学们去体验冬季农作物的种植，了解无土栽培技术，观察农作物的生长，采摘收获农产品并对其进行简单的加工，让孩子们在深入农事活动的实践中，知晓部分植物的自然属性与生长规律，体会农人们耕耘种植与收获加工的艰辛。只有孩子们观察过、感受过、体验过，他们才会真正明白"万物生长皆有定律"；才会真正知晓"谁知盘中餐，粒粒皆辛苦"的含义；才能真正懂得感恩于他人，感恩于自然；也才能真正做到"学用结合，知行合一"。

九班"推碾磨豆浆组"的一位同学说道："我们用小石碾盘磨黄豆，逆时针转动就能磨出细腻可口的豆浆啦！恕我直言，这活儿挺轻松的，在碾盘中添加适量的水与黄豆，再轻轻转动碾盘，就OK了。种季节菜的时候，我们用小锄头、小铲子刨出一个小坑来，再将菜根放进小坑里，然后一只手扶着菜苗，另一只手把土推进小坑，然后再用手慢慢地把小坑抚平整，一棵菜就算种好了。虽然种一棵菜只需要大概一分钟，但整个人身子半蹲着，如果要种完一大片蔬菜田，恐怕不到半小时，就腰酸背痛起来了。想着自己平时那么不喜欢吃青菜，可是种植蔬菜却这么不容易，心里对辛勤劳动的农民伯伯油然而生一股敬意。"

活动中的收获与喜悦

十班"田野种菜组"的一位同学这样总结:"同学们摘四季豆时都挑选的是大而饱满的,当然也有摘一些小的。望着大片大片的四季豆田,心里在感慨壮观之时,还有另外一种情感油然而生:这些四季豆不就是农民伯伯不畏风雨、辛辛苦苦栽培出来的吗?我们摘的时候固然轻松惬意,很快就满载而归,可种植四季豆却是多么的艰辛不易啊!没有实践经验的人,心灵就好比一块田地,即使天生肥沃,倘若不经耕耘和播种,也结不出果实来。如果没有经历这次农耕体验之旅,恐怕我们这些温室里的花朵是不能真正读懂'谁知盘中餐,粒粒皆辛苦'的真正含意的。"

学生最真实直观的劳动感悟

此次活动不仅受到孩子们的欢迎,也获得了家长们的一致好评。

十班同学的家长这样说:"这次活动十分有趣,也十分有意思。在活动中,孩子们学到了很多知识,也知道了生活的艰辛。现在的孩子们能接触这些农事的机会很少,回家后一直在感慨这一天的不容易。平时父母对他们的说教都会被认为是心灵鸡汤,这次活动是他们用自己的行为打动自己,这样的教育形式太有实效了。希望学校多组织此类活动,让孩子在活动中树立正确的人生观、价值观,带着一颗感恩之心健康成长。"

六班同学的家长这样说:"这次研学活动非常有意义,让孩子们深入田间了解农耕文化,体验农村生活,这是对学校学习生活的有益补充,也是一种艰苦奋斗教育。希望孩子们在这次活动中有更多更真实的收获,并能化为学习的动力,既调节紧张的学习生活,又助力汲取文化知识。"

参加活动的一位语文老师这样说:"在这个冬季,孩子们双脚踩在肥沃的土地上,耕耘、播种、采摘,方明白'一粥一饭来之不易,半丝半缕物力维艰'。独立寒冬,屏息凝神,净其心念,在秋人庄中,走过田间阡陌,种蔬菜、闻瓜果,遂不负自然之美。"

第五节 劳动服务

学生不仅要具备相应的劳动技能,同时还要培养劳动服务意识,提升劳动服务品质。

从人的发展来看,劳动服务极其重要,是一个人得以发展的基础。第一,劳动能促进孩子的身体发育。第二,不论是体力劳动还是脑力劳动,都要付出努力、耗费精力,要做出劳动成果,需要有顽强的意志和毅力,因而可以培养孩子的自信心、责任心、情感和意志等思想品质。第三,认识劳动是产生财富的源泉,培养起尊重劳动、热爱劳动、尊重劳动人民的品质。劳动没有贵贱之分,只要是劳动,就能为社会增加财富,就是为社会服务,养成劳动光荣、不劳为耻的思想品德。第四,劳动是创造的基础。孩子在劳动中既要动手,又要动脑,是一种创造性活动,这能培养孩子的创新思维和创造能力。因此,劳动服务不仅能培养学生的生活技能,而且能促进人的体力发展和智力发展,培养学生的创新精神和实践能力,养成尊重劳动的思想品德。

学校希望通过劳动服务培训,使学生能够形成正确的劳动观,牢固树立劳动最光荣、劳动最崇高、劳动最伟大、劳动最美丽的观念;通过劳动服务参与,让学生体会劳动创造的美好生活,体认劳动不分贵贱,热爱劳动,尊重普通劳动者，培养勤俭、奋斗、创新、奉献的劳动精神；通过劳动服务实践，让学生具备满足生存发展需要的基本劳动能力，形成良好的劳动习惯，培养更加全面发展的人。

具体而言，劳动服务课程主要有：校园劳动服务课程，如"值周班劳动服务""班级清洁卫生服务"等；家庭劳动服务课程，学生利用在家时间进行劳动锻炼，如周末开展的"房间整理大比拼"、寒暑假开展的"我陪父母过大年"实践、"我当三天家"活动等；社会劳动服务课程，如"志愿者服务实践""职业新体验"等。

下面以"值周班"实践课程和"志愿者服务实践"课程为例。

【附1】

<h3 style="text-align:center">成都七中育才学校"校园值周"课程案例</h3>

一、课程方案

1. **课程目标**

（1）通过行动呵护美好校园，增强育才师生的主人翁意识。

（2）通过自我教育、自我管理、自我服务，进一步培养学生的劳动服务能力。

（3）通过服务实践活动，培养全面发展的学生。

2. **课程内容**

值周班劳动服务课程主要包括文明示范、劳动体验、常规监督、社会服务、生命关护五个内容。

（1）文明示范岗：校园各处的仪表、礼仪等文明示范

（2）劳动体验岗：校园卫生打扫、功能室打扫、厨艺学习与体验

（3）常规监督岗：两操、午餐、清洁等的常规监督

（4）社会服务岗：社区公共服务，如：共享单车的整理、垃圾分类讲解、大运会宣传等

（5）生命关护岗：参与生命安全教育课程，学习急救常识等

3. **课程对象与时间**

课程对象：七、八年级全体学生。

课程时间：每周轮换，确保一个班级有两次值周机会。

4. 课程实施

准备阶段

• 班主任工作准备

值周前：

(1) 与培训老师衔接，安排好三次分批培训的时间并协助组织培训。

(2) 按照执勤工作岗位需要，在值周前一周的周三前对全体学生进行合理分工。

(3) 按照功能室打扫工作岗位需要，对全班所有学生进行分工。

(4) 做好学生的思想动员工作，让学生理解这门实践课程的价值和意义，以积极的精神面貌参与中。值周中与值周后：主要进行工作开展过程中的检查督促与总结反馈。

• 学生工作准备

值周前：

(1) 各组长明确组员构成，与班主任协调班级人员，并配合班主任做好三次分批的培训。

(2) 组长应结合值周要求，对本组组员进行分工（需填写在手册相应位置）。

(3) 参与管理年级的组员，应主动熟悉所管楼层及班级，并向对应班级的班主任做自我介绍。

(4) 各组员应认真聆听对应组长讲解工作要求及流程。

(5) 班级所有人员均应提前熟悉分班班级位置）以及功能教室所在位置。

值周中：

(1) 早间：校园文明礼仪组进行文明礼仪示范；年级管理组进班检查清洁卫生。

(2) 上午课间：校园文明礼仪组课间操巡视、操场入口管理；年级管理组分别进行课间操、室内操检查。

(3) 午间：校园组进行午间巡视；年级组进班检查午餐；打扫功能教室。

(4) 下午课间：校园文明礼仪组课间操巡视、操场入口管理；年级管理组分别进行课间操、室内操检查。

(5) 放学：全班进行值周工作一日小结）各组长分项总结）班主任全面总结。

(6) 参与社区服务、厨艺课、生命关护课程的学习和实践。

值周后：

（1）在值周完毕后的下周一，利用班会组织全班进行班级总结反思，力求在下次值周中更上一层楼。

（2）督促值周记载组长将校园一周大事记、发现的问题及建议等按要求在手册上填写完毕，值周总结组在值周后下周一的中午12：50交到负责教师处。

- 教育处工作准备：值周培训

（1）第一轮培训——劳动服务意识培训及基本劳动服务技能培训。为了更好落实家校协同育人，第一轮培训时发给学生关于值周班劳动服务课程的《告家长书》，明确课程内容和实施方式。

 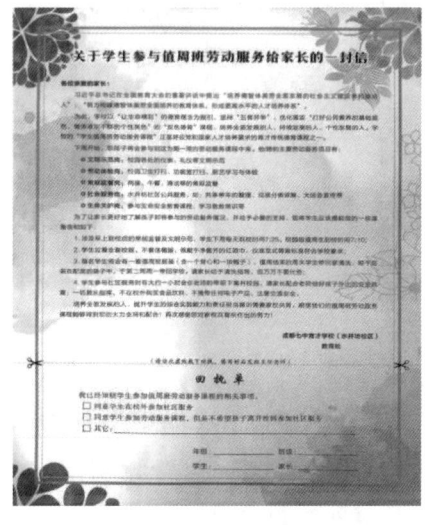

值周班课程告家长书

（2）第二轮培训———值周组长培训（共5人）。

人员	校园文明礼仪组组长	七年级管理组长	八年级管理组长	九年级管理组长	值周总结负责人
需对应领取的资料、物品	校园组检查记录表	班级检查记载表；每周情况反馈表	班级检查记载表；每周情况反馈表	班级检查记载表；每周情况反馈表	本周五中午12850领取值周袖套；本周五下午课间操结束领取彩旗；领取楼层图

主要职责：负责各个板块的工作）进行通知传达、管理反馈和总结汇总。

培训时间：周三中午12：40准时到医务室参加组长培训。

备注：①参会人员需带上笔和笔记本；②应准时到会，培训后将进行自身职责抽问考核，此项考评将记入班级值周成绩；③因每学年班级位置有所改变，故楼层分布图不进入本手册，在值周培训时领取最新版本。

(3) 第三轮培训——校园文明礼仪组成员参与（包括组长，共8人）。

主要职责：文明礼仪示范、课间操管理、午间执勤，检查、记录并反馈。

培训时间：周三中午13：10，准时到医务室参加培训。

备注：①参会人员需带上笔和笔记本；②应准时到会，培训后将进行自身职责抽问考核，此项考评将记入班级值周成绩。

(4) 第四轮培训——年级管理组参与。

主要职责：每人对应管理一个班级（本班不安排），督促检查各班的清洁卫生和行为规范，常规管理的检查、评价、记载和反馈。为了指导值周生更好地与服务班级沟通，我们会给每位年级管理组成员派发一张值周生名片。值周生通过名片与服务班级进行第一次沟通。这样温馨的沟通方式会促进值周时的服务效果。

 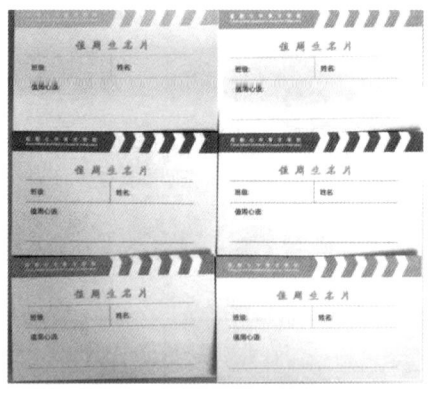

值周生给班主任的温馨小名片

培训时间：周四中午12：50，值周班管理老师到班讲解培训进行行培训答疑。

备注：①参会人员需认真听讲，并做好笔记；②参会人员是否准时到齐及对自身职责抽问回答情况将记入班级值周成绩；③校园文明礼仪组成员可一并参与培训，熟悉值周工作标准及要求。

实施阶段

- 校园文明礼仪组

整体要求：

(1) 值周工作期间佩戴红领巾、着全套校服。

(2) 规范佩戴值周袖套或穿着值周服装。

(3) 准时到岗。

(4) 如遇无法解决的问题，应第一时间告知老师。

表格填写：校园组组长检查记录表。

领取时间：培训时领取。

归还时间：值周周五下午课间操结束时。

表格记录要求：

(1) 字迹工整、无涂改（修正液、修正带、贴纸均不可）。

(2) 记录内容：详细，完整，落实到人、到点。

职责要求：

(3) 对校园不良行为进行制止、纠正，以提醒为主；提醒后改正者，则不记入表格；提醒未改者，需落实清楚其班级、姓名，找对应班主任在情况记载旁签字确认。

组长汇报：

要求：每次检查完毕后，需第一时间统计组员情况，速汇报到医务室。

汇报时间（每次汇报，记录值周成绩）：

(1) 第一次汇报：上午课间操检查完毕。

(2) 第二次汇报：午间巡视检查完毕。

(3) 第三次汇报：下午课间操检查完毕。

工作流程：

(1) 第一次到岗：校门口文明礼仪示范。

时间：7：20—7：40。

职责：敬礼问好。

注意两个时间点：7：20 需已全员到位，开始问好；7：40 后方可离开。

(2) 第二次检查：上午大课间操巡视。

位置：操场大入口4人，小入口2人，亭子处2人。职责：

①到岗后，首先按位置站好。

②检查到位情况，如遇有同学未戴红领巾、未着全套校服等，需进行提醒，并让该同学及时整改。

③课间操开始后,对迟到人员进行记录。

(3) 第三次检查:午间巡视职责:

①纠正端饭现象,如发生此类现象,请提醒同学及时回班。

②管理、制止乱倒饭菜现象。

(4) 第四次检查:下午大课间操楼道巡视,位置及职责同第二次检查(上午课间操楼道巡视)。

- 值周记载组

工作职责:

(1) 领取值周袖套。

领取时间:本周五中午12:50。

归还时间:值周周五下午课间操结束,收齐全班所有袖套速交医务室。

要求:锁针齐全,袖套整洁,无破烂,并记录值周成绩。

(2) 领取楼层图。

领取后,立即张贴在班级张贴栏上,便于年级组熟悉所管班级楼层、位置和班主任。

(3) 领取课间操红旗。

领取时间:本周五下午课间操结束。数量:共14面。

每天上午课间操、下午课间操提前交给七、八年级组。

归还:值周周五下午课间操结束,收齐速交医务室。

要求:干净、整洁、无破烂,并记录值周成绩。

(4) 填写值周总结。

于值周周三下午第一节课间到医务室填写总结。

于值周周四上午课间操找教育处老师修改值周总结报告。

注意:①值周期间随时询问班级检查情况,便于值周总结填写,如表扬、批评,并落实班级;②值周周五中午到医务室抄写流动红旗。

- 校园道路及功能教室打扫组

打扫时间:周二至周四,每天中午12:50开始,13:30结束。

参与人员:班级全体成员共同参与。

打扫要求:保质保量、安静、有序、认真、团结;如有打闹现象,值周成绩将受到影响。

班主任到位管理要求:班主任应全程到位进行管理,到场情况作为值周成绩之一计入评定。

打扫区域:共6间功能室,分别为音乐教室2间、心理成长中心2间美术教室2间。

打扫各功能教室时间及细节要求：

（1）音乐教室（周二中午）。

（2）心理成长中心（周三中午）。

（3）美术教室（周四中午）。

（注：详细打扫要求及说明另有PPT课件培训，不附入本手册）

反馈阶段——值周组长小结

- 社区服务组

班级学生分为四组进行社区服务。分组和任务如下：

第一组：10-15人，一名带队教师，负责共享单车整理，区域———出校门右转，沿河边、东大街、从KTV口子处绕回，然后沿青龙横街、香巷子等学校一周的道路

第二组：10-15人，一名带队教师，共享单车整理，区域—出校门左转，沿双槐树街、九眼桥、阳光兴业、牛王庙、东大街，从香巷子街道绕回学校

第三组：10-15人，一名带队教师，负责小区垃圾分类宣讲及宣传资料发放

第四组：10-15人，一名带队教师，负责小区垃圾分类宣讲及宣传资料发放

对学生的指导和要求：

（1）任何同学不能以任何理由中途离队；

（2）全程整齐穿戴全套育才服务岗服装，大气礼貌问好，对不良停车习惯或不正确地垃圾投放方式可以进行礼貌地提醒。提醒前先敬队礼问好，自我介绍，自信大方、声音洪亮。

（3）在未执行单车整理服务地过程行进中，始终保持两列纵队，不交头接耳、随意打闹聊天。整体精神面貌好。

5. 课程评价

（1）过程性评价：值周过程中，各小组组长每天对小组成员表现情况进行记录并总结点评；班主任及时检查、反馈与总结。

（2）结果性评价：值周班负责老师对值周表现情况按要求进行打分评价。

二、案例呈现

精致而美丽的成都七中育才学校校园是我们共同工作和学习的地方，更是获取知识"健康成长的场所，优美的校园环境时刻彰显的文明礼仪不仅能带来愉悦的心情也能使我们更好地工作和学习。

值周班进行常规检查和文明礼仪示范

苏霍姆林斯基曾说:"只有能够激发学生去进行自我教育的教育才是真正的教育",为了让优美的校园环境得以维持增强同学们高度自觉的主人翁意识学校特开设了"值周班实践课程"值周班实践课程"是我校对学生实施"自我教育"的重要途径是学校德育课程中不可或缺的一部分。

值周班进行常规检查和文明礼仪示范

值周生参加社区服务

该课程也是每位育才学子最期待参加的活动之一。在为期一周的时间里同学们就是校园建设的直接维护者和管理者。

值周同学的身影是校园中最亮丽的风景线。

每天清晨走进校园时都伴随着值周同学亲切礼貌的问候。

每天清晨，在育才的某条小径"某个角落，那一个个流动的"红袖章"或者"红背心"的身影总是能吸引住人们的目光。

每个课间总是能看到值周同学对跑跳打闹的同学进行温柔亲切的提醒。每个午间总是能看到值周同学在班级打饭点严格管理的坚守与付出。无论是热情大方的礼仪示范同学，还是认真执勤"严格管理的同学都是校园中最美的一景。正是他们默默的付出，才有学校永远"崭新"的每一天校园值周，既是一份责任，也是一份能体验快乐和幸福的工作。作为校园环境的管理者、创造者，同学们能充分体会到自己辛勤付出换来的成就感。根据同学们的值周表现"班主任协助管理情况等综合评定，学生发展中心还将对承担值周工作的班级进行相应的值周成绩评价。同学们以百分百的精神圆满完成了值周工作为班级争得荣誉全心全意地为校园建设亲力实践，为全校师生热情服务，把握好此次成长的契机。

【附2】

成都七中育才学校"志愿者服务"实践课程案例

一、课程方案

1. 课程目标

激发劳动兴趣，树立学生的劳动观念，培养学生解决问题的能力；理解劳动创造价值，萌发劳动自立意识；形成积极向上的生活态度，学会主动服务他人、服务社会。学校设计了志愿者温暖月系列活动,希望学生能够在活动中学会做事,喜欢做事,擅于做事;学会助人,乐于助人,擅于助人。不仅如此,本活动还能塑造学生认真负责、吃苦耐劳的良好品质。

2. 课程内容

志愿者课程主要以志愿者温暖月系列活动的形式开展,设计了针对不同对象进行的志愿服务活动。例如,自我服务课程,包含以自己为服务对象的"卧室清洁"等志愿活动;服务他人课程,包含以同学为服务对象的"守护天使"、以学校为服务对象的"美化校园"、以社会为服务对象的"温暖服务"、以家人为服务对象的"服务家人"等志愿活动。

3. 课程对象

全校同学。

4. 课程时间

每年9月或10月。

5. 课程实施

(1) 策划阶段。

学校志愿者协会在前期召开筹备会,设计出活动方案,方案定稿后进行任务分工并在全校范围内进行活动的推进。

(2) 申请阶段。

同学们在参与每个活动时需要先进行申请,由学校志愿者协会进行身份认证后,领取相应的活动单,每位同学可选择3~5项活动进行申请。

身份认证包括:签署志愿服务承诺书,发放活动单,发放志愿服务认证手册。

(3) 活动阶段。

活动一:卧室清洁记——用整洁温暖自己,活动要求彻底清扫及整理自己的房间,并在记录卡上做相应的记录,包括文字和影像记录;活动结束后将记录卡放在"卧室清洁记"展示台上进行展示,并进行"最整洁卧室"评选。

活动二:你的守护天使——用友善温暖同伴,通过盲选的方式,抽取一位同学,成为其48小时的守护天使,在不让这位同学知晓的情况下,对这位同学给予关心与关注,提供帮助与支持。在活动过程中,将感受记录在"守护天使"记录卡,并转交给被守护对象,请被守护对象留言。

活动三:校园多美好——用积极温暖大家,和其余热心志愿者一起组队,在校园内选择并认领一个区域。通过小组策划、实施,美化该区域。最后,由小组内新闻发言人代表小组进行该区域的美化成果介绍,拍摄成短片,在全校范围内进行宣传与展播。

活动四：温暖处处在——用奉献温暖社会，在志愿者协会的统一规划下，组队参与校外志愿者服务项目，例如，社区义卖、社区义演、关爱老人、连线手拉手友好学校等。分组策划、商定、实施志愿服务方案，将过程和收获记录在"温暖处处在"活动卡上，并将卡片附在海报上进行展示与分享。

活动五：今天我当家——用关心温暖家人，提前观察并记录当家的工作内容和注意事项，做好当家的准备。在当家的前一天，提前对家人进行家务志愿者工作预告，并且和家人一起商量家务分工，制订开支计划，领取开支。在当家的当天，以家务志愿者身份运营整个家庭，并且承担主要家务，承担一日三餐的做饭任务。当家结束后，邀请家人对家务志愿服务进行评价，完成"今天我当家"记录卡。将记录卡上交班级，由班级统一进行外墙展示。

6. 课程评价

志愿者温暖月系列活动的评价方式多种多样，包含活动卡记录、海报展示、外墙展示在内的过程性评价，包含视频展示、小组汇报、主题演讲在内的结果性评价，还有最佳小组评选、服务对象评价、留言等社会性评价。

二、案例呈现

下面以学校2015年志愿者温暖月系列活动"播种阳光塑优良品质，收获温暖显青春风采"中"温暖处处在"这一活动为例，展示这一课程的具体实施过程。

2015年10月，成都七中育才学校志愿者温暖月系列活动拉开帷幕，其中，"温暖处处在"这一活动受到了大家的热烈追捧。志愿者协会为大家分发了社会志愿服务清单，共有三项志愿服务项目供大家选择：送温暖进社区，关爱夕阳红，义卖助学。在学校志愿者协会的组织下，申报成功的志愿者们自主选择分为了三组，并且进行了详细策划，拟定了小组的活动方案。

其中，"关爱夕阳红"志愿服务小组作为学校代表，以成都市慢性病医院第二批联盟单位之一的身份参加了医院举行的"关爱老人，情暖夕阳"志愿者活动。学校自加入成都市慢性病医院志愿服务联盟单位以来，多次组织学生到院为老人提供志愿者服务，赢得了院方的肯定和赞许。申请参与此次志愿者温暖月系列活动之"温暖处处在"的志愿者们均在活动现场参与了本次活动，其中，黄晴同学作为育才的学生代表进行了发言。有同学从古人对"孝"的理解讲到今天人们应对"尊老爱老"持有的态度，号召更多的人发扬"尊老爱老"的传统美德，加入"关爱老人"的志愿服务中来。

育才志愿者在行动

同学们在医院工作人员的引导下步入病区。大家手里提着沉甸甸的礼品，脸上带着浓浓的笑意向老人们打着招呼。"爷爷您好！""奶奶您好！"此起彼伏的问候声在病房里回荡。寒暄过后，同学们拿出小礼品，一样一样地为爷爷奶奶介绍起来。"爷爷，这是一条围巾。冬天要到了，希望这条围巾能给您带来温暖。""奶奶，这是我自己折的五角星，祝愿您健康快乐"，老人们一面乐呵呵地回应着同学们的话，一面拉着同学们亲切地说着"快坐快坐"。这边唐旌国同学陪老人聊天聊得开心，另一边有同学拿起了拖把开始拖地，一旁的王良国同学正在四处找抹布要为老人擦座椅……同学们忙碌的身影给病房增添了温度，让老人们舒展了笑颜。

不知不觉，上午的活动接近尾声。在老人们眷恋的注视下，同学们依依不舍地离开了病房。活动的时间虽然短暂，但"尊老爱老、亲老助老"服务意识的种子已经种在同学们的心田。

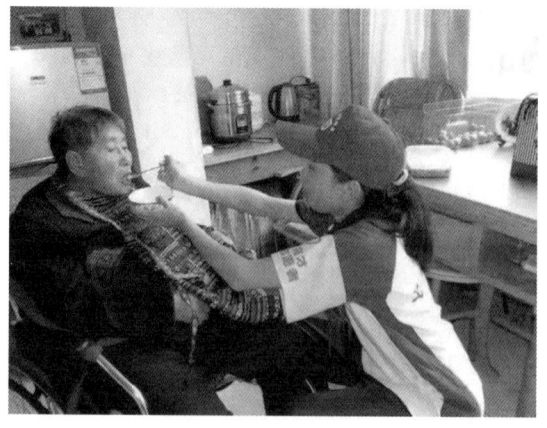

"关爱老人"志愿者活动

"送温暖进社区"志愿服务小组的同学更是脑洞大开，策划了艺术送温暖的活动。该志愿者小组将志愿者们分为了两个组，其中具有文艺特长的志愿者承担了节目展示的重任，另外一部分志愿者则负责送温暖活动。同学们对公益事业的热心和激情点燃了这稍显寒冷的秋天。由志愿者们组成的合唱团最先登场，为社区居民带来了《铃儿响叮当》和《歌声与微笑》两首节奏欢快的歌曲。随后上场的2名志愿者为大家表演了健美操《青春魅力》。欢乐的歌声、动感的舞蹈将现场的气氛推向高潮。有书法特长的志愿者们在现场挥毫泼墨，为社区居民们书写书法作品，送去满满的祝福。随着活动的推进，现场的气氛也愈发高涨，同学们充满热情的表演让更多的人感受到了来自育才的爱心和温暖。

"送温暖进社区"

　　随后在水井坊街道办事处、青少年社会事务工作站的统一组织下，志愿者们前往水井坊社区看望特殊家庭，为他们送去节日的问候。在水井坊街道办事处工作人员的带领下前往目的地。

其中一部分志愿者来到了一位老人的家中。当推开简陋的木门，看着只有十几平米、家徒四壁的小屋，同学们不禁为这位老人的生活状况感到担忧。而从街道办事处的工作人员那里了解到曾韵兰老人是寡居，且患有严重的眼疾、几近失明的情况时，同学们更是唏嘘不已。孩子们的到来给老人带来了欣喜和笑容。问候之后，来自管乐团的同学们纷纷拿出乐器，为老人表演自己准备的节目。有同学用中音号吹奏《第一圆号协奏曲》，有同学长号独奏《嘎达梅林主题幻想曲》，还有同学双簧管独奏《C大调协奏曲》……一个个音符撞进每个人的心里，传递着爱和温暖。

用爱心温暖他人　用行动提升自己

今后，学校将继续组织学生参加各类志愿服务，同时也将设计和开展更多形式的志愿者活动，让更多的学生加入到活动中来，用爱心温暖他人，用行动提升自己！

第三章　传承与感恩
——让生命充满温暖

传承是指对前人的经验进行传授和继承并发扬发展的过程。传承，是"传递，承接"的意思。感恩是指对别人所给的帮助表示感激，是对他人帮助的回报。

传承不仅仅是保持，更是为了发展。在中国的灿烂历史文明中，有着许多经验和经历值得学习，传承就是要取其精华，去其糟粕，赋予其新时代意义。传承以爱国主义为核心的民族精神，传承以家国情怀为基石的理想信念，传承以传统文化为内涵的民族文化，有利于学生的成长。

羊有跪乳之恩，鸦有反哺之义。感恩教育对我们的人生价值起着重要的引领作用，对学生思想道德建设起着重要的促进作用，是推动社会主义文明建设、生态建设不可或缺的精神力量，为加快实现全面和谐小康社会提供了充足的思想动力。

我们认为，传承和感恩是学生个体在初中阶段发展过程中不可缺少的基础底色，是学生必备的品格和能力，也是促进其社会参与的重要基石。在中国学生核心素养培育中，对培养学生社会参与素养板块有如下描述："社会性是人的本质属性。社会参与，重在强调能处理好自我与社会的关系，养成现代公民所必须遵守和履行的道德准则和行为规范，增强社会责任感，提升创新精神和实践能力，促进个人价值实现，推动社会发展进步，发展成为有理想信念、敢于担当的人。"

初中阶段学生正值青春期，由于生理和心理的双重变化，学生在此期间有发展认知上的跌宕起伏，容易出现青春期现象，如情感丰沛而敏感，情绪饱满而不稳定，人际关系容易紧张。同时，随着其学业水平的提升，其辩证思维和价值观取向开始启蒙，需要在其社会参与中不断导向和发展，需要将学生置于情境中去学习。家庭、学校、国家中有着内涵丰富的主题、深厚的传统文化、深刻的家国情怀、生动的校园生活，是传承并培育学生感恩之心的重要载体。

家庭是伴随学生终生的生活场景，也是初中阶段学生最重要的生活情境。进入青春期的学生，在与家庭成员共同生活的过程中，容易因青春期现象出现沟通不畅、情绪波动较大等问题。家风、家训、家乡、家史、家族中的人物传奇等内涵丰富的主题，可以用来引导学生传承优良家庭文化，培育感恩之心。

学校是学生在初中阶段主要面对的社会情境。在求学阶段，校园生活是学生重要的生活情境，也是学生活动时长最长的场景。在校园环境的构建和教育教学活动中，校园生活渗透和融入了学校的办学文化，也融入了教师团队与学生的情感与需求。开展丰富多彩的爱校主题活动，不仅能引导学生在传承校园文化的过程中丰富体验认知，更能激发学生与师长同行、与同辈同行的动力与情感，以个人优质发展回馈教育初心。

祖国是个体在发展阶段中不可脱离的情境。为国育才是教育工作者的目标。初中阶段，正是学生价值观和世界观形成的重要时段，学校需要引导学生将个人发展与祖国发展融为一体。学校可以围绕爱国主题，通过形式多样、内涵丰富的主题实践活动，引导学生深入理解国情和国家的发展历史，学习老一辈革命家艰苦奋斗、勤俭朴素、奉献社会、超越自我的崇高精神，倍加珍惜如今的盛世太平，真正理解个人与国家是命运共同体，激发学生的长远斗志，为国蓄力。

传承与感恩，一方面是行动，一方面是情感，都是我们引导学生融入社会的重要路径，也是引导学生明晰其社会属性的关键。学校从爱国、爱校、爱家三个层面引导学生主动参与德育主题体验式实践活动，对于学生是培养使命感和责任担当，促其成长；对于家庭是密切情感纽带，丰盈学生情感；对于学校是提升育人品质，丰富学生校园生活；对于国家是涵养家国情怀，引导学生为国立志，不断前行。

第一节　爱国教育

对于初中学生来说，通过各种主题教育活动及主题实践课程开阔视野和树立远大理想，是培养爱国主义情怀的重要途径。在学校"打好公民素养的底色，增添卓尔不群的亮色"双色德育课程体系指引下，通过推进爱国主义系列课程，着力培养爱国之情、砥砺强国之志、实践报国之行，使爱国主义成为学生的坚定信念、精神力量和自觉行动。

学校的爱国主义系列课程主要围绕"传承中华民族传统文化""探寻国家

发展历程""弘扬中国精神"三个主题课程展开。

对祖国悠久历史、深厚文化的理解和接受，是爱国主义情感培育和发展的重要条件。在"传承中华民族传统文化"主题课程下，通过开展"传承圣贤·礼敬中华"表演唱活动、传统节日主题等丰富多彩、积极健康、富有价值内涵的文化活动，学校充分发挥传统文化和传统节日的涵育功能，引导学生了解中华民族的悠久历史和灿烂文化，从历史中汲取营养和智慧，培养学生自觉延续文化基因，增强学生民族自尊心、自信心和自豪感；引导学生树立和坚持正确的历史观、民族观、国家观、文化观，同时增强对中华民族的归属感、认同感、尊严感、荣誉感。

历史是最好的教科书，也是最好的清醒剂。在"探寻国家发展历程"主题课程下，通过"认识国歌、国旗、国徽诞生的背景和象征意义""你好，新时代"等主题升旗仪式、主题班会活动，与语文、政治、历史等学科融合的活动，广泛开展党史、国史、改革开放史教育，引导学生深刻认识历史，深刻认识我们国家和民族从哪里来、到哪里去，培养学生继承革命传统，弘扬革命精神，传承红色基因，结合新的时代特点赋予其新的内涵，使之转化为激励学生努力奋斗的强大动力。

在"弘扬中国精神"主题课程下，学校通过"时代的楷模·我为你歌唱""时代最强音·我为祖国代言""改革的风采·我的颁奖词""感恩于你·接棒有我""我的祖国·美丽的家"等系列实践活动的开展，让学生深刻感悟中国精神的内涵，聚焦培养担当民族复兴大任的时代新人，培育和践行社会主义核心价值观，提高学生的思想觉悟、道德水准和文明素养。

【附1】

成都七中育才学校"礼诵中华"课程案例

一、课程方案

在国家发展历程中，有很多重要的时间节点是开展爱国主义教育的有利时机。国庆节就是一个开展爱国主义教育活动的最佳时机。历年来，学校开展了各类国庆节致敬祖国的主题活动，既有传承感恩，也有践行实践，致力于让学生在活动中感悟，在活动中升华情感体验。其中，国庆主题诵读活动是爱国主义教育的重要载体，让学生在诵读活动中种下爱国主义的种子，厚植爱国主义的情怀。

1. 课程目标

通过对大量爱国主义主题文本的解读和感悟，让学生透过文本了解国家的发展历程和时代背景，培育学生的家国情怀，提升学生的民族自豪感和荣辱感；通过爱国主义氛围的营造，让爱国主义教育更加贴近学生的生活和情感体验，促进学生的爱国主义情感在传承与感恩中升华。通过诵读活动的开展，提升学生的表达能力、表现力和情感爆发力，让学生对祖国的情感彰显更加显性，表达更加自然流畅。

2. 课程内容

"青春齐颂中国梦·诗赞盛世传佳音"七年级语文学科融合国庆节爱国主义主题朗诵活动，以班级为单位，全员参与。具体内容包括活动的策划、诵读篇目的选择、组织编排、舞台设计、服装道具准备、现场表演、总结升华。活动充分体现以学生为主体，提升学生的参与热情和表达，丰富学生的情感体验，提升活动的饱和度，深化活动的内涵意义。

3. 课程对象

七年级全体学生。

4. 课程时间

国庆节前夕。

5. 课程实施

（1）动员阶段：年级组和语文备课组共同商讨制订国庆主题活动"青春齐颂中国梦·诗赞盛世传佳音"活动方案。学校或班级组织开展启动仪式，对学生进行专业培训，各班确定朗诵篇目后成立创编小组，选出领诵，做好分工，开始自主创编。

（2）编排阶段：在语文教师和班主任的协调下，各班制订排练计划与推进方案。充分发挥学生的主体地位，鼓励学生从背景音乐、背景PPT、伴舞、领诵、朗诵形式编排等方面主动创新，注意符合朗诵的基本要求，表现饱满的爱国情感，彰显时代新人的爱国主义情怀；注意班级氛围的营造，如后黑板国庆主题宣传创作、外墙大国工匠研学展示、楼道时代楷模文化示范等，让班级学生的爱国主义情感体验更加多元、生动。

（3）展示阶段：全年级集中展演、分班级比赛。

6. 课程评价

年级组和语文备课组对各班活动的具体实施进行过程性指导，课程评价更多采取的是结果性评价的方式。

本着公平、公开、公正的原则，评委们从以下四个方面进行评价：

(1) 音调、音色：要求声音洪亮，语调抑扬顿挫。

(2) 作品内涵的呈现力：要求朗诵情感表达自然流畅，彰显出爱国情感的感染力。

(3) 朗诵者舞台的表现力：要求精神饱满，感情充沛，以朗诵为主，形式多样，不拘一格。

(4) 班级的综合表现：班级内外氛围营造的协调性和统一性，朗诵展演全员参与，展现较好的团队精神和班级风采。台下观看及候场时安静守纪，上下场时井然有序。

每个方面各2.5分，满分10分。每3个班表演后，进行一轮打分；最后得分取平均分；最高分不超过9.90分，最低分不低于8.80分。最终获奖名次在比赛尾声现场宣布。

二、案例呈现

下面以学校2020年七年级"青春齐颂中国梦·诗赞盛世传佳音"国庆节主题朗诵活动为例，展示这一课程的具体实施过程。

金秋九月，暖阳和煦，七中育才在祖国母亲七十一周岁华诞即将到来之际，学校将爱国教育与语文课堂教学紧密结合，决定以诗歌朗诵的方式为祖国献礼，开始了紧锣密鼓的筹备。

活动之初，七年级语文组教师商定了爱国诗朗诵活动方案，包括比赛时间、比赛形式、比赛评分细则、活动主持人等，并为14个班级精心筛选了爱国诗朗诵比赛的推荐篇目，共计14首爱国诗歌。万事俱备，只欠东风，语文教师们在各班为孩子们进行了活动宣传，点燃了同学们的爱国热情和朗诵激情。各班学生精神焕发，准备好以青春的活力与爱国的深情为祖国献诗！

语文备课组积极商榷、筹备主题活动

随后，14个班的班级代表参与了公平、公正、公开的抽签，确定上台比赛的序号和朗诵篇目。在各班语文教师根据表演时长对篇目进行微调后，确定了14首朗诵诗篇：光未然《黄河颂》、梁启超《少年中国说》、赵凌云《我的南方和北方》（节选）、叶文福《祖国啊，我要燃烧》、臧克家《您是》、戴望舒《我用残损的手掌》、欧震《月光下的中国》、朱余秀、骆巧倩和9班学生代表《我的国》（师生原创）、闻一多《祈祷》、舒婷《祖国啊，我亲爱的祖国》、王怀让《我骄傲，我是中国人》、穆旦《赞美：一个民族已经起来》、欧震《青春中国》、孙进军《我的祖国》。

　　在充分发挥学生主体作用的前提下，班主任和语文学科教师对活动进行了专业指导和辅助组织，各班均制订了相应的排练计划与推进方案。下面以2020级12班为例。12班同学人人参与，充分发挥每个人的特长，选出的领诵音色圆润、情感饱满、表现力极强，男女生分组分工明确。全班同学在语文老师的指导下，先熟悉朗诵篇目，了解朗诵篇目的创作背景，感悟祖国发展的不易和中国人民团结的力量，深刻感受作为中国人的骄傲和自豪。当获得情感共鸣后，学生们的朗诵情感更加真实、有感染力，因为只有感同身受，才能真情实感，才能自觉践行。在情感铺垫到位后，全班同学紧锣密鼓地进行了近一个月的编排和练习：增选舞蹈人员，优化背景视频及班级舞台形式，确定音乐卡点节奏、班级站位队形和道具服装，进行完整合练和情感细节调整……12班同学的朗诵表现力和情感感染力非常到位。

排练现场　语文学科教师指导排练

　　数日磨一剑，今朝试锋芒，舞台上的孩子们绽放着灿烂的青春风采。本次比赛在充分调动学生积极性的同时也促进了其共情能力和创造力的提高，在他们的少年时光中留下了浓墨重彩的一笔。

　　9月30日，七中育才学校国庆纪念活动之朗诵汇演如期在学术厅举行。七年级全体师生到场参加，以自己的方式为祖国母亲献礼，欢庆祖国七十一年华诞。

各班比赛现场照片

  同学们以饱满的热情、青春的活力为大家带来了一场视听盛宴。本次朗诵汇演邀请了八年级语文备课组全体成员担任专业评委。评委们对孩子们的表演给予了高度评价,并对同学们的诵读进行了精准而深入的专业指导,指出朗诵必须和情感的起伏跌宕严密挂钩,必须收放自如、张弛有度,鼓励大家以更为丰富多彩的形式,提升自我的情感体悟与交流表达能力,不断提高自身的语文素养。校长也为同学们的青春朝气而感动,对大家在朗读中展现出的专注、热情、创意提出表扬,希望有同学能更深入地阅读和感知诗歌的文本特质,做一个心灵饱满、热爱阅读的育才学子。

  七十一年,光辉岁月弹指一挥间;七十一年,中华大地沧桑巨变。七中育才学校全体师生将和全中国人民一起,不忘初心,牢记使命,为实现中华民族的中国梦而奋斗!

语文备课组教师原创朗诵

语文教研组长现场点评

活动结束后,一位七年级学生的家长说道:"学校开展这样的活动太有意义了。孩子这段时间在家里认真练习,对着镜子观察自己的情感表达和感染力。为了更好的表现,还主动找到我跟她一起体会作品的情感线索和情感内涵,共同揣摩如何表达对祖国的大爱和时代青年的朝气蓬勃。一次次的练习和打磨,让孩子对祖国的深爱和作为中国人的自豪感油然而生,不仅是孩子,连我都跟着激情澎湃。"

活动后,全年级的孩子久久沉浸在这个主题活动中。在后来的语文课、历史课上,还有许多孩子在学习时触发爱国情感,自发朗诵出自己班级的篇目,彰显爱国的情怀。

一位七年级语文老师说道:"这样的学科融合爱国主题的活动非常好,既激发了学生对语文学习的热情,也让学生开启了一场真实体验、主动感悟、乐于表达的爱国之旅,让我们的爱国主义教育从理论的高度落到了学生的实际行动中,进而激励学生自觉行动,争做时代新人。"

年级组通过教育处反馈国庆系列活动的参与情况,进一步组织七年级学生在国庆节期间参与学校组织的"致敬祖国·线上寄语""告慰先烈·聚力前行""我的家在中国"系列活动,进一步激发了学生的爱国热情。

【附2】

成都七中育才学校"圣贤文化"课程案例

一、课程方案

"圣贤文化"的核心是中华优秀传统文化,它为学生坚定理想信念提供了精神源泉。学科教学是传承圣贤文化教育的主渠道,需要各学科教师注意弘扬中华优秀传统文化教育,特别是语文、政治、历史、美术、音乐、体育、舞蹈、戏剧和书法等教学,加强学科渗透,寓弘扬中华优秀传统文化教育于教学过程之中。

1. 课程目标

学生通过学习传统文化篇目感受圣贤文化,并用表演唱的形式来达到"内外兼修",领悟"人人皆可为圣贤",从而增强学生的道德情操,坚定理想信念,让学生形成正确的历史观、民族观、国家观和文化观。

2. 课程内容

临摹名家书法作品,体会中华文字的线条美和力度美;诵读吟唱经典诗词文章,体会中华诗歌的韵律美和语言美;了解中国古代历史人物的事迹,体会中华民族一脉相传的文化血液;学习中华民族传统礼仪节庆活动,了解传统习俗的文化内涵,不断增强中华民族的归属感;学习和表演中国舞蹈。

3. 课程对象

七、八年级所有学生。

4. 课程时间

每年端午节前期。

5. 课程实施

(1)动员阶段:学校教育处制订表演唱活动方案;学校和班级组织开展启动仪式,对学生进行专业培训;各班选择能彰显中华语言文化魅力、展现深厚圣贤文化特点的中华经典诗文曲目或能反映人民群众对美好生活的向往和弘扬圣贤文化传统美德的优秀作品，确定表演唱主题。

（2）编排阶段：每班人数不少于30人的团队表演唱，节目时长为3～6分钟。作品可通过集体舞、韵律操、合唱、校园剧、器乐、服装、吟诵等辅助手段融合展现表演唱的内容。要求表演唱学生精神饱满，姿态得体大方，演唱形式新颖且表现形式丰富多样，与表演唱的主题相协调。

（3）展示阶段：两个年级集中展演，分年级比赛。

6. 课程评价

学校对各班的具体实施过程进行阶段性的指导，但表演唱的课程评价更多采取的是结果性评价的方式。

（1）班级奖项。

评委由校级领导、语文老师和音乐老师代表、校学生会干部、校级家委会成员担任，两个年级按分数从高到低排名，分别进行评奖。表演唱评价要求如下：

①在思想内容上，所选篇目切合主题、有深厚的思想内涵。

②在歌唱表现上，吐字清晰，节奏韵律明显，唱句停连恰当，重音准确；音准节奏正确；音质美，音色富有变化；声音统一，整体和谐。

③在情感表达上，歌唱感情充沛，准确把握作品内涵，完美诠释材料意境。

④在艺术形式上，表演形式符合材料内容，表演自然生动、富有创意。

⑤在精神面貌上，自然大方，精神饱满，上下场有序有礼。

⑥在服装道具上，大方得体，符合节目特点。

（2）个人奖项。

每个班级根据表演唱活动过程中学生的表现评出"最佳造型奖""最具表现奖""最具突破奖"。

二、案例呈现

下面以系列活动中的2020年表演唱活动"传承圣贤·礼敬中华"为例，活动主体内容是一场振奋民族精神、具有思想内涵的表演唱大会。

6月1日的朝会，学生会发布了七中育才学校国庆系列活动"传承圣贤·礼敬中华"的活动信息。带着对祖国母亲无限的赞美与热爱，带着对中华民族无限的虔诚与崇敬，学校进行了传统文化知识竞赛、传统节日故事分享、写经典画经典等形式多样的主题系列活动，激励学生"学圣人，做贤人"，师生一起"传承传统文化，坚定理想信念"。利用传统节日的有利时机，学校组织学生开展传承和弘扬中华优秀传统文化的教育实践活动，引导学生在实际生活中加深对圣贤文化和传统美德丰富内涵的理解。

"咏诵经典·礼敬中华"升旗仪式

班会课上,同学们在班主任的带领下分享圣贤诗歌,一起确定表演唱主题。《春江花月夜》《论语》《使至塞上》《江城子·密州出猎》《游子吟》《大学·礼记》等篇目都彰显了圣贤文化。除了古诗词,同学们也搜集了体现人民"美德"的优秀作品进行创编。

多种形式的"学圣人,做圣人"主题活动

最终两个年级的19个班级确定了以下表演唱主题：

七年级《山河无恙在我胸》《大道之行也》《逍遥游（节选)》《春江花月夜》《劝学》《因为有你》《上善若水》《论语》《离骚（节选）》《兰亭集序》；八年级《水调歌头·明月几时有》《少年中国说》《同心共筑"中国梦"》《江城子·密州出猎》《最美逆行者》《游子吟》《木兰诗》《爱莲说》《大学·礼记》。确定好主题后，老师和同学们在语文课上一起诵读，在岁月流逝中，这些文字犹如一股美妙的清泉，时时涤荡着我们的心灵，诵读中华经典的千年音韵，仿佛还在我们耳边回响。音乐课上，老师和同学们一起策划队形和表演唱的方式，帮助同学们进行音准合唱练习和一遍遍的整体排练，有的班级还设计了诵读和舞蹈编演。

走进初夏，在端午即将来临之际，中华传统美德的唱读声已在校园中响起。近一个月的排练后，让我们一起来展示育才学子们发自肺腑的心声！

《逍遥游（节选）》《少年中国说》《水调歌头·明月几时有》《上善若水》，中华五千年的悠久历史，孕育了底蕴深厚的圣贤文化。源远流长的美德故事，是历史长河中经久不衰的瑰宝。优秀传统文化为坚定理想信念提供了精神源泉，同学们激情洋溢地歌颂祖国的美好文化，以自己是中国人为骄傲，将来也一定会让中国的声音更加响亮，为中国的历史再添新章。

各班演唱圣贤诗歌

庚子岁首，新冠肺炎疫情突如其来，波及全国。华夏儿女众志成城，奋力抗击，体现了大国担当。逆行的背影是最美的"圣贤榜样"！孩子们带来一系列感人的抗疫歌颂：《因为有你》《论语》《山河无恙在我胸》《最美逆行者》。

习近平总书记曾指出:"传统文化中,读书、修身、立德,不仅是立身之本,更是从政之基。"所谓圣贤榜样,不过是平凡百姓的勇敢;所谓圣贤理想,不过是善良天性的闪光。因为敬业和担当,才义无反顾穿上白色铠甲,守护生的希望。

用歌舞致敬经典

《春江花月夜》《水调歌头·明月几时有》《使至塞上》《江城子·密州出猎》《游子吟》《大学·礼记》《爱莲说》《木兰诗》……一首首耳熟能详的中华经典,典藏着中华五千年的历史文化,演绎着不朽历史的风骨铿锵。一个民族的觉醒,首先是文化上的觉醒;一个政党的力量,很大程度上取决于文化自觉的程度。

通过文化上的理想信念,人们的生活志趣就会更高雅、眼界会更高远、心胸会更宽广,家长代表谈道:"以前自己虽然和孩子一起读过《老子》《庄子》等书籍,但多数时候只是感觉这些字句优美而已,并没有完全领悟其中所蕴含的深刻道理。以学校的课程教育和这个活动比赛为契机,我们一家都突然发现,这么多年所寻求的不就是这样的圣贤文化么?"班主任代表谈道:"在这个信息爆炸的时代里,能与圣贤文化邂逅是一生莫大的幸运……一个最深的感悟就是做人为师,要做一个有益于社会和国家的人,无论是言语举止还是起心动念,都要以中华优秀传统文化为榜样,做一名与学生互爱互敬的老师。"

音乐老师和孩子们一起唱着:"初夏蝉鸣,阳光灿烂,少年时光我们亲近中华经典。金色少年,如梦如幻,校园内外我们传承圣贤美德。中华经典的千年音韵,仿佛还在我们耳边回响。"

用表演讴歌圣贤

表演同学代表说:"现在我多了个角度去考虑问题,就是以有益于他人的角度去思考,希望在以后的日子里能为学校和家庭做更多有益的事情。"还有位同学说:"表演的诗词,让我更坚定地想要学习这些圣贤的高尚品质,让我成为更好的自己。"

19个班级参与了此次活动,同学们精神饱满、感情真挚,声情并茂的表演深深打动了观众。圣贤传统文化的"古为今用"让中华民族的精神在我们血脉中持续流淌,中华民族的归属感和荣誉感在我们心头生生不息,我们的坚定信念在文化熏陶中升华。愿中华诗文艺术之花永远芬芳,愿五千年文化的血脉永久传承。

第二节 爱家教育

中国学生发展核心素养以培养"全面发展的人"为核心,学生的全面发展需要社会、家庭、学校三方面长期共同的努力。家庭,是学生生活的重要场景,良好的家庭教育是学生茁壮成长的摇篮,也是学校教育和社会教育的基础、补充。家族长辈生活的经历、优秀的品质、光辉的事迹对学生学习、生活都有着潜移默化的影响。良好的家风是家族成员树立的价值准则,可以规范并培养学生优良的学习习惯和生活习惯,涵养学生的精神气质。没有家庭的滋养，学生就不会快乐成长；没有家庭的配合，学校教育就不会有良好的效果；没有每个家庭的努力，就不能构建美好和谐的社会。爱家既是爱"大家"，也是要爱"小家"。因此，学校的教育教学工作，不能只强调学校教育对学生教育的重要性，还应该加强对家长教育的引领，对学生亲密家庭生活的指导。学校活动也应该与家庭教育携手展开。

本课程的设立旨在通过对"家"文化系列活动的追根溯源，让学生认识到父母培养子女的辛苦，增进与家人的亲近关系，增强学生对家庭的责任感，厚植学生的家国情怀，增强学生的人文底蕴；通过对"家"文化系列活动的实践参与，增加学生对"家国情怀"的了解，增强学生对家庭的自豪感，增进学生与家人的沟通交流，缓解学生的学习生活压力，引导学生健康地生活并增强学生的独立生活能力，增强学生的"自我意识"；通过对"家"文化系列活动的评价反思，树立学生正确的"三观"，增强学生的自信，培养学生对家庭的责任意识，弘扬祖国的传统文化，完成教育立德树人的根本任务。通过携手专家、沟通家长，挖掘有利于学生学习成长的资源，引导家长智慧地教育学生，构建良好的家校共育关系。

成都七中育才学校"家"文化系列活动课程，有寒假综合课程、主题教育活动与专题沙龙讲座等。寒假综合课程是通过前期准备，学校向学生阐明活动意义，在寒假中三个年级分别开展"我爱我家""史说我家""荣耀我家"三项活动。"家"主题教育活动以元宵节、清明节、端午节、中秋节等传统佳节与母亲节、父亲节等特殊节日为主线，通过老师向学生介绍节日、宣讲意义、策划活动来推行实践。同时，学校还携手市、区心理中心，诚邀知名教育专家和心理专家到校或在线上与家长进行关于家庭教育的主题交流，如当青春期遇上更年期、新时代的家校合育等。

【附1】

成都七中育才学校"寒假家文化"系列课程

一、课程方案

初中阶段是学生从儿童走向青年，从幼稚走向成熟的重要阶段，也是学生人生观、价值观、世界观形成的重要阶段。各个学段的学生体现出来的特点也不尽相同。七年级学生才升入初中，稚气未脱，大多衣来伸手、饭来张口，集万千宠爱于一身，不知道生活的酸甜苦辣，更体会不到父母生活的不易；八年级学生大多已经进入了青春期，处在人生的十字路口，浮躁而不知怎样控制情绪，迷茫而不知怎样找寻方向，叛逆而不知怎样调整，和家人们的关系十分紧张；九年级学生面临升学的压力，部分学生没有理想目标的引领，缺乏精神的动力和前进的内驱力，非常需要家人的陪伴与鼓励。成都七中育才学校"家"文化系列活动，就希望通过学校的力量，引导孩子重新认识自己，主动了解家庭，为自己的健康成长蓄力！

1. 课程目标

通过对"家"文化系列活动的追根溯源，让学生认识到父母培养子女的辛苦，增进与家人的亲近关系，增强学生对家庭的责任感；通过对"家"文化系列活动的实践参与，增进与家人的沟通交流，增强学生对家庭的自豪感，增强学生独立生活的能力；通过对"家"文化系列活动的评价反思，引导学生健康的学习生活，弘扬祖国的传统文化，完成教育立德树人的根本任务。

2. 课程内容

寒假综合实践课程：成都七中育才学校"家"系列寒假综合实践课程在初中阶段分三个时段进行。七年级是"我当三天家"活动，学生从"扫尘日""年夜饭""拜新年""家族行"四个项目中选择一个项目进行深度体验，提升作为家庭成员的责任感，主动认识家人，增进彼此感情，从而获得关爱、孝敬、感恩的情感体验，弘扬中华民族传统美德。

八年级是"史说我家"活动，通过聚焦家族中的一样老物件，寻找个体与家庭、家族、国家之间的关系，寻找家人的故土牵挂、追思念旧、家国情怀的精神线索，认识"我们是谁"以及我们民族的"精神内核"，理解我们的家国史、民族史。

九年级是"荣耀我家"活动，通过上门拜访（或云拜访）的方式，走进家庭成员，了解他们的主要经历和光辉事迹，借鉴他们成就业绩的高效方法与成功路径，为自己的健康成长蓄力。

3. 课程对象及时间

课程对象：全体学生。

课程时间：寒假。

4. 课程实施

（1）学校德育处牵头和年级组共同制订并细化不同年级的活动方案。

（2）活动前，学校对全体老师、学生、家长宣讲"家"文化系列活动的内容和意义并进行培训指导及要求说明。

（3）学生对"家"文化系列活动进行具体实践。

（4）活动后的交流与反馈。

5. 课程评价

（1）班级分享：将学生的实践过程制作成PPT、数字故事、网页、视频等利于交流的形式，在班主任组织下进行交流。

（2）年级交流：将学生的优秀小报作品集中展示在班级外墙，进行主题展示交流，让更多的同学知道挖掘的优秀故事。

（3）学校展示评比：各班推荐最优秀的5份作品交由学校教育处扫描存档并制作成展板进行全校展示。学校对各班的优秀个人进行公开表彰。

二、案例呈现

下面以学校2018年八年级"史说我家"为例，展示这一课程的具体实施过程。

岁末辞旧迎新时，每个家庭都会对家里进行彻底清理。一件件尘封的老物件、一段段尘封的往事又逐渐浮现在我们眼前。总有一件老物件藏着一代人的回忆，一段有关个人、家族、民族、国家的故事就在老物件所隐藏的岁月里。在举家欢庆新年的时刻，2021届的学生们与家人一起去选择至少有40年以上岁月的"老物"，探寻"老物"的秘密，挖掘它的前世今生和隐藏的故事，明确它对于家族发展的重要影响，思考它对于家庭或某个时代的意义。

在本次活动中，在与家人团聚的时刻，同学们上下求索，询问家中长辈，重温家族的发展历程，努力在老物件和老故事中，追忆家族的过往岁月，承担起一份传承并发扬家史的责任。有的同学找到了家谱，寻根溯源，知晓了家族的发展与历史的渊源，很多同学发现自己的祖辈是"湖广填四川"时扎根四川的；有的同学认识了家中的传家宝，每一个传家宝从诞生到延续，其中的传奇故事说也说不完；有的同学找到了家中遗留下来的"粮票"，从长辈们的讲解中知晓了家族的演变与祖国的变化息息相关；有的同学找到了家族姓氏的由来，明白了姓氏和名字背后的家族期望。

一本外公的《道济卡车保养手册》，见证了20世纪三四十年代著名爱国民主人士为藏族同胞送去生产生活物资的一段历史；彰显了外公作为一名汽车运输大队的驾驶员在最危险的川藏线上，对工作严谨认真的态度；传承了中华民族团结互助的优良传统美德。一枚枚毛主席奖章彰显了一代人对精神的追求，承载着祖辈们青春的梦想，鞭策着孙辈为自己的理想而奋斗。一枚水利纪念奖章，体现了对爷爷致力于黔东南水利事业的肯定，彰显了老一辈为国家敬业奉献的精神，寄寓着对孙辈学习立志的鼓励。一台尼康FM10胶片相机，体现了外公对摄影的喜爱，见证了时代科技的变迁，记录了家庭重要活动和纪念节日的一幕幕温馨场景。

同学们不仅将体验的过程制作成PPT、数字故事、视频等利于交流的形式，还通过课前十分钟自主演讲等方式介绍自家的历史。在同学们的展示中，不仅展现了自家深远的历史，也增进了同学之间的了解。2019级的同学在谈到本次活动时，纷纷表示此次活动让他们对家的认识更加深刻，从家族历史中感受到了长辈的风雨辛酸与坚强意志，更加体会到国家发展牵动着每一个家庭的成长，家国永不分离。不少同学希望类似的活动能够拓展下去，利用更丰富的活动形式让他们了解家族发展，继承家族精神，使其成为一种文化延续下去。

"史说我家"主题展示卡

爸爸妈妈们对此次活动也印象深刻，在和孩子一起选择"老物"的过程中，不仅重温了家族的历史，找回了温馨的记忆，还讲述了家族的历史，传承了良好的家风。

孩子们也在分享交流中说到了自己的守护宣言。有同学说："这次回家，我发现姥爷又重新开始学英语了。虽然现在学习英语的途径有很多，但是这本《英语九百句》仍然摆在书桌最显眼的位置。姥爷告诉我，看到这本书他仿佛又回到了年轻的时候，刻苦自律，勤奋好学。他知道我在英语的学习中遇到了困难，所以想把学习中的这种狠劲儿传递给我，并且愿意陪我一起接受挑战，把英语学好。"

有同学说："这辆老旧的凤凰牌自行车虽然退出了我家的历史舞台，但是我们家的骑行生活依然在延续。即使将来的某一天，自行车不再作为交通工具使用。我想,我仍然会选择在阳光和煦、鲜花烂漫的春天,骑上一辆自行车出去吹吹风,在绿道上撒个野,强健自己的体魄。"

还有同学说:"手摇式修鞋机是我们家名副其实的'老人'了,虽然他浑身锈迹斑斑,也用不上了,他一生的贡献也随着时间的流逝逐渐被家人遗忘,但他不仅仅是个老旧的修鞋机,也更是爷爷那段修鞋历史的陪伴者和见证者。也许他总有一天会彻底烂掉,但修鞋机背后所藏着的是爷爷的勤劳,时至今日,我仿佛还能从那破旧的表面看到那艰辛的岁月……传承他所具有的意义是非常有必要的,我会将爷爷勤劳的精神传承下去。"

在班级内部展示结束以后,班主任还通过民主投票的方式选出班级最优秀的15份小报,评价标准为:每个板块的内容充实、具体、生动20分;图文并茂,有创意性装饰10分;抒写规范,字迹工整10分,共100分。选出优秀小报以后,将小报作品集中展示在班级外墙,让更多的同学知道每位同学家里老物件的精彩故事,开阔同学们的眼界,丰富同学们的知识,丰盈同学们的情感,找到对家文化的认同。各班还会推荐最优秀的10份作品交由学校教育处扫描存档并制作成展板进行全校展示。学校将对各班的优秀个人进行公开表彰,学校也以推出公众号新闻的方式对此次活动进行了详细的报道,扩大了此次活动的影响。

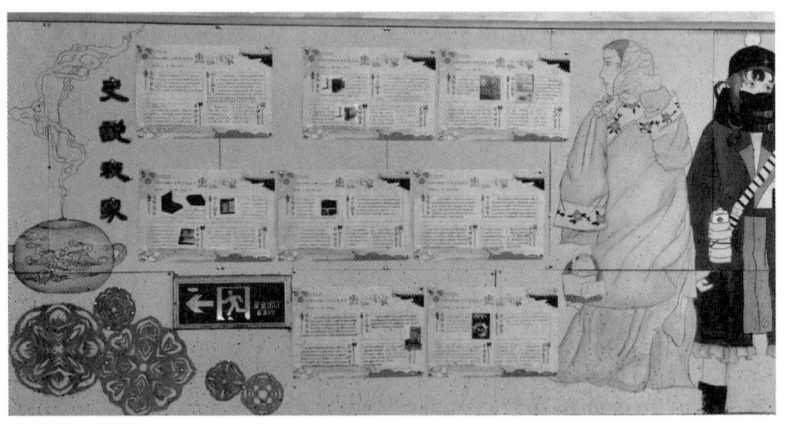

"史说我家"班级外墙展示

中华文明源远流长,家国文化永传我心。此次活动加强了中华优秀传统文化教育,培养了学生爱家爱国的优良情操,也提高了同学们对家族历史与文化的传承与保护意识。

【附2】

成都七中育才学校"中秋家文化"课程案例

一、课程方案

中秋节"家文化"主题教育课程是成都七中育才学校每年中秋时节推出的传统活动项目。通过活动,学生加深对"家"的认识和理解,讲求"厚人而同厚家,厚家而同厚国",已经成为学校德育系列活动的传统项目,也逐渐优化成为德育课程的一大亮点。中秋佳节承载着中国独有的文化内涵,"家"的理念渗透到社会的各个领域和层面,是培养学生领会整个社会价值体系的基础。通过丰富多彩的中秋庆祝活动,有助于引领学生了解自己的家族历史,厘清家庭关系,挖掘在家族发展的年代更迭中被封尘的值得纪念和推崇的人物和事物,寻找家族之梦、民族之梦,品味人生真谛,提升归属感、自豪感、幸福感,产生责任感和使命感,培养家国情怀。

1. 课程目标

中秋时节,每个家庭都对着天上一轮皓月,观赏祭拜,思乡念亲,企盼团圆。这正是月亮的原始意象——"团圆"在血亲相思的人文情怀上的体现。中秋最有意义的关键词是"团圆",通过活动,学生感受到浓浓的血缘和亲情关系,有家的温馨和归属感,既"家有所居",更"情有所寄",还"业有所兴"。在共享中秋团圆文化的时刻,与全校、全国、全世界华夏儿女一起,共同祝愿伟大的祖国繁荣昌盛,国泰民安;祝福勤劳善良的中国人民花好月圆,喜乐平安。帮助学生增强科学节日文化理念,弘扬创新节日文化,让节日真正带来快乐和幸福。

2. 课程内容

中秋节爱家活动,突出的特点是在不同的年级设计不同的话题,引领不同年段的学生从不同的方面去庆祝和纪念中秋佳节,感受平安喜乐,共筑家族之梦。"月是故乡明""但愿人长久""花好月圆夜""中秋寻家训""月满中秋""意写中秋""爱随中秋"……形式多样的庆祝活动,致力于引领学生从家乡简介、父母与家乡的故事、我为家乡做点事、一封家书、电话(短信、微信、视频)传情等方式,与身边的亲人共叙花好月圆夜,表述对亲人的问候和怀想,激发"不忘祖训,振兴民族"的动力。

3. 课程对象

七、八、九年级学生。

4. 课程时间

每年中秋节。

5. 课程实施

(1) 动员阶段：学校教育处制订"中秋节"活动方案；学校或班级组织开展启动仪式，各班以个人或小组为单位，自主设计活动方式。

(2) 实践阶段：在领会活动目的基础上，自主构想在中秋佳节表达对家人的热爱和感激的具体方式，可学做传家菜、制作手工月饼、包一顿饺子，为家人带来特别的美味；也可书法抒豪情、诗文创作、丹青泼墨，用笔墨描绘心中的中秋；也可家人共赏月，奉一杯香茶，吟诗品鉴，或者书写一份久违的家书，打一通问候的电话，品味一份亲情，叙天伦之乐。

(3) 展示阶段：以小报的方式呈现，班级以墙报和PPT演讲分享的方式推选出15份优秀作品到年级组，年级组从中筛选出60份佳作参加校级评选。教育处以展板的形式集中展出优秀作品。

6. 课程评价

学校对课程的评价主要采取结果性评价的方式，按照班级、年级、校级层层推选。班级评价要求如下：

(1) 班级分享奖：PPT画面清新精美；实例有代表性和个性，言之有物，真情实感。评选5位优秀个人。

(2) 班级优秀小报奖：画面丰富，图文并茂；个人感言或论述体现真情实感；排版整洁清新，有观赏性和借鉴性。评选10份优秀作品。

(3) 奖项设置：班级根据具体情况酌情评选分享奖和优秀小报奖，年级组评选60份优秀小报，学校展出后集体表彰。

二、案例呈现

下面以学校2019年中秋节"几处笙歌留朗月，万家箫管乐中秋""家文化"活动为例，展示这一课程的具体实施过程。

又是一年白兔瞻月，桂影婵娟。同学们与家人度过了怎样难忘的团聚时光？不少同学早早就在策划如何让中秋节过得既有文化味又充满温情了。

七年级的活动话题是"思乡"，没有什么比一顿团圆饭更能联结家人情谊、凝聚家族记忆了，一定会有一道菜能记载家庭故事、承载家人情感！与家人一起"说菜品""取菜名""做菜肴""品菜香"，在了解传家菜的制作与品味中，回望家庭发展，传承家庭文化。在与家人的亲密交谈中，同学们问询自己来自何方、家族在家乡有哪些发展演变、父母眼中的家乡带给他们最美好的记忆是什么、对自己的家乡有何期待、打算将来为家乡做点什么等。有同学在分享时激动地说道:"我爸爸在高中毕业之际,已然到千里之外的'天府之国'参军报国,从此,爷爷奶奶与爸爸的两地书信就没有间断。将来我一定向爸爸学习,将家乡的历史遗迹推介到全世界,为家乡的经济和旅游业发展做出贡献。"有同学带领爸爸妈妈和爷爷参加"我为山村献爱心"活动,从时间、地点、交通工具、内容等方面完整设计活动流程,大方地将自己最喜爱的书籍投进了"大熊猫"捐赠箱中,以实际行动爱家人、爱家乡。

中秋家庭聚会

八年级的活动话题是"家情",一封家书,化为学子和一家人情感的纽带,让彼此的感情凝聚和升华。不少同学鼓足勇气写下了给爸爸妈妈的第一封信,第一次以书面的方式表达对爸爸妈妈辛苦工作的关心,感谢父母抚养和教育自己的辛劳付出。有同学在与爸爸妈妈中秋相聚后,写下了这样的话:"我常抱怨你们对我的约束,对我的严格,但是你们呵护我走过风风雨雨,我要学会慢慢长大。"也有同学满心忧虑地寄出了写给爷爷的信:"每到桂花飘香的时候,我就想起了您,您喝太多酒了,写字时手抖,给我的字都不如以前好了,爷爷,不喝酒了,好吗?"纸短情长,字里行间里,看到孩子们逐渐学着理解父母,懂得关爱长辈。

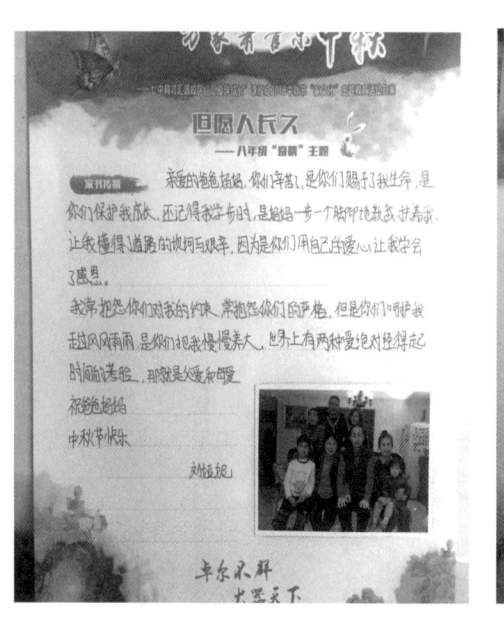
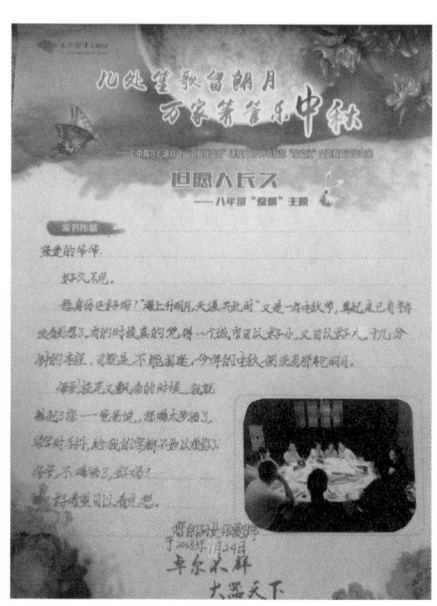

中秋节的"一封家书"

九年级一名同学的母亲这样评价孩子："在中秋活动中,孩子十分认真地对待,先草拟了活动方案和提纲,然后通过口头交流、资料查阅、实物搜寻等方式,尽可能全面地了解家庭的历史。孩子更加深刻地认识到了在历史面前人之生命的渺小,开始思考个人命运、家庭命运与时代命运之间的关系。这样的感悟超越了我们父母,感谢老师的精心安排。"在班级分享中,这名同学如哲学教授般侃侃而谈:"我是什么样的一个我?这个问题,一直困扰着我,直到这次中秋节我认识了自己的历史。没有过去,何以解释现在?提升人生经验,予未来以方向。这就是我解读历史的意义。"

三个年级180份彰显着同学们情感体验和内心触动的小报在卓尔廊隆重展出,吸引了众多老师和同学纷纷驻足,屏息阅读。其间不乏激扬文字,不乏生命思考,不乏对远方的凝望和畅想。虽然文字有些稚气,但不可否认这是同学们珍惜家庭、热爱家庭的真实写照。字里行间,处处折射出亲子关系的融洽、学生内心的变化和能力的提升,这就是活动的价值。在活动中发现,在活动中感悟、沉淀,或许不一定如中秋之月圆满,但是对于同学们的成长一定是意义深远的。

字里行间是浓浓的亲情　满满的爱

第三节　爱校教育

学校作为培养人才的专门教育机构，随着人类文明的进步而日益兴旺发达，显示出其不可替代的功能。学校作为学生生命成长、情感成熟的重要场所，有很多值得发掘的教育元素。从空间维度看，学校由校舍、教学设备、花草树木等构成；从时间维度看，可挖掘校史的变迁、节日的庆祝、学段的发展等；从人物维度看，有可敬的老师、可爱的同学、其他服务于学生的服务人员等；从情感维度看，有教育教学活动的实施、师生关系和生生关系的和谐等，这些元素都是培养学生传承和感恩的重要元素。

引导学生传承与感恩，我们应该让学生们从爱校做起。因此，我们从学校出发，开发了综合实践课程——教师节感恩课程、寻找最美教室课程；主题教育课程——出彩育才人评选课程、"创造美"系列课程（就餐礼仪、劳动之美、个人仪表之美）；学科融合课程——"感悟校园之美"系列课程（感悟蓝花楹之美、感悟校园秋之韵）、运动会会徽、吉祥物、会歌征集活动课程等。

【附1】

成都七中育才学校"感恩教师节"课程案例

一、课程方案

在学校教育中,师生关系是至关重要的一组关系,是为实现育人目标,通过直接的交流活动而形成的多性质、多层次的关系体系。良好的师生关系能让师生生命意义走向更优。因此,为促进师生关系的良性发展,感谢师恩、深化师生情谊,指导孩子们学会表达爱与感恩,我校将一年一度的教师节庆祝活动作为课程进行了长期而系统的开发,让学生通过课程学会感恩、学会传承,实现爱校的德育目标。

1. 课程目标

通过课程引导学生感恩教师的付出,建设和谐融洽的校园场域;激发学生在课程中的创新热情,培养他们爱的能力及五育融通的能力,实现精神和文化的传承;通过对教师的感恩,促进学生对学校的热爱。

2. 课程内容

针对不同学段、不同德育目标,我们设置了这样一些活动:七年级学生,回到小学的校园,给老师送去节日祝福;八年级学生,为老师画一张像;九年级学生,为学校后勤工作人员和老师们自制小礼物,在教师节当天由年级统一举行仪式送给后勤工作人员和老师们;所有学生,欢送退休的老教师离开,同时见证青年教师入职,感悟教师群体的新陈代谢。

3. 课程对象

全体学生。

4. 课程时间

9月1日—10日。

5. 活动流程

(1) 七年级学生,在9月10日下午,穿上成都七中育才学校校服,带着学校精心制作的卡片,手捧鲜花,回到了小学的校园,对昔日的恩师道一声:您辛苦了!祝您节日快乐!

(2) 八年级学生,在教师节前的一个周末用画笔,在学校统一制作的卡片上,描绘自己心目中最美的老师。由各班筛选质量最高的几幅,教师节当天在校园进行展览。

(3) 九年级学生,教师节前由学生为学校后勤工作人员和老师制作独创的小礼物,在教师节当天由年级统一举行仪式送给后勤工作人员和老师。

(4) 学校在教师节当天举行"感念师恩,传承精神"活动,欢送当年退休的老教师离开,同时见证新进教师的入职宣誓。

6. 课程评价

对这一课程的评价从态度、作品效果两个维度进行。

(1) 态度评价:所有态度端正、积极完成任务的学生都会得到中肯的评价。

(2) 作品效果评价:各班制作教师节外墙墙报,将教师节感恩卡片张贴在外墙进行年级评价;"我给老师画张像",由各班选出部分优秀照片,教师节当天在校园进行公开展示和评价;教师节特色活动的精彩瞬间和优秀作品将在升旗仪式上总结展示并推广。

二、案例呈现

又是一年教师节,又是一年感恩时。七中育才的校园里,洋溢着浓浓的温馨与感动……

教师节前的那个周末,教育处精心制作了七年级学生的"重回母校谢师恩"感恩卡和八年级学生的"我给老师画张像"展示卡。

"我给老师画张像"展示卡在教师节的前一个周五下发给八年级学生,在周末完成后,周一交到班级进行筛选。

9月10日早上,学校文化长廊两边摆放着校团委、学生会关于庆祝教师节、感恩教师节的倡议书,以及从八年级学生作品中精心挑选出的"我给老师画张像"展示卡,营造出浓烈的节日氛围。

接着,一场以"春风桃李筑师魂,感念师恩育才情"为主题的升旗仪式在育才学术厅温暖上演。

致敬退休教师

乐育才俊、成就大器的七中育才,在一代又一代教师的辛勤奉献下得以发展壮大。在这个特别的时刻,全校师生共同见证了老教师简单而隆重的退休典礼。几位教师在七中育才几十年如一日，静心教书，潜心育人。正是因为有像他们这样一代代优秀教师的默默耕耘，才奠定了学校卓越发展的坚实基础；他们的谆谆教诲激励着一批批育才学子在这里健康、高雅、聪慧、大气地成长，他们勤勤恳恳做事、踏踏实实做人的优良作风，影响并带动了一批年轻教师在这里坚守、追寻，并不断走向优秀、走向成熟。学校领导带领学生代表表达了全校师生对退休教师的敬意与祝福。教育薪火相传，育才人定会坚守教育的初衷，用匠人的精神育国之栋梁，以赤子之心守护未来的希望。

诗歌朗诵送祝福

"爱"有时难以启齿，祝福有时难以言喻。孩子们借诗与歌，饱含深情地传达对老师的炽热深情！

在这属于所有老师的节日里，校长代表学校为每一位无私奉献的老师送去亲切的祝福与问候，并对育才的学生提出了殷切的期望。师恩厚重，难以回报；铭记师恩，更需不负师恩。我们感恩老师不只是在教师节这个特殊的节日里，更是在每个普通的日子里。用点滴的言行表达对老师的敬意，用卓尔不群的姿态成就更好的自己，这便是对老师最好的感恩。

七年级学生们带着学校特别印制的感谢信和精美的卡片回到母校，看望与之相行相伴六年的恩师，感谢母校的悉心培育，感谢恩师的用心用情，感谢六年的时光历练……虽然只是一封简简单单的感谢信，但那些稚嫩的文字是育才学子的颗颗真心，包含着他们对恩师的千般感谢、万般祝福。教育的接力棒从孩子们的母校传到育才，希望三年之后能镌刻上育才气质，以成长的姿态感恩老师的辛勤付出。

重回母校谢师恩

这一幅幅美丽的画像，是八年级学生们用一颗颗赤诚的心描绘出的自己心目中最美的老师。他们的画工或许并不那么纯熟，线条或许并不那么流畅，可一笔一画间却饱含了孩子们对恩师浓浓的爱。"饮其流者怀其源，学其成时念吾师"，孩子们通过自己的作品向恩师表达无尽诚挚的感激。学而不厌，诲人不倦，桃李芬芳，其乐亦融融。

我为老师画张相

时间串起流年，四季里，与您走过的轨迹，绚丽无边。教师节是感恩的时节，感恩却又并不局限在这个节日。感恩之心，之于师长、之于父母、之于他人、之于社会。愿育才的每个孩子，都能常存感恩之心，在温暖他人的言行中，在对学校、教师满满的爱中，收获幸福的能力。愿育才校园，永远闪耀着爱的光芒！

第四章　个性与担当
——让生命闪亮起来

所谓"个性"，指的是个体性，具体是指学生个体之间存在的差异性、独特性和学生具有的创造性。《中国教育现代化2035》指出，面向教育现代化的重要战略任务之一是加强创新人才特别是拔尖创新人才的培养，加大应用型、复合型、技术技能型人才培养比重。这就要求我们的学校教育必须要培养有个性的学生。教育要发现学生的个性，引导学生发展自己的个性，帮助和指导每个学生形成自己的个性，这有利于学生创造性的发展，有利于其形成适应社会发展的能力，也为学生的生命发展涂上一抹亮色。当学校的每一个学生都具有鲜明的个性时，整个学生群体就会呈现出旺盛的生命力，学校会焕发出勃勃生机。

所谓"担当"，是责任的承担，是指能正确认识自己肩负的责任，并勇于承担自己的责任。它需要独立思考，独立做事，独立自醒。勇于担当的人能够依靠自己的力量，积极主动地承担社会责任，为社会做贡献，实现人生价值。担当就社会责任的意义上讲，应当是在其位谋其政，不辜负人民、社会和历史赋予的使命和责任。《国家中长期教育改革和发展规划纲要》重申了素质教育的核心问题，在培养创新精神和实践能力之前，又增加了社会责任感这一条，对人才质量标准做了调整。这要求我们的学校教育必须加强对学生责任担当意识的培养，并提高学生承担责任的能力。只有学生具备责任意识和担责能力，具备对自己负责、对他人负责、对社会负责、对国家负责的强烈的责任感，我们才能真正落实"立德树人"的根本任务。

我们认为，有"个性与担当"的育才学子，不仅要打好公民素养的底色，成为一个合格的社会公民，还应该有自己的个性亮色；不仅要追求自我的个性发展，还应该主动担当起社会发展、民族发展、国家发展的责任，这样的学子才能成为"全面发展的人"。2016年国家发布的《中国学生发展核心素养》明确指出，要以培养"全面发展的人"为核心，培养具有社会责任感和创新精神的新时代中学生。根据核心素养发展的要求，一方面，我们引导育才学子发现自己的个性，并发展和形成自己的个性，培养他们的创新、创造意识，提升他们的实践能力，促进个人价值实现。另一方面，增强育才学子的责任担当意识，引导学生自尊自律，文明礼貌，诚信友善，宽和待人；孝亲敬长，有感恩之心，热心公益和志愿服务，培养团队精神和互助精神；主动作为，对自己和他人负责；能明辨是非，具有规则与法治意识，积极履行公民义务，理性行使公民权利；崇尚自由平等，能维护社会公平正义；热爱并尊重自然，具有绿色生活方式和可持续发展理念及行动；等等。

从这个意义上讲，我们的教育理念与国家倡导的育人理念紧紧呼应，不谋而合，我们的研究方向是正确的。

第一节　个性出彩

那么如何培养个性？如何强化学生的担当？我们聚焦学生核心素养的发展，通过开展"出彩育才人"系列课程、学生节课程、缤纷社团课程、艺术节课程等多种途径，发现并发展学生个性，增强社会责任感，提升履责能力。我们创设各级各类平台，引导学生去发现自己"出彩"的方面，如特长、兴趣、爱好、品格、学习、意志等"亮点"，增加学生的自信，并鼓励学生发展自己的"个性"，为育才学子的人生增添亮色。我们期待育才学子既能有丰富多样的个性，又能勇于担当，这样才能成为有理想信念、敢于担当的人，才能更好地实现个人价值，创造多彩人生。接下来以"出彩育才人"课程、"学生节"课程、"艺术社团"课程为例进行具体的解读。

【附1】

成都七中育才学校"出彩育才人"课程案例

一、课程方案

每个生命都值得期待，每个生命都可以绽放光彩。本着"让生命精彩"的德育理念，"立足过程，促进发展"，关注每个学生个性化的发展潜能，成都七中育才学校"出彩育才人"课程的设置，将引导育才学生找到自己生命的闪光点，让学生能发展个性、体验成功、提升自信、强韧心灵，为终身发展积蓄力量。

1. 课程目标

(1) 通过"出彩育才人"的评选活动，使育才学子认识到：社会对人才的需求是多元的，除了学习书本上的知识，每个人都应该找到自己的闪光点，从兴趣、爱好等入手，发现自我的价值。

(2) 通过"出彩育才人"的评选活动，充分展现学校的多元评价体系，为学生搭建丰富、多元的展示平台，让学生在各类活动和评选中发现自己的独特之处、闪光之处。

2. 课程内容

以班级为单位进行"出彩育才人"的申报及评选；以学校为单位进行"出彩十佳"的提名及公选。

3. 课程对象

七、八年级学生。

4. 课程时间

每学年上学期。

5. 课程实施

(1) 学校评选项目：在"育才学子必备十大好习惯"下属的30个项目中，选取自己最擅长和出彩的项目进行申报。

(2) 个人申报项目：找到自己的优势，自主申报自己最擅长的项目，如书法最好的人、跑步最快的人、军事知识最丰富的人、折纸最厉害的人、最会剪窗花的人、最会做PPT的人、最善于辩论的人……发现属于你的个性与闪光点。

(3) 利用升旗仪式举行"出彩育才人"评选活动的开幕式。利用班会课统一开展本学年"出彩育才人"评选方案的解读微课。各班班主任给学生发放申报表，并进行班级动员。

(4) 自主申报：全体同学根据个人优势和特点进行自主申报。每位同学至少申报一项，最多申报三项（学校评选项目或个人申报项目皆可）。

(5) 班级评选：各班利用班会、午间十分钟等时间组织全班同学进行班级"出彩育才人"评选。

(6) 各班上交"出彩育才人"及"出彩十佳"候选人名单（电子版）到指定邮箱。注意请按要求进行文件命名。

(7) "出彩十佳"评选准备：

各班在"出彩育才人"里选择一名最具代表性、在某一方面特别优秀，且其出彩的过程能对班级同学带来正向影响的同学，作为"出彩十佳"的候选人。

各班推选出的"出彩十佳"候选人,需自行录制2分钟的自我介绍视频,充分展现自己的出彩项目。

各班在规定时间内将"出彩十佳"候选人视频发送到指定邮箱,注意请按要求进行文件命名。

(8)"出彩十佳"公选:全体七、八年级同学在统一时间观看学校"出彩十佳"候选人视频,师生共同投票选出本学年育才"出彩十佳"。

6.课程评价

(1)评选标准:

各班评选过程需严谨、规范、庄重,可借此发现每位同学的闪光点,树立榜样,相互促进,共同成长,见贤思齐。

各班可通过现场展示、视频、演讲、老师或同学推荐等方式向全班同学介绍自己或提名同学的特长、优点等。

各班每个出彩项目若有多人同时申报,则得票数最高的同学当选;若只有一人申报,则投票数超过班级人数三分之二即可当选。

"出彩十佳"采取各班选取一位候选人,然后全校投票公选的方式选出十位获得者。

(2)出彩表彰:

校内海报张榜表彰"出彩十佳"。

升旗仪式进行"出彩育才人"评选活动闭幕式,对获奖同学进行表彰。

(3)奖项设置:

关于班级"出彩育才人":各班每个项目限评1人,每位同学限评1项。

关于校级"出彩十佳":全校共选出10位最为出彩的"出彩育才人",成为本学年的校级"出彩十佳"。

二、案例呈现

下面以学校2020年"育才学子竞风流,出彩人生耀星空"的"出彩育才人"的评选活动为例,向读者们展示这一课程在具体实施操作过程中的亮点及课程效果反馈。

2020年11月16日,在第十二周的升旗仪式上,成都七中育才学校2020—2021学年"出彩育才人"评选活动正式拉开了序幕。评选活动正式开始后,各班在班主任的带领下迅速开始了出彩项目的申报及评选工作。

我们在收集、整理数据时,七年级各班的申报情况如下:

班级	学校评选项目数	自主申报项目数	总申报数
2020级1班	16	39	55
2020级2班	19	27	46
2020级3班	24	13	37
2020级4班	19	8	27
2020级5班	18	14	32
2020级6班	30	6	36
2020级7班	30	6	36
2020级8班	27	19	46
2020级9班	11	8	19
2020级10班	7	10	17
2020级11班	12	6	18
2020级12班	29	14	43
2020级13班	14	4	18
2020级14班	51	48	99
总计	307	222	529

通过以上的统计，我们可以看出：

1. 本次活动学生的参与度很高。单是一个年级，学生们申报的学校评选项目就多达300余项，自主申报项目也超过了200项，总申报数逾500项。学生们参与的主动性和积极性都空前高涨。

2. 本次活动学生申报的维度异常丰富。学生们对以发现自己的"出彩"和发现别人的"出彩"为出发点的这种喜闻乐见的自我评价和欣赏他人的方式非常感兴趣，他们也非常善于去挖掘自己的闪光点、肯定自己的个性特长，因此，学生们的申报内容非常丰富，涉及各类领域。

当我们进一步对七、八年级学生们的自主申报项目进行梳理时，我们愈发感慨于育才学子都能根据自己的兴趣爱好、个性特长，让自己富有特色的"项目"焕发出动人的光彩，真可谓：万千"苔花"，自有芳华！

以下是我们选取的部分学生的自主申报项目。

七年级：自主学习能力最强的人、最喜欢积累文学常识的人、理科最强的人、最热爱历史读物的人、最爱传统文化的人、最会朗读的人、午餐管理最给力的人、最热爱学习语言的人、软笔书法字体掌握最多的人、最爱画花鸟国画的人、最热爱行万里路的人、最热爱电竞的人、最崇尚哲思精神的人、最会做标本的人、最会编程的人、最会玩益智玩具的人、最善于自我勉励的人、笑容最治愈人心的人、最具编导气质的人、最擅长话剧表演的人。

八年级：复习方法最恰当的人、最乐于讲题的人、最擅长新闻写作的人、最会写现代诗的人、参与班级工作最踊跃的人、坚持练习书法最久的人、最爱做 PPT 的人、对自己要求最严格的人、体育进步最大的人、最善于照顾他人的人、最乐于尝试新事物的人、最爱逻辑推理的人、下棋最厉害的人、最喜爱养植物的人、军事知识最丰富的人、最细心记录生活的人、最了解篮球联赛的人、最热爱机器人制作的人、最风趣的人、最快乐的人。

透过这些自主申报项目，我们可以看出：

（1）育才学子心目中的"出彩"，绝不仅仅是学习，绝不仅仅是成绩，这种"出彩"囊括了方方面面的东西，包括学习方法、学习习惯、生活习惯、兴趣爱好、某种特长、某项技艺、意志品质、修为修养、性格特点等。同学们都比较善于去发现和挖掘自我价值，在这个过程中也充分展示了自己的个性与出彩。

（2）"出彩育才人"的活动充分展现了学校的多元评价体系，也在课程过程中为不同层次的学生搭建了丰富、多元的展示平台，让学生能发现自己的独特个性和闪光之处。

每位"出彩育才人"都拿到了极具个性化的奖状

各班在评选出班级"出彩育才人"后，经过选拔均确定了一名本班最为出彩的同学，代表班级参与学校"出彩十佳"的选拔。2020 年 12 月 21 日，在

第17周的大课间及班会课上,七、八年级的同学们观看了"出彩十佳"28位候选人精彩的自我介绍视频,并郑重投票,选出了自己心目中的"十佳"人选。

以下是2020—2021学年度上期七中育才学校"出彩十佳"评选项目:
"最具艺术修养的人"
"最踏实肯干的人"
"最会花样滑冰的人"
"最善于表达的人"
"最有艺术修养的人"
"最具组织管理能力的人"
"最热爱钢琴的人"
"最会做甜点的人"
"最擅长舞蹈的人"
"最会探索自然的人"

获奖的一位同学说:"踏实是一种态度,切实、不浮躁,而肯干是一种行动,肯下辛苦,不怕困难。"在学习方面,赵丁一踏实努力,笔记书写清晰,做事有条理,拥有这样好习惯的她,成绩一直名列前茅。

获奖的另一位同学说:"七年、两千多次的练习让我从一名滑冰爱好者成长为一名专业的花样滑冰运动员。相信通过刻苦练习,有朝一日我一定会在更大的舞台上散发更耀眼的光芒。"

还有获奖的同学说:"我享受每一次舞动的生命绽放。舞蹈给予我喧嚣中的宁静,给予我困境中的激情,更给予我生活中的满目鲜艳。"

也有获奖的同学说:"在制作甜品中,我悟得'做好每一件小事就跟做甜点一样,多、少、快、慢、冷、热……去做,去热爱,去坚持就好了'。现在我已会做16种面包,17种蛋糕,3种和果子了。"

获奖的同学说:"我喜爱阅读相关著作,准备好探索的工具就出发,在自然的王国里探索奇妙的昆虫世界,发现自然之趣。"

你看"出彩育才人"这一活动,已真正成为同学们进行个性展示的舞台,相互欣赏、相互肯定,同时也相互鼓励、相互砥砺。

成都七中育才学校2020—2021学年度上期的"出彩育才人"评选活动,从2020年11月16日启动,经过了宣传动员、过程指导、自主申报、多维展示、班级评选、全校评选等多个环节,到2020年12月31日,七、八年级共评选出了992名班级"出彩育才人"和10名校级"出彩十佳"。如此多的奖项，如此壮大的出彩人队伍，正是七中育才学校关注每个学生个性化的发展，引导学生找到自己生命闪光点的体现。我们既引导同学们"看见别人的出彩"，也给予机会"让别人看见自己的出彩"，更鼓励同学们"发现自己的出彩"。

【附2】

成都七中育才学校"学生节"课程案例

一、课程方案

孩子们期盼六一，这一天是快乐儿童节。不过当学生成为初中生，六一节在快乐之外还应有什么收获，初中的六一节应该怎么过？这个问题值得思考。为了让初中的"六一"更具价值与意义，自2016年起，成都七中育才校园兴起了一个"学生节"。在近5年的实施过程中，"学生节"课程越来越丰富。

1. 课程目标

（1）通过自主设计活动方案，发挥学生个性特长，展现创意思考。

（2）通过自主选择承担任务，锻炼策划、沟通、协调、表达、统筹、反思等能力。

（3）通过参与有意义的校园生活，让学生发挥自主性与能动性，阳光活泼地成长，将育人价值内化。

2. 课程内容

特色物品售卖、互动体验参与、现场才艺展示。这些内容的确定来源于学生调查，经过调查了解得知学生最喜欢游园类的活动，学校充分考虑学生兴趣，充分调动学生的积极性和参与性，发挥学生的创造性，给予学生充分的自主性、选择性，充分体现主体性原则。在学生亲身参与经历而获得切身的体会、感受和思考中，转化为个体能力素养或个体品德。

3. 课程对象

七、八年级全体学生。

4. 课程时间

每年六一节。

5. 课程实施

实施形式：学校七、八年级每个班各自负责一个展示摊位，班级学生自主策划、自主申报、自主实施，开展物品售卖、互动体验、才艺展示等活动，学生既在本班担任主人翁，又可以参与其他班级的现场活动。在半天的时间内，学生在学校操场自由参与活动，通过积分卡兑换奖励的方式，调动学生参与的热情，让育才学子在实践体验中过一个有意义的六一儿童节。

实施准备：

- 动员阶段

(1) 各班推选班级展示活动负责人及策划核心小组成员，4~6人；

(2) 教育处组织各班核心成员召开"学生节"筹备大会，布置工作任务。

- 推进阶段

(1) 核心小组成员确定本班活动形式，突出班级创意与亮色，同时撰写班级活动策划书；

(2) 教育处组织各班核心成员开展"学生节"创意活动申报会，各班陈述构思，教育处点评、指导、协调、审批；

(3) 各班根据活动角色需求进行细化分工，发动学生共同承担活动任务，特别是活动物品准备，如氛围布置、特色定制售卖品、后勤支持所需物品等。

- 实施阶段

(1) 学校为每个班级搭建好基本摊位，提供遮阳棚、桌椅及电源等；

(2) 学生根据班级的需求，对展示区环境氛围进行个性化布置。

6. 课程评价

在本课程中，关注过程性评价，学生可以获得现场参与积分，兑换奖励；重视结果性评价，根据师生欢迎程度，评比出人气最高的活动项目，给予班级表彰和奖励。发展社会性评价，综合评价青少年学生综合的社会适应能力增长情况。

二、案例呈现

以我校2016年首届学生节课程为例，主题为"创意无极限，青春嗨起来"。来看看海报呈现的项目名字吧，相信你一定会被吸引！

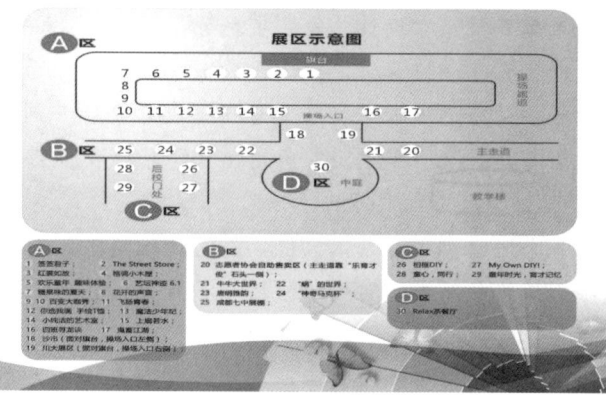

活动宣传海报

七年级1班推出的"小纯洁的艺术室"现场教授如何插花,让许多同学驻足留恋;2班的现制冰镇柠檬汁让同学们在夏日的午后一品清凉;3班主打的汉服Cosplay让大批女同学心动不已……

丰富活动,热闹的现场

八年级 11 班的"签签君子"项目，将老师的头像做成限量版书签售卖，上面还附着老师亲笔书写的鼓动奋进的名言警句；3 班、4 班的"上扇若水"项目、8 班的"神奇马克杯"项目、12 班的相框 DIY 项目，都突出动手参与体验，以现场手工制作的方式吸引学生们，人气极高；14 班主打的"沙画表演"项目，更是赚足了同学们的眼球，同期售卖的限量版成都七中育才纪念款手机壳、钥匙扣、笔记本等均大受欢迎，供不应求。

创意的展示活动青春

多种多样的"学生节"活动，让人目不暇接。

读者可能要问了，这些活动落实到每个班级，具体是怎么设计和实施的？这关键就在前文所述的课程实施准备阶段，在"学生节"筹备大会召开后，各班级自主选择项目并撰写活动策划书。这里附上两个策划书案例，供读者了解。

2017级9班"学生节活动"策划书

班级	2017届9班
活动项目名称	唐绢雅韵（体验参与类+才艺展示类）
项目简述	我们班级的展区将举办的是服饰体验活动。活动分为三个部分，主题分别是：语言、音乐、服饰。 **语言类**：相声表演，让大家在欢笑时体味语言的魅力。 **音乐类**：班级同学的乐器演奏（包括西洋乐和传统音乐），让音乐营造氛围，吸引观众。 **服饰类**：在现场准备各种中国特有的传统和民族服饰，供有兴趣的同学老师穿着体验、进行拍照，同时现场有本班同学为观众进行传统服饰文化的详细介绍。现场设置自愿报名的活动，在参与人选中评选出1~2位"最美"或"最帅"，赠送小礼品一份。
相关准备	班级人员安排：摄影师2人，传统服饰文化讲解1人，物品准备3人，现场宣传及氛围营造2人，相声表演2人，音乐表演6~8人，财务管理2人。 统一准备：专业相机，租聘传统服饰20套，3米左右的挂衣杆，营造氛围的绢扇纱等。 自行准备：相声及音乐表演者的服饰
所需支持	申请将墨池的亭子周围作为本班展区，氛围更切合。 请至少准备三套桌椅

2017级4班"学生节活动"策划书

班级	2017届4班
活动项目名称	童年时光，育才记忆（特色物品售卖类）
项目简述	本班将在学生节当天开展大卖场活动，准备好由班级同学设计的具有七中育才文化特色的若干物品进行售卖。 **商品构想**： (1) 育才特色明信片：将平时在校园各角落中拍下的照片印在明信片上。 (2) 育才特色手机壳：将育才校徽或班徽印在手机壳上，或由同学自己设计好各种特色图案，制成有特色的手机壳。 (3) 育才特色马克杯：在马克杯上印制班级同学手绘的育才校园图景，进行创新、改造和售卖。在马克杯上印有育才校园的照片，能将普通的杯子变得具有育才特色，将育才文化融入日常生活。 (4) 个性手绘团扇：在空白的团扇或折扇上进行创作，或是校园一隅的写生，或是颇具育才特色的小诗等，也可满足购买者个性要求现场创作，创造出别具一格、具有特色文化的纪念品。

续表

相关准备	1. 进行预算：各商品价格视成本高低而定，需掌握好商品数量，保证不过度浪费或无法满足同学需求。 2. 做好分工：活动当天，将由2人搭好展区，并维持展区秩序。现场将会有4位"专职销售"，分别售卖其中一种商品，并负责收钱。 3. 印制宣传单：为保证售卖效果，需设计宣传单和确定宣传口号。 4. 职责协调：活动进行过程中，为了保证每位同学都能体验各班不同的活动，将由两组人轮换在展区组织秩序，保证展区有至少4人值守。同时，会有2~3名宣传人员派发宣传单并引导同学至本班展区参观购买。在活动结束后，4名同学留下清理展区垃圾，将展区收拾整洁。
所需支持	本班暂无特殊需求，若在能考虑的情况下，将展位安置在操场中间，这样人气和氛围会更好。 申请允许使用小蜜蜂（扩音器，用于宣传）

有了上述充分的动员与充足的准备，孩子们将在校园中享受到有价值与意义的欢乐六一。尤其值得一提的是，育才学子在"欢乐六一"的同时也不忘公益之心，许多班级都标注将活动期间所筹的款项捐献出来用于公益事业。七年级14班就以"童心·同行"为活动主题，以"义卖"的方式为桑木小学的小朋友们筹集公益善款，用于定向资助。"懂关爱、乐奉献、做情怀大气的少年"，这句话已然成为每个育才学子的成长信条。

如果要提炼"学生节"课程的最大亮点，可以说最突出的是让学生积极体验、主动参与。学生节，顾名思义是学生的节日，理应突出学生的主体地位，发挥学生的自主性与能动性。这项节日课程设计，紧扣育才德育课程的三大主题：个人成长、校园生活和社会参与。在基本活动板块的设计上高度呼应，如特色物品售卖、互动体验参与、现场才艺展示等三大内容板块，每个学生都能在其中找到自己的位置，发挥特长，体现个人的价值和意义。学生的自主性与能动性被激发，在活动过程中通过自主选择得到全方位锻炼。

让我们来看看，选择鲜花售卖的2017级1班几位主创人员的评价与感悟，这样能比较直观地感受到课程实施的成效。

一名同学说："我担任的角色是Planning minister，也就是策划者。项目选择的新颖性特别重要，我们是全校唯一一个售卖鲜花的团队，再加上'小纯洁的艺术教室'这个清新的名字，果然独具一格，广受欢迎。"

也有同学说："现场销售的关键点，在于用鲜亮的接地气的语言，快速地吸引他人的注意力，这次活动教会了我，做任何事情，都应该自信面对、全力而为，人与人的沟通需要一份勇气、一份真诚和一份热情。"

满满的诚意　无限的创意

还有一名同学说:"我负责现场创作花艺作品,可是在这之前我并不会插花。但有目标,努力学,就能成功,这次活动让我掌握了一门技艺,让自己未来的生活永远能有美相伴。"

另一名同学说:"我是活动财务部长,此次我最大的体会是销售要灵活应变,适应市场。刚开始我也为销售不景气焦头烂额。顾客不太喜欢现有的成品,那么是否可以销售虚拟的商品呢?于是我们推出定制花朵图案书签的服务项目,收取定金,按顾客要求定制,在规定时间交货。果然,接下来的销售量'一路飙',定金就收了厚厚一沓。活动结束后,我对利润进行了计算,三个项目总计售卖1520元,除去商品成本,毛利是660元左右。"

其中一名同学说:"一个活动,不能少了运筹帷幄、组织安排。这次学生节,学校召集各班组织者开了四次推进会,从创意征集,到项目协调,从点位分布,到物品落实,都需要我们思虑周全、头脑清晰。回到班级,还需要根据同学们的特点,分出不同的任务小组,从财务部的产品采购,到销售部的政策调整,从展区的氛围营造,到人员的操作培训,还有细节的沟通协调,比如需要几张桌子几个电源等,事无巨细,都必须考虑得清清楚楚。"

总的来说,本课程的总体实施效果较好,但也在学校开展的课程总结中,梳理出如下改进建议:①应更加充分地发动教师参与学生主办的活动,学生非常期待老师的参与和肯定,这是全员育人的好契机;②特色商品售卖是一种重要形式,学校可以增加一次有关营销的培训,如成本核算、销售政策制订等;③可将原本的半天课程时间增加至一天,让学生有更充足的时间来参与。

学生节课程,充分给予学生实践和体验的机会,展示其个性特长。真可谓创意无极限,个性更彰显!

【附3】

成都七中育才学校"艺体社团"课程案例

一、课程方案

艺体社团是学校艺体课堂教育的延伸,是进一步深化教育教学改革,全面实施、推进素质教育的一个重要体现,是学校教育的重要组成部分,是培养学生素质的重要载体,是发展学生个性特长的重要途径。

在育才多彩绚丽的舞台上,我们思考如何让育才艺体社团熠熠生辉,形成育才文化品牌,如何让育才学子更自信、更出彩。育才艺体社团一直在行动,近年来,社团课程越来越丰富,越来越成熟,人才辈出、硕果累累。

1. 课程目标

(1) 通过艺体课程的开展,提升学生专业能力,发展其个人特长。

(2) 通过参与有意义的活动及各级各类赛事,让学生更加自信阳光、彰显个性。

2. 课程内容

艺体社团尊重学生个体差异和兴趣特长,满足学生的不同需求,结合艺体教师特长打造出多种类艺体社团,如合唱团、管乐团、舞蹈队、排球队、篮球队、戏剧社等,充分调动学生的积极性和参与性,学生自愿选择参与其中,享受学习过程,提升个人能力和专业水平,并促进其个性成长和全面发展。

3. 课程对象

七、八年级具有一定特长和兴趣爱好的学生。

4. 课程时间

整学年。

5. 课程实施

实施形式:

学校在每学年开学之初,由学校艺体处向全校学生发起艺体社团招新信息,展示丰富多彩的社团活动,激发学生学习兴趣,同时发放艺体课程选课单,学生根据各社团招新要求,对照自身特长及个人兴趣爱好,进行选课;选课之后,各社团组织学生按所选课程进行学习提升,开展活动,发展个性特长,促进学生的身心健康和全面发展。

实施准备：
• 宣传动员阶段

(1) 各艺体老师利用学科教学课前三分钟，进行社团宣传和学生个人特长水平和兴趣爱好摸底。

(2) 学校艺体处制订"艺体社团招新"方案，利用朝会时间面向全体学生进行宣讲，让学生了解社团，认识自我。

• 报名选拔阶段

(1) 学生按自身特长和个人兴趣爱好进行社团报名，各艺体社团带队老师组织学生进行专业测试。

(2) 各社团通过专业测试后，确定社团成员。

• 学习活动阶段

各社团组织学生按学校课程安排时间、地点进行社团学习和开展活动。

6. 课程评价

(1) 对个人的学习过程进行评价，按学校社团课程管理，计入学分。

(2) 每年参与学校年度"卓越之星"评选活动，给予表彰。

(3) 各社团代表学校参加各级各类赛事及活动，争得名次和荣誉，得到社会评价。

二、案例呈现

我校艺体社团众多，基本构成为体育、艺术、文学三大类，我们成立了舞蹈队、健美操队、管乐团、合唱团、美术社、书法社、篮球队、排球队、足球队、网球队等16个特色社团。其中，舞蹈队、排球队、篮球队、合唱团、管乐团、晨曦文学社等发展态势良好，其社团学生个性发展出彩。

终于见到你——艺体特长生录取见面会

每年的七月，在育才学术厅都有一场简约而隆重的欢迎会，育才艺体老师们与社团同学们在这里迎来新一届的艺体特长生，这是一个激动人心的日子，又一批意气风发、青春活力的优秀学子加入育才大家庭。在步入会场的那一刻，他们已光荣成为七中育才的一员，他们用新奇的目光感受着自己的新学校。希望他们如各个社团的学长学姐所言，在未来的三年中感受到生活在育才是一种享受，成长在育才是一种幸福。希望他们能在初中三年中实现老师"卓尔不群、大器天下"的嘱托，达成学校对学生"健康、高雅、聪慧、大气"的期望。

见面会在一个个精彩的节目表演中走向高潮，舞蹈团同学的拉丁舞表演魅力十足；管乐团的小号演奏铿锵而富于变化；合唱团的优秀代表、艺术节"育才好声音"涌现出的优秀"校园歌手"带来歌曲串烧，给大家带来一场视听盛宴……

最激动人心的时刻到了，新生们终于从老师手中拿到了他们经过多年的艺体学习、用辛勤与汗水浇灌得来的闪耀着金色光芒的录取通知书，他们即将在各位专业老师的指导下，迈出进入初中的第一步，在育才的舞台和赛场上绽放更美丽的光芒。

开学以后，学校更广泛深入地推进社团活动，各艺体社团带队老师在班级开展动员活动，介绍自己所带团队的特点、标准和要求；同时，由艺体处牵头在全校朝会上进行艺体社团招新宣传，这既是招新，也是各社团的精彩亮相和对各社团及其社团成员的充分肯定。有了这样的宣传，学生们如愿以偿地找到了心仪的组织，各社团注入了新鲜的血液。

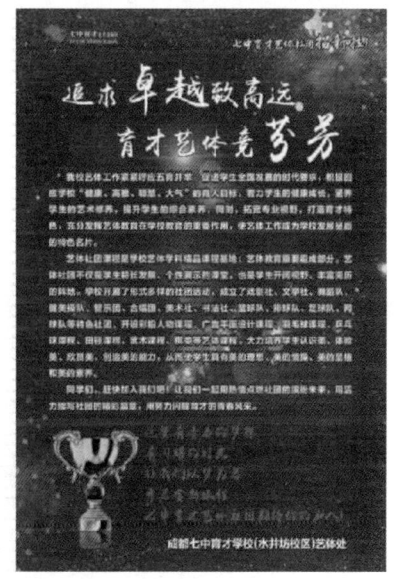

管乐团介绍海报

接下来，以我校管乐团课程为例，展示我校艺体课程的具体实施。

扎实的常规训练夯实学生的专业基础。坚持每周星期二、星期五下午第四节课开始，两个小时的专业训练，为社团整体融合和学生个人专业成长提供了有力的保障。

认真的排练

平时扎实的训练让同学们的个人水平得到了极大的提升，乐团合奏除了提升专业能力、合奏水平，还锻炼了同学们的合作精神，我们抓住每一次机会，认真对待每一次活动的亮相，锻炼我们的舞台能力，同学们在舞台上表演得越来越精彩，在活动中越来越自信。

精彩的演出

丰富的校园活动让管乐团得到了极大的锻炼，他们活跃在学校的舞台上，成为学校的一支明星乐团，孩子们在舞台上闪闪发光。

有了扎实的专业能力、团队协作能力和丰富的舞台经验后，我校管乐团参加各级各类比赛，屡获佳绩，同时还应邀与专业团队同台举办专场音乐会。

值得一提的是，乐团除参加各级比赛和大型演出外，还积极参加社会公益活动，每年都开展"高雅音乐进社区"公益演出，希望以音乐传递温暖；以"育才少年"之名开展慈善音乐会，为雅安地震、红十字会捐款等，希望以音乐传递温情，彰显育才人的社会担当。乐团对于每个孩子来说是他们在学校班级以外的另一个家，孩子们一起为乐团争得荣誉，乐团也成就每一个孩子，育才管乐团星光闪耀。

一大批乐团人从这里走向优秀的学校，每年有一半以上的同学升入四、七、九名校，他们从这里出发，登上更广阔的舞台，他们聪慧大器、自信阳光。不少同学以优异的专业水平和学业成绩考入了清华大学、浙江大学、北京航天大学、中央音乐学院、四川音乐学院、西安音乐学院等，还有不少同学走上了国际大舞台，成为了音乐家。

学校社团在各类比赛中成绩优异，大放异彩

管乐团只是学校众多社团中的一个，在育才，这样的团队比比皆是，如合唱团、舞蹈队、美术社、排球队、篮球队、网球队等，这些社团除了对学生进行常规训练，提升专业能力外，还为社团搭建平台，积极申报，组织各级各类比赛，以赛促建。并通过各类比赛和活动，促进团队水平的整体提高和学生个人能力的持续提升，促进学生的健康成长，涵养学生的艺术修养，提升学生的核心素养和综合素质。同时，发展艺体教育有利于拓宽专业视野，打造育才特色，打造艺体品牌，让艺体工作成为学校的一张名片和品牌，形成了一定的影响力，擦亮了育才的品牌！

第二节　社会责任

《中长期教育改革和发展规划纲要》明确指出，教育改革发展的重点是"面向全体学生、促进学生全面发展，着力提高学生服务国家服务人民的社会责任感、勇于探索的创新精神和善于解决问题的实践能力"。这就要求学校教育要帮助学生树立社会责任意识，提高学生承担社会责任的能力。《中国学生发展核心素养》方案明确指出，"社会责任"具体是学生能够自尊自律，文明礼貌，诚信友善，宽和待人；孝亲敬长，有感恩之心；热心公益和志愿服务，敬业奉献，具有团队意识和互助精神；能主动作为，履职尽责，对自我和他人负责；能明辨是非，具有规则与法治意识，积极履行公民义务，理性行使公民权利；崇尚自由平等，能维护社会公平正义；热爱并尊重自然，具有绿色生活方式和可持续发展理念及行动等。为了培养学生的社会责任感，提高学生承担社会责任的能力，七中育才学校开发了系列"社会责任"课程，力求通过系列课程，引导学生关心他人、关心社会、关心国家发展，树立服务和奉献社会的意识。同时，通过"社会责任"系列课程，引导学生掌握一定的人际交往、沟通的方法、原则和技巧，帮助学生在实践中了解管理、策划等基本知识，锻炼学生的组织能力和领导能力，使其能够充分发挥组织、协调、统筹等领导能力，提高学生承担社会责任的能力。

七中育才学校开发的系列"社会责任"课程包括：第一，综合实践课程。如"团带队"课程、"学生联盟"课程，在课程中传承责任意识，提升履责能力。第二，领导力课程。开设"演讲与口才"课程，培养学生的语言表达能力和人际沟通能力；开设"模拟联合国"课程，引导学生在主题探讨、文件撰写、辩论表达中提高团队合作能力，培育学生国际视野和公共参与意识；开设"生涯规划"课程，引导学生正确认识生涯规划的意义，掌握生涯规划的能力。

第三，主题教育活动。成都七中育才学校在德育活动中渗透学生社会责任教育，如举办迎"中秋""元旦"文艺汇演、外墙评比、我当三天家、职业初体验等活动，培养学生的责任意识。第四，学科融合。七中育才学校注重在学科课程中融合对学生社会责任的培养，如语文学科开展的"晨曦文学社"、政治学科开展的"走进社区"、生物学科开展的"环境保护"等。

下面以"离队入团"课程、"模拟联合国"课程和"学生联盟"课程为例说明。

【附1】

成都七中育才学校"离队入团"课程案例

一、课程方案

十四岁，代表学生们将要告别天真烂漫的儿童时代，告别陪伴了他们一路成长的少先队，这是成长路上一个新的转折点，代表着他们即将迈进朝气蓬勃的青年时代，生命的又一页日历将被翻开。

祖国呼唤青年担当，时代赋予青年重任，时代的光荣属于青年。学校将"团带队系列活动"选择在"六一"儿童节举行别有深意。八年级学生将度过人生中最后一个儿童节。用"团带队活动"开启青年的新征程，让每个同学理解每一代青年都会留下属于自己的青春印迹和时代答卷，更让新团员明确了自身的使命，坚定了奋斗的方向，树立了更高的目标。

1. 课程目标

以贯彻立德树人根本教育宗旨，培养学生具备适应终身发展和社会发展需要的必备品格和关键能力为目标。贯彻落实《团章》要求，规范学校共青团的建设。用历史的眼光启示青年，用伟大的目标感召青年，用光明的未来激励青年。让同学们心怀感恩，努力学习，勇敢接受挑战与磨砺，乐观积极地为理想拼搏，用实际行动为成长增添新的光辉。

通过团带队活动，培养学生的社会价值认同，了解中国共产党的历史和光荣传统，理解、接收并践行社会主义核心价值观，形成国家意识和文化自信；拥护党的意识和行动，培养国家情怀和人文情怀；勤奋好学，做专业过硬的人；提高素质，做全面发展的人；形成青春担当的意识和能力；增强共青团的责任感和使命感，让同学们进一步明确共青团的奋斗目标，树立远大的理想和志向，坚定建设有中国特色社会主义的信念，用自己的实际行动，为实现共同的目标努力奋斗。

2. 课程内容

成长意味着向过往告别，向新的目标奋发。"团带队系列活动"是七中育才学校八年级的传统保留活动。庄严而充满仪式感的活动，让每位学子在由童年向青年的转折点上，以远大理想为引领，明晰自己的目标。在担当中历练，在尽责中成长。

3. 课程对象

八年级。

4. 课程时间

每年6月。

5. 课程实施

（1）各班以班为单位，进行"推优入团标准"的学习。

青年意味着责任，入团则意味着带头尽责。每一个青少年都应该立志在共青团的带领下持续成长，不断进步。群体的力量可以促进个人的发展。加入团组织，是一个进步青年热爱国家、热爱人民、服务社会的重要表现。

（2）四川建川博物馆聚落背景知识学习。

由于四川建川博物馆聚落面积广大，根据本次活动的主题，决定将仪式地点放在中国抗日壮士群雕广场。参观项目主要为抗战文物陈列中流砥柱馆、正面战场馆和川军抗战馆。其目的是为了激发学生的爱国热情，深刻感受今天的幸福生活来之不易，是无数革命先辈为之抛头颅洒热血奋斗终身换来的。

各班以小组为单位，收集建川博物馆资料，进行分组讨论并分享学习成果。

（3）发放家长倡议书，家长手书致孩子的信。

作为现场活动非常重要的一个环节，也是家校共育升华教育意义的一个环节，我们需要给同学们准备一份神秘礼物——父母的一封手写信。

（4）全年级同学前往四川建川博物馆聚落，进行"团带队系列活动"。

6. 课程评价

此活动不仅丰富了同学们的生活，努力营造和谐向上、健康文明的校园文化氛围，又使同学们在积极地参与中体验集体合作的快乐，体现乐观进取的精神，激发学生热爱生活、热爱学习、热爱校园、热爱祖国的情感。共青团是党领导下的先进青年组织，团的发展、壮大要靠一代代优秀青年的加入。这是一个承上启下、继往开来的历程。开展此次活动，学生能够更明确自己成长的责任与担当，懂得感恩，懂得在理想路上需要奋力扬帆才能抵达梦想的彼岸！

二、案例呈现

下面以学校2020年八年级"奋斗少年勇担当，燎原星火正青春——成都七中育才学校团带队系列活动"为例，展示这一课程的具体实施过程。

1. 主持人开场，明确活动意义

同学们胸前的红领巾依旧鲜艳，而炙热的青春正向我们走来。我们应以更朝气蓬勃的姿态去迎接青春的挑战，勇担时代赋予的重任。

2. 出队旗，奏唱队歌

庄严的出旗仪式

3. 宣布离队暨优秀学生入团决议

每一个青年都要树立与这个时代主题同心同向的理想信念，勇于担当这个时代赋予的历史责任，励志勤学，刻苦磨练，在激情奋斗中绽放青春光芒，健康成长。青年最能激发最强劲的奋斗力量，绽放最美的青春光芒。

4. 告别童年，敬最后一次队礼，珍藏红领巾

随着《中国少年先锋队队歌》的响起，队旗在日光下熠熠生辉，同学们向着自己的童年进行最后一次敬礼。随后，老师宣读了2017级少先队员集体离队的决议，同学们摘下红领巾，保存一份永久的珍藏。"博学笃志，切问近思；志存高远，追求卓越"，在热烈激昂的氛围中，同学们手持宣誓卡，掷地有声地发出对未来的呐喊。摘下红领巾，收获成长，拥抱希望，肩头也担起了一份青年人的责任。

别开生面的"离队仪式"

5. 集体诵读成长宣言

大声读出"成长宣言"

通过一起诵读《成长宣言》，让同学们明确青春的价值、成长的意义和时代的责任。没有哪代人的青春是容易的，没有哪代青年不经过淬炼。在担当中历练、在尽责中成长是每一代人都要经历的。一代人有一代人的长征，一代人有一代人的担当。

附：

《成长宣言》

我以青春的名义宣誓——
用智慧培育理想，
用汗水浇灌希望。
不负自身的努力，
不负青春的能量。
气有浩然，以德为先。
博学笃志，切问近思。
志存高远，追求卓越。
带着顽强拼搏的微笑，
赢在志在必得的辉煌。

6. 学生代表为烈士塑像献花和佩戴红领巾

缅怀革命先烈，向美好的未来立下庄重的誓言。阳光明媚，绿树葱茏，在建川博物馆的烈士群雕广场，同学们肃然立正，眼眸所至，厚重深沉的岁月在无声地吟咏。每次看见胸前的红领巾飘扬，看见国旗冉冉升起，我们情不自禁地想到为共和国浴血拼搏的先烈们。同学们来到建川博物馆，也要向中华民族的脊梁致以最真诚的敬礼。在《千秋家国梦》的深情吟唱中，同学们纷纷为"中国壮士"碑献上鲜花，并走到烈士群雕下，为这些巍峨挺立的民族英雄系上红领巾。烈日下，乌黑沉默与鲜红炽烈交相辉映，一个庄严的队礼，既是对先烈的礼赞，也是对自己的勉励：少年怀志，中华有为。作为当代青年，理应沿着先辈们的光辉足迹，勇担社会责任，挑起建设祖国的重任。

7. 阅读父母的赠言（书信现场分发）

在这个告别的时刻，同学们并不孤单，他们有老师们陪伴在身旁；而在他们身后，还有默默付出的家长们。一份神秘的礼物——爸爸妈妈为同学们准备的一封手写信，由班主任老师分发到每位同学手中，同学们展开阅读，不觉热泪盈眶。是啊，迈好青春的第一步，家长们将无怨无悔地陪伴大家走过成长路上的阳光风雨。相信幼苗终会蓬勃向上，同学们就是明天的栋梁。

青年兴则国家兴，青年强则国家强。青年一代有理想、有本领、有担当，国家就有前途，民族就有希望。

阅读父母赠言

8. 参观建川博物馆

同学们的青春已经刷出一条新的起跑线。风华正茂，英姿勃发，用青春拥抱时代，用生命点燃未来！

一位同学引用鲁迅先生的话总结自己参加活动的感悟：青年"遇见深林，可以辟成平地的，遇见旷野，可以栽种树木的，遇见沙漠，可以开掘井泉的"。

一位家长在给孩子的信中深情地写道："在今天这个特殊的日子里，妈妈心有所感，当年的小不点一天天长大成人。此时此刻，爸爸妈妈希望你带着我们的希冀，在未来的日子里：

做一个明理自律、自立自强、知行合一的人；
做一个身心健康、乐于分享、心存感恩的人；
做一个有责任、有担当、对社会有贡献的人！"

青年人既要有远大理想，也要有时代担当。只要青年都勇挑重担、勇克难关、勇斗风险，我们的社会就充满活力，国家就充满后劲，民族就充满希望。七中育才学子在此刻摘下红领巾，珍藏一份回忆；加入共青团，握紧接力棒，谨记迎难而上、挺身而出的担当精神，奔向新的征程！

在体验中学习　在学习中感悟

【附2】

成都七中育才学校"模拟联合国"课程案例

一、课程方案

模拟联合国（Model United Nations），简称模联（MUN），是世界三大非政府学生组织之一，是对联合国大会和其他多边机构的仿真学术模拟。在活动中，学生们扮演不同国家或其他政治实体的外交代表，参与围绕国际上的热点问题召开的会议。代表们遵循议事规则，在会议主席团的主持下，通过演讲来阐述观点，为"自己国家"的利益辩论、磋商、游说。它融合了政治、历史、地理等多项知识，对学生的语言表达能力、沟通能力、团队合作能力、理解力、领导能力都有很大的促进作用。模拟联合国在中国发展了近20年，深受高中生和大学生的喜爱，但是开展"模联"活动的初中学校比较少。七中育才模拟联合国学生社团成立于2016年，是成都市最早的初中模拟联合国社团。

七中育才学校开发了"模拟联合国"课程，给学生创造一个平台，让学生能释放自己对模拟联合国活动的热情，表达了自己对国际事务的看法及对人类未来发展的关注。

1."模拟联合国"课程目标

（1）通过"模拟联合国"课程的学习，增强学生对于联合国的组织结构、程序和功能的认识，促进学生对当前重大国际议题的理解。

（2）引导学生以国际的眼光来看待问题，提高学生的组织、策划、管理的能力，研究和写作的能力，与人沟通交往等多方面的能力。

（3）提升学生的领导力，培养学生承担社会责任的意识和能力。

2."模拟联合国"课程内容

"模拟联合国"课程以国际热点问题为议题，选拔学生参与模拟联合国会议，提升学生承担社会责任的意识和能力。

3."模拟联合国"课程对象

七、八年级学生。

4."模拟联合国"课程时间

每年10月。

5."模拟联合国"课程实施

（1）启动阶段：学校在9月的升旗仪式上启动模拟联合国大赛，动员关心时事、有一定的政治见解、有良好的交流能力和临场应变能力的同学主动报名参加。

（2）初赛阶段：为了解参会学生的语言和知识水平，所有报名学生必须参加学术测评即初赛。我们围绕国际史上的热点问题让报名选手们通过演讲（演讲时间不得超过5分钟）来阐述自己的观点和看法，要求观点明确、见解独到，语言表达流利，仪态大方，也可以提出相关问题与评委进行讨论。初赛为个人赛，通过演讲共选出30位同学参与模拟联合国大赛决赛。

（3）培训阶段：我们为进入决赛的选手准备了一系列的基础培训课程，培训内容包括模联会议规程、写作和辩论技巧、会场礼仪和代表风度等。

（4）准备阶段：根据学术测评和赛前培训，我们对选手们进行角色和委员会分配，选手们根据角色和委员会查找议题的相关资料，准备相关文件，并与自己的团队成员进行合作、协商。

（5）正式比赛：

大赛具体流程如下：

①点名。主席助理按国家字母顺序依次点出国家名，被点到的国家举起国

家牌，并回答"到"。

②产生发言名单。代表们确定议题之后，正式辩论开始。主席请需要发言的代表举国家牌，并读出国家名，代表们发言的顺序即主席点名的顺序，当代表们听到自己国家被点到之后，便放下国家牌。每个代表有120秒的发言时间，代表可在大屏幕上看到发言名单。发言名单上所有国家发言后，会议直接进入投票表决决议草案阶段。

③问题和动议。当一位代表按照发言名单的顺序发言完毕后，主席询问场下有无问题和动议，此时代表可根据自身需要举牌提出问题或动议。

代表提出问题

④传意向条。代表有任何问题，或者需要进行游说、沟通，都可以通过传意向条的方式向其他代表或者主席表达。

⑤提交文件和表决。代表们根据辩论进展依次提交会议文件：工作文件和决议草案。会议文件提出后，代表们针对其内容进行辩论，并提交修正案对其相关条款进行修正。在辩论结束后，委员会进入对决议草案和修正案的投票阶段，皆为唱名表决。会议文件需要得到2/3的赞成票才能通过。

6.课程评价

学生发言内容翔实，能够灵活应变；具有代表国家特色，并能有独到见解；充满热情，感染力强；能形成立场鲜明、见解独特的立场文件；学生的语言表达能力、写作能力、团队合作能力等领导力得到提升，具有责任担当意识，提升责任担当能力；通过参赛，进一步提升七中育才模拟联合国的社会影响力。

二、案例呈现

下面以学校2018年"身在水井观天下，胸怀万国自不群"模拟联合国大赛为例,展示这一课程的具体实施过程。

丹桂飘香硕果满枝,又是一年金秋九月。金秋的阳光温暖恬静,金秋的育才校园也处处充满了活力,2018年9月10日,七中育才"模拟联合国"大赛正式拉开了序幕,育才校园里开启了一场思考与辩论的学术盛宴。我们向全校同学介绍了何为"模拟联合国",什么是"模拟联合国大赛"。在这个舞台上,同学们可以以"外交官"的身份谈论国家大事,为了"自己"国家的利益,积极发言,表明自己的观点。在遇到分歧时,积极与他国代表斡旋、磋商,维护本国利益。

模拟联合国大赛启动会

在这个过程中,同学们的知识得到丰富,视野得到拓展,语言表达能力、批判思维能力得到锻炼和提高。学校借助"升旗仪式"这个舞台,让全校学生对模拟联合国这个社团有了更深的了解。

整个过程中,我们最重视的就是对学生承担社会责任的能力的培养。本次模拟联合国大赛以"朝核六方会谈"为议题。本次大赛我们专门设置了内容丰富的"培训课程",并且为了让选手们熟悉模联会议的规则和流程,熟悉模联的立场文件、工作文件、决议草案、指令草案、修正案等文件的意义和内容,我们给选手们下发了任务单,引导选手们自主学习《2017北大学标》内容,并让选手们分享交流北大学标的会议规则和流程,熟悉会议文件的内容和分类。我们还专门对选手进行了立场文件、工作文件、决议草案、指令草案撰写方法和写作技巧的培训,同时邀请了专业老师及七中林荫的学长对选手们进行了专业的指导。为了让选手们更好地了解模联会场的基本礼仪,了解与会代表的会场风度,我们邀请了长期参加模联比赛的七中林荫的学长为选手们做了分享，让选手们对会场礼仪和代表风度有了更为深入的了解。

丰富的培训课程

通过我们系统的"培训课程"，学生对模拟联合国的赛制有了更深入的了解，学生的文件写作能力和草案写作能力也得到了锻炼，学生的演讲、辩论和沟通技巧也得到了进一步的提升。

在为期一个月紧张又充实的选拔、培训和准备后，10月15日，这场期待以久的学术盛宴在七中育才六楼联合国教室正式举行，朝鲜、韩国、中国、美国、俄罗斯和日本六国的模拟联合国代表团带着自己精心准备的资料，针对朝鲜核问题的解决，进行了一系列充满火药味但又不失礼节的谈判和辩论。

本次联合国大赛，我们评选出了1个最佳代表团奖、1个最佳代表团提名奖、1个最佳主席团代表奖等团体奖项，也评选出了1名最佳代表奖、1名杰出代表奖、1名最佳立场文件奖、2名优秀代表奖。

代表团进行讨论和斡旋

育才学子在本次模拟联合国大赛中的表现得到了评委老师的高度赞扬，评委们纷纷对育才学子优秀的语言表达能力、良好的组织协调能力和远见卓识表示赞叹!

一位代表团同学这样说:"在准备会议的过程中,代表团主席一遍又一遍地敦促同学们完成相应任务,一声声提示音之中,我听见的是责任的坚守。在责任心的驱使下,我们哪怕是熬夜也要完成文件写作任务和资料查找作业。模联,也是一种磨练,磨练出了我的眼界和视野,培养起了我对国际大事的敏锐度。现在,每当在新闻中听到熟悉的议题,我总要侧耳仔细聆听。我想,这个习惯会一直伴随着我,这是一个模联人不变的标志。"

通过我们严格的选手选拔、系统的课程培训、高质量的会议展示,学生的语言表达能力、团队协作能力、责任担当意识和能力都得到显著提升。

身在水井观天下,胸怀万国自不群。这是育才"模联"学子的精神,也是"卓尔不群,大器天下"的育才精神的具体体现。每一次活动都会带来成长,相信这样的活动能为育才学子留下深刻的记忆,也为他们的人生增添亮色。

【附3】

成都七中育才学校"学生联盟"课程案例

一、课程方案

如果要扩大学生干部的影响力,让学生干部的形象更为同学们所知,就一定需要搭建一个宣传平台,既能让同学们客观了解学生干部的立体形象,又能让同学们有机会参与进来,选出自己心中真正优秀的榜样,带领大家前进。

为增强学生联盟的影响力、展现学生联盟的魅力,将学生联盟的内核精神和基本理念充分传达,增加学生对学生联盟的了解,每年七中育才学校都会开展学生联盟课程,以期能让学生联盟继续可持续发展,为学生联盟注入新鲜血液,为学生成长搭建平台,激发学生的成长愿望,让学生在活动中收获,在实践中成长。

1. 课程目标

引导学生认识自我,明确自身优势;形成责任意识,培养在集体中勇于担当的精神;锻炼沟通与交流技巧,提高其团队协作能力。

锻炼学生干部,展示干部形象;树立学生榜样,发挥榜样力量;传递正能量。

2. 课程内容

该课程包含学生联盟招新、巡礼及干部竞选等活动。

3. 课程对象

全校同学。

4. 课程时间

每年 9 月。

5. 课程实施

（1）筹备阶段。

各学生组织进行方案的策划及人员的分工，确定方案后，由学生联盟将方案汇总，进行统筹，形成整体方案。

（2）宣传动员阶段。

在方案的规划下，学生联盟开始进行前期的宣传造势，主要通过海报宣传、视频宣传、宣传单等方式进行。

（3）巡礼与招新阶段。

学生联盟巡礼暨招新采用的是现场展示、面对面宣传的方式进行。在活动当天，各学生组织进行个性化现场展示，进行巡礼。巡礼结束后，开始学生联盟招新，一共分为以下五个步骤：现场咨询、领取报名表、回收报名表、分发面试表、面试。

（4）竞选阶段。

各学生组织通过自荐及投票的方式，推选出干部竞选候选人；干部同学需要经过风采展示、视频宣传、大众投票、竞选演讲等竞选活动宣传自己。全校同学通过投票的方式，推选出各社团干部。

（5）成立阶段。

各学生组织与学生社团进行风采展示并公示学生干部名单。在学生联盟统一要求和指导下，各学生组织在学生干部的带领下，自主运行。

6. 课程评价

该课程的过程性评价分为以下三个部分：

（1）面试过程记录：学生联盟的招新结果将由面试结果决定，在面试过程中，评委将对面试者的表现进行记录并评级。

（2）干部竞选过程性积分：为使竞选方式更加多元化，考查干部候选人的综合素质，干部竞选的结果将由干部在竞选过程中所获积分的总和来决定。干部竞选积分可以从基本素质和团队认可两个方面来获取，其中基本素质从学业表现、大众投票、竞选演讲、班主任评价四个方面进行评定；团队认可从社团成员投票、个人贡献、学生联盟指导老师评价三个方面进行评定。

（3）宣传资料的呈现：学生联盟和干部候选人都会通过视频、海报、宣传单等途径来进行自我宣传,因此他们会将自身的形象和特点汇聚到宣传材料上,留下丰富的过程性资料。

该课程的结果性评价为学生联盟成员名单、学生联盟干部名单。

二、案例呈现

下面以学校2019年学生活动"凝聚青春力量,展现卓越风采"为例,展示这一课程的具体实施过程。

经过无数激烈的智慧碰撞,2019年学生联盟课程的方案终于确定下来,学生联盟的各学生组织在方案的指导下,开始了轰轰烈烈的宣传活动。校园中随处可见风格各异的宣传海报,学校的LED屏幕在闲时也滚动播放着各具特色的宣传视频,预示着2019年学生联盟招新活动正式拉开帷幕。

个性与担当—学生联盟—宣传海报

一周后,2019年成都七中育才学生社团招新巡礼的现场,上演着一场青春与梦想交汇的盛典!三大学生组织、七大学生社团以最个性、最生动、最活力的方式在全校师生面前惊艳亮相,他们在舞台上彰显着自己的才华,展示着对联盟的热爱,也承担着联盟发展的重任。他们用歌曲、表演、朗诵等方式展现着社团独特的魅力与风采,他们身上洋溢着少年的真挚与活力、追梦的热情与执着,这就是青春最美好的模样!

这里,既有育才卓越的品牌社团:学生会、校团委、心语社、志愿者协会,也有锐意进取的新兴社团:主持人社、辩论社、模拟联合国社、学生电视台、社团联合会。这里,是每一个心中有梦的育才学子逐梦飞扬最理想的地方!是每一个有独特生命的育才学子收获成长的沃土!是每一个有情怀、有能力的育才学子甘于奉献最理想的空间!

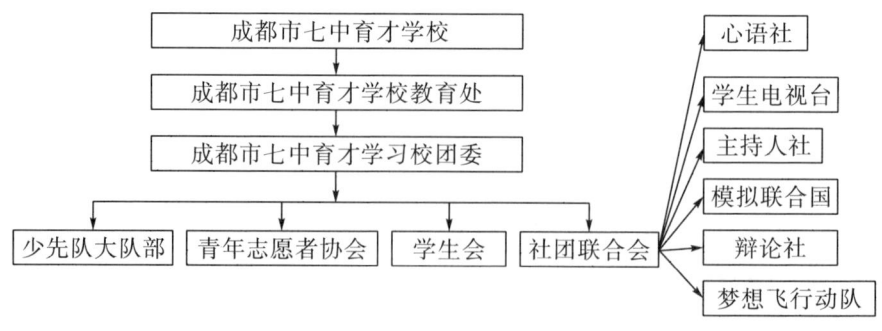

七中育才社团联盟

每个独具特色的社团背后都有一个魅力无穷的指导老师。在巡礼现场,八位指导老师也闪亮登场,以青春的名义向全校学生发出号召:"社团联盟,已为你开创了一条通往卓越、大气的精彩道路,等待着你的加入!"

活跃在操场各个展棚处的同学们朝气蓬勃、跃跃欲试,他们满怀期待地寻找着属于自己的舞台,他们将在这里描绘青春最绚丽的色彩!

社团联盟招新展示

青春要燃,梦想要追,风采要秀,学生联盟巡礼为学生联盟招新营造了浓烈的氛围,共有一千多余名心怀梦想的育才学子领取了报名表,准备在学生联盟广阔的舞台上谱写属于自己的青春序曲。当经历了报名、申请、面试通知等环节之后,怀揣着梦想的同学们进入了面试环节,这是既紧张又激动的时刻,每一位亲历者都能体会到短短几分钟面试带来的体验与收获。不管结果如何,这段经历都会是他们成长中的一段宝贵记忆,他们能从中感受到担当与勇气的力量,这就是在扩展生命的宽度,在凝练生命的厚度。

社团干部竞选

接着,又一场精彩纷呈的展示在育才的校园里上演!这里是学生组织、学生社团干部竞选的现场,七、八年级全体同学共同见证了四大学生组织核心干部的诞生。学生干部是一个团队的核心与灵魂,将影响整个集体的建设与发展。13位追求卓越、自信阳光的候选人脱颖而出,肩负起组织发展的重任,走上了决胜的舞台,他们将在这里进行三分钟的个性演讲,充分展现其现场感染力、领导才能和综合素养,用实力证明自己,让青春不留遗憾!评委由全体同学组成,他们作为谦逊的学习者、友善的聆听者、睿智的评选者见证了这场光芒四溢、触动心灵的竞选演讲。

13位学子,风格不同,或文艺、或幽默、或严谨……但却都生动演绎着同一种育才精神——"卓尔不群,大器天下",我们希望从育才走出去的孩子是心中有梦、眼中有光、勇于担当、境界高远、内心温暖的卓越之人,相信这群优秀的孩子一定能在学生联盟缤纷的舞台上让青春更加闪亮,并能在学生干部的职位上发挥自身才能,影响更多的育才学子,共同培育"健康、高雅、聪慧、大气"的精神气质!也更能在学生联盟中挑起重担,积极开拓,勇于进取,使学生联盟的品牌更加闪亮。

经过层层选拔,成都七中育才学生联盟新一届学生成员与干部闪亮登场,他们即将在这里锻炼自我、服务同学、绽放光芒,书写学生联盟的耀眼篇章!让我们一同期待青春最美的模样在育才的舞台尽情绽放!

每位候选人都是育才最闪亮的星

厚重生命底色，增添生命亮色，一批批优秀的育才学子从社团联盟走出去，他们活跃在校园的每一个角落，闪耀在林荫、北大、清华的舞台上，他们带着育才人的卓越与担当走向世界，他们左肩担着学校的期待，右肩担着祖国的未来，他们是育才的代言人，是未来的代言人，是育才最闪亮的星光，是祖国最期盼的未来！

第四章

个性与担当——让生命闪亮起来

第五章　视野与格局
——让生命挺立起来

"视野"指的是人视力所及的范围,简单而言就是我们所能看到的。"格局"是一个人的眼光、胸襟、胆识等心理要素的内在布局,是看问题的深度和境界。

见识得多了,经历得多了,视野自然就开阔了,格局自然也就相应提高了。随着社会阅历的增加,人的价值观、人生观、世界观都会发生变化。对于学生而言,有好多事物是他们之前不知道的,有好多道理是他们之前领悟不到的。只有见过形形色色的人,感受过不同的事,经历越丰富,视野才会越广阔,思考才会越深入,在素养提升的同时,人生也会更加精彩。

对世界认识越广,对事物发展认识越精细,就会产生正确的思想,从而有正确的行动和有益的收获。一个有大视野、大格局的人总是眼光长远,内心澄静。反之,则目光短浅,不能包容他人的过错。一个人的格局不是取决于他的出身、地位、年龄,而是取决于他看待世界、看待人生的态度和思想的深度。一个人对待人生的态度及其思想境界往往受到个人知识储备与见识的影响,读过的书、交往的人、经历的事,这些都决定了你的思想境界,也决定了你的人生格局。

《中小学德育工作指南》明确指出:学校应该开展家国情怀教育、社会关爱教育和人格修养教育,传承发展中华优秀传统文化,大力弘扬核心思想理念、中华传统美德、中华人文精神,引导学生了解中华优秀传统文化的历史渊源、发展脉络、精神内涵,增强文化自觉和文化自信。同时,加强对学生国际视野、国际理解和综合人文素养的培养。

育才人在思考:如何拓宽视野?如何提升格局?

学校对学生的培养目标直指"中学生发展核心素养",旨在培养胸怀天下、有国际视野的新时代中学生。我们通过完善的课程体系,丰富多彩的活动,让学生看得更多,看得更远,在体验中感悟,在感悟中提升,为他们的人生增添亮色。

一方面,培养育才学子的国家意识,让他们了解国情历史,认同国民身份，能自觉捍卫国家主权、尊严和利益；具有文化自信，尊重中华民族的优秀文明成果，能传播弘扬中华优秀传统文化和社会主义先进文化。另一方面，增强育才学子的国际理解，让他们具有全球意识和开放的心态，了解人类文明进程和世界发展动态；能尊重世界多元文化的多样性和差异性，积极参与跨文化交流；关注人类面临的全球性挑战，理解人类命运共同体的内涵与价值。

为此，七中育才学校通过开展传统文化课程、国际理解课程、梦想课程、生涯规划课程等，拓宽学生视野，立足国情，放眼全球。我们邀请世界各地、各领域的优秀人才走进育才，带领学生走入社会，走向国际，体验不同行业、不同领域、不同人生，让学生看到更加广阔的世界，指导学生建立与外界的联系，在参与、体验、感悟的过程中，更清晰自己的发展方向，明确自己的人生追求。在广阔的视野与人生格局下，拓宽人生的宽度，提升人生的高度，夯实人生的厚度，铸造人生的重度，增添人生的亮度！

第一节　国际理解

为拓宽学生视野，立足国情，放眼全球，七中育才学校确定了教育国际化的"民族情怀，世界眼光，国际视野"培养目标，力求以国际理解教育课程为主线，引导学生探索各学科中的有关知识。为学生搭建活动平台，开设国际理解教育课程，教会学生探索和了解世界的方法，养成关注人类命运、关心地球可持续发展的"全球公民"的素质和态度。

首先，实施国际理解教育，强调的是对本民族文化传统的认同。在学习他国文化、了解他国传统的同时，加强对本民族传统文化知识的学习。要真正理解和接受他国文化，理解差异、谋求沟通，必须有深厚的民族传统作为基础；让学生建立对中国优秀文化传统的自豪感，对中华民族的文化认同。其次，促进学生对国际知识的理解与掌握，让学生了解各国的政治、经济、历史、文化等多方面的情况，了解国际格局和国与国之间的相互关系。培养学生的"地球村"公民、"世界公民"的思想观念。让学生掌握一套现代交际礼仪规范，体现当代青少年精神风貌。加强学生文明礼貌教育，将其落实到日常的教育教学过程之中，使其习惯成自然。在学科教学中渗透国际理解教育理念，整合资源开发国际理解教育的校本课程。通过建立国外友好学校，加强国际教育的合作，与友好学校开展互相交换学生、联合培养学生、短期访问等项目，让学生亲身体验文化的差异，感受友谊和宽容。

目前，我校开设有多门外语课程，囊括多个语种，如英语文化、英语口语交际、模拟联合国、"I dream"梦想飞课程、"育才讲坛"、小语种课程（泰语、日语、德语、法语、西班牙语）等，以提高学生获取国际信息的能力。开设国际问题专业课，加强国际意识教育。为了引导学生了解地球、认识世界，从小树立"地球村""我是世界公民"的观念，让学生逐步学会求知、学会做事、学会共处、学会做人，学校挖掘现有课程中能够作为国际理解教育载体的内容，在教学中尽量渗透国际理解的思想；同时开设世界历史、世界地理、国际经济、国际政治、环境科学等课程，使学生全面了解整个世界发展的历史进程，更准确地把握历史发展的脉搏和动向。此外，学校鼓励师生进行对外交流和学习，定期组织学生赴境外进行研学活动，了解研学目的地的历史文化、风土人情，进入课堂进行深度学习；缔结友好学校，建立教育交流与合作关系，目前我校与泰国、法国两所学校建立了友好学校关系，积极开展国内外师生之间的交流活动，并建立定期互访机制，双方互派学生到对方学校学习，相互了解各自文化，还定期派遣优秀教师到国外参观、访学。这些交流活动不仅培养了学生的国际意识，开阔了学生的国际视野，还进一步推动了我校教育国际化的进程，促进了我校国际理解教育事业的发展。

下面以"逐浪五洲"国际理解课程与"穿流五洲"学校研学课程为例做具体介绍。

【附1】

成都七中育才学校"逐浪五洲"国际理解课程案例

一、课程方案

国际理解教育是在国际交往日益密切的背景下，为增进民族、国家、地区之间的相互理解与宽容，促进人类与自然和谐相处，培养学生文化认同与弘扬中华优秀文化，尊重、了解其他国家、民族、地区文化的基本精神及风俗习惯，初步学习、掌握与其他国家、民族、地区人民平等交往、和睦相处的修养与技能，探讨全人类共同价值观念的教育实践。七中育才学校力求以国际理解教育课程为主线，引导学生探索各学科中的有关知识。

1. 课程目标

培养学生的国际视野和国家意识；初步了解国际理解教育的概念、意义。增强学生对民族传统文化的认同。培养学生对国际知识的理解与掌握，让学生了解各国的政治、经济、历史、文化等多方面的情况，了解国际格局和国与国之间的相互关系。培养学生的"地球村"公民、"世界公民"的思想观念。让学生掌握一套现代交际礼仪规范，体现当代中国青少年精神风貌。有针对性地渗透国际理解教育的理念，整合资源开发国际理解教育的校本课程。通过建立国外友好学校，加强国际教育的合作，与友好学校开展互相交换学生、联合培养学生、短期访问等项目，让学生亲身体验文化的差异，感受友谊和宽容。

2. 课程内容

目前，我校开设多门外语课程，囊括多个语种，如英语文化、英语口语交际、模拟联合国、"I dream"梦想飞课程、"育才讲坛"、小语种课程（泰语、日语、德语、法语、西班牙语）等，提升学生获取国际信息的能力。开设国际问题主题课，加强国际意识教育。为了引导学生了解地球、认识世界，从小树立"地球村""我是世界公民"的观念，让学生逐步学会求知、学会做事、学会共处、学会做人，学校开设了世界历史、世界地理、国际经济、国际政治、环境科学等课程，使学生全面了解整个世界发展的历史进程，更准确地把握历史发展的脉搏和动向。此外，学校鼓励师生进行对外交流和学习，定期组织学生赴境外进行研学活动，了解研学目的地的历史文化、风土人情，进入课堂进行深度学习；缔结友好学校，建立了教育交流与合作关系，目前我校与泰国、法国两所学校建立友好学校关系，积极开展国内外师生之间的交流活动，并建立定期互访机制，双方互派师生到对方学校学习，相互了解各自文化。定期派遣优秀教师到国外参观、访学。

3. 课程对象

全体学生。

4. 课程时间

在校学习期间与学生寒暑假相结合。

5. 课程实施

（1）课程准备：外语课程、国际问题主题课选定素材，集体备课，选聘上课教师；对外交流提前联络，方案制订，行前准备、先前培训。

（2）实施组织：排定行课课表，指定上课地点，教师进班上课；组织对外交流活动，进行交流互访。

（3）活动展示：学生展示在对外交流活动过程中形成的物化成果（简报、文创作品、总结、小论文、小视频等）。

（4）课程调整：及时修正活动组织过程中出现的问题。

6. 课程评价

学校相关部门对课程或活动的效果、组织成效进行考评和反馈，对学生和上课老师进行评价。

（1）外语课程、国际问题主题课：以评价量表的方式进行评价反馈；教师用评价表对过程进行监控，便于调整修改。

（2）对外交流活动：以带队教师、对方教师评价为主，也可结合小组内互评；活动后家长进行评价反馈。

二、案例呈现

下面以2019年我校接待泰国友好学校——泰国农业大学附属实验中学师生来访为例进行呈现。

七中育才学校与泰国农业大学附属实验中学于2012年10月缔结友好学校关系，双方确定了定期互访机制，泰方师生每年12月来我校访问，我校师生每年7月到泰国访问交流。2019年12月，泰国师生一行18人应邀来校交流。访问活动开始前3个月，学校外事办制订接待方案，负责整个活动的过程，并事先与泰方学校进行具体事宜的衔接（出行时间表、协助签证事项、活动策划、行程安排、寄宿家庭遴选等）。

2019年12月17日，泰国师生一行18人如期抵达成都，学校组织负责老师及寄宿家庭的家长到机场迎接，在机场候机厅举行了简短而温馨的欢迎仪式。寄宿家庭的家长和同学们充满期待地与泰国的同学们见面，双方互换礼物，成都的小朋友送上了可爱的熊猫，泰国同学带来了具有泰国特色的各种小礼物，现场氛围温馨和睦。

12月18日，水井坊校区在学术厅举行"泰国学生友好访问"欢迎仪式，热烈欢迎来自泰国农业大学附中的老师和同学们。在一幕幕美好瞬间的回顾中，全校师生一同见证了两校情谊的发展和深化。水井坊校区领导代表我校向远道而来的客人表示热烈的欢迎，并互赠礼物，愿两校在交流互访中进一步感受彼此对教育独特的理解与共同的卓越追求。

欢迎泰国农业大学附中来访

一首歌曲，承载两校情谊，一次互访，交流两国文化。欢迎仪式在两校各具民族文化特色的舞蹈表演中达到高潮。育才学子的热情感染了泰国农业大学附中的同学，他们跳起泰国传统舞蹈，向我们展示了浓郁的泰国风情和泰国学生独特的风采。"来而不往非礼也"，七中育才舞蹈队和合唱团也走上舞台，为同学们带来精心准备的歌舞表演。最后，在中泰学生共同唱响《友谊天长地久》的优美歌声中，欢迎仪式圆满结束。

12月19日早上8：00，在汇源校区举行了隆重的欢迎仪式。欢迎仪式上，学校领导表达了我校对泰国师生到来的热烈欢迎，并祝愿泰国师生此次汇源行取得圆满成功。语文老师为泰国师生献上了一堂精彩的传统文化课，讲解中国十二生肖。中国特有的生肖文化激发了泰国师生的浓厚兴趣，大家认真聆听并积极地参与互动。接下来，美术老师为泰国师生精心准备了"纸韵"——十二生肖的剪纸课。剪纸是中华民族传统民间艺术，一把剪刀，一张纸就能创造传奇。老师寥寥数剪，十二生肖就跃然纸上，栩栩如生。泰国师生体验着剪纸学习的乐趣，对自己的剪纸作品爱不释手。充分热身后，体育组老师为泰国师生展示了中国风的街舞，并演示了舞蹈的各个分解动作。对中国街舞有着浓厚兴趣的泰国学生跃跃欲试，用心学习每一个动作。大家学得非常认真，随着音乐的律动，舞步轻快地跳动起来。

丰富的课程展示

下午，信息老师寓教于乐，将枯燥的编程教学变成了同学们乐于接受的"打地鼠"游戏形式。在一片欢笑中，同学们动手完成了小游戏的编程，还热情邀请其他同学来分享自己的"战果"。循着音乐教室的钢琴声，泰国学生加入到我校合唱团的队伍中来。艺术老师为泰国学生挑选了中国民歌——《茉莉花》。大家在聆听和学唱的过程中感受中国民族音乐的魅力。熊猫作为四川的名片,中国的国宝,深受各国人民的喜爱。艺术组老师还为泰国师生准备了一堂别具一格的文创课——萌娃上成都。老师以熊猫做载体,向大家介绍了制作文创产品的方法及制作步骤。泰国师生与同学们一起认真聆听"萌娃上成都"课程,一起动手绘画熊猫并制作了熊猫热压缩片,在实践中体验天府熊猫文化。

12月20日,泰国师生来到七中育才银杏校区进行交流和访问。在生物组老师的指导下,泰国同学们制作了一个个精美的叶脉书签,体验了一段关于树叶的神奇之旅。带着小小的兴奋,同学们又来到了食堂,开启了传统美食体验之旅。泰国师生和银杏校区学生在食堂师傅的指导下开始做汤圆。紧接着,在插花活动中,老师向泰国同学们介绍了中国常见花卉的含义和插花的基本原则和技巧,泰国同学们和银杏校区的同学们两人一组,共同完成了一个插花作品。

下午,中泰同学们一起合作,动手做汉服。在同学们愉快的交流和激烈的讨论中,一件件各具特色的汉服出现在了我们的眼前。汉服体验课让泰国同学们亲手触摸到中华文化,亲身体悟到中华文明。

友谊的桥梁从我们开始搭建

这次以文化体验和鉴赏为主题的交流活动,不仅筑起了中泰友谊的桥梁,也推进了学校教育国际化的进程,进一步提升了师生的跨文化理解能力,让国际化视野的种子在同学们心中萌芽,在今后不断的文化滋养中,长成具有"中国智慧、世界眼光"的世界公民。

【附2】

成都七中育才学校"穿流五洲"研学旅行课程案例

一、课程方案

本项目属于学校"亮色"德育课程之"穿流五洲"研学旅行课程其中的一个活动。该课程分为两个部分,第一部分安排在春季,来自欧洲友好学校的师生来到我校,在我校学生家中体验中国家庭氛围,参与我校的各种课程,感受中国的历史和文化,促进两国学生之间的沟通了解;第二部分课程安排在夏天,我校学生赴欧洲进行交流,入住欧洲寄宿家庭,参加欧洲当地音乐节,走进博物馆,改变"走马观花"式的"旅游",让每一个活动有目的、有计划、有意义,实现研学活动与国际理解教育的有机结合。

1. 课程目标

(1) 通过参与当地音乐节,打卡著名景点,直观体会欧洲城市艺术的魅力;通过与欧洲家庭的交流,深入体会中西文化的差异;通过参观博物馆,了解欧洲历史、文学艺术的发展,探索原味欧洲。

(2) 在一个陌生的国度,远离父母的照顾,学会在活动中锻炼独立生活能力,培养团队合作、交流表达、适应新环境的能力。

(3) 通过活动,学生要以不同于学校学习的新型学习模式,学会用脚步去丈量街道,用心去记录观察到的人物和活动,学会思考、分辨和判断。在感受中西方文化差异的同时,感悟中华民族文化的可贵,坚定文化自信,践行文化自觉。

2. 课程内容

研学课程重综合规划,做到一游一得。研学前要进行行程策划、安全教育、文明素养教育、集体主义教育,让活动指导规范化,提升研学课程的学习价值;研学过程中强调学生的参与感,可以采用游戏、任务单等形式,在拓宽学生视野的同时提升综合素养。研学后要有总结反馈,形式可以多样,旨在强化学生的体验感悟过程,让学生从国际理解出发,定位自己的发展方向,明确人生追求。

3. 课程对象

在七年级自愿报名学生中进行遴选,共计30人。

4. 课程时间

每年暑假7—8月。

5. 课程的实施

（1）活动策划及动员：由学校教育处根据当年欧洲音乐节的举办情况拟定活动内容框架，再进行学生自愿报名及遴选，参与人员集结完毕后进行方案的细化，形成《研学手册》。

（2）研学实施：根据研学手册，组织欧洲研学活动。

（3）总结阶段：开展形式多样的总结反馈活动，可召开研学分享汇报会、研学主题摄影展、研学作文展、人文知识竞赛、研学手抄报比赛、微电影制作大赛、绘画书法比赛、演讲比赛等。

6. 课程评价

（1）研学前：策划具有可操作性；行程安排合理；培训规范有序。

（2）过程中：每天进行学习活动音频、视频的积累和采集，每天在微信群中上传10张高质量的照片和一段文字感悟；研学过程中行为文明得体，遵守集体纪律要求。

（3）结果评价：形成个人特色的研学汇报；国际理解有深度、有发现、有感悟。

二、案例呈现

下面以学校2013年"迷醉艺术之旅，探索原味欧洲"研学活动为例，展示这一课程的具体实施过程。

2013年6月，根据学校教育处的研学方案，参与欧洲研学小组的学生集结完毕。同学们以德国斯佩萨特区音乐节为重点，经查阅资料、征求团队意见、评估可行性，最终拟定了行程方案。行程内容确定好之后，原本以为可以松一口气，但第一次参与《研学手册》编写的同学们却遇到了问题。不研究不知道，原来出个门这么不容易：出国手续不简单，国外规矩不一样，电源插座要转接，收拾携带物品挺讲究，准备的东西一大堆……好在同学们的兴奋与热情战胜了困难，在老师的帮助下，同学们给自己上了一堂"行前培训课"，相互提醒，相互补充。一阵手忙脚乱后也算准备齐全，静待出发时间的到来。

7月17日，经过十几个小时的长途跋涉，同学们踏上了德国的土地。还未将法兰克福的风光看尽，访学团便与等候多时的寄宿家庭汇合。育才的同学们赠送了具有中国特色的礼物，与新的朋友和家人见面，孩子们激动中透露出少许羞涩。斯佩萨特区市长亲自出席的欢迎仪式简朴而隆重，孩子们受宠若惊，对接下来的行程充满期待！

难忘的德国之行

约500名来自世界不同国家不同民族的青少年，齐聚德国斯佩萨特区，用音乐共享艺术盛宴，绽放青春华章。德国斯佩萨特区的音乐节持续了整整一周的时间。其组织形式和自由宽容度远远超出同学们的预期，音乐会没有大型奢侈的舞台设计，也没有服装道具的规定要求，更没有西装、晚礼服的出席要求，反而很接地气，随时随地将音乐融入生活，在路边、在广场，仿佛整个德国的人，都在歌唱，都在演奏。同学们按组委会的安排，走进了校园、剧场、养老院、广场……与来自世界各地的人们一起歌唱，一起在音乐的世界徜徉。有弹琴的，有弹吉他的……五花八门，各显神通，最感动的是合唱节目，唱国歌、唱校歌，从未看到孩子们如此认真，声音如此洪亮，演唱如此自信。孩子们的努力表演得到了认可，当地的报纸为此还做了专题报道，这是对孩子们最好的评价。

同学们一路行一路记录，在行走间感悟，在行走间学习。在德国，走进造纸博物馆、奔驰博物馆，感受德国人的执着；在法国，参加卢浮宫"镇馆三宝打卡"活动，感受艺术之美；在瑞士，欣赏世界上最动人的雕塑之一——"流泪的狮子"，走进世界著名的苏黎士大学；在荷兰，走进风车小镇，感受异国风光……

丰富的课程体验

回国后,我们开展了一次"遇见异域之美"分享交流会,以这样的方式对研学活动进行总结和反思。在交流会上,同学们回顾研学照片,一帧帧一幕幕,皆是美好和感悟,令在场的育才师生感动万分。

一位参加研学旅行的学生提到:"在与德国家庭生活的过程中,我看到了文化的差异,体验到良好和睦的家庭氛围,反思我与父母的沟通问题;参观奔驰博物馆,让我感受到德国的创新能力、严谨精神、自律精神,更懂得了我们肩上那沉甸甸的责任。欧洲人生态环保的决心不得不让人钦佩,为了确保'滴滴湖'中没有一滴废水流入,政府花了不少的财力将附近居民的生活废水引到几十公里开外的污水处理厂,就连船都是用电的,湖面没有垃圾物,就连落叶都很少见!岸边湖水清澈见底,水产丰富,个头都很大。我想,未来的府南河也应该这样。"

在行走中记录,在记录中观察。本次研学活动带给孩子们的是一次全新的文化理解之旅,相信有这样视野经历的孩子们,势必会收获内心的成长,成为未来中国的担当者!

第二节 文化自信

广阔的"视野"不仅是要放眼全球,更要求我们站在中华文化圈的范围之内来看待中华民族的历史发展。习近平总书记在中共十九大报告中指出:"文化是一个国家、一个民族的灵魂。文化兴国运兴,文化强民族强。没有高度的文化自信,没有文化的繁荣兴盛,就没有中华民族伟大复兴。"

七中育才学校通过一系列培养学生"文化自信"的课程,深化学生对中华文化意义、文化地位、文化作用的认同,提升学生的分析整合能力、分享表达能力、合作探究能力等综合实践能力,提升学生的审美情趣、国民身份认同与文化担当。理解文化自信不仅是对中华优秀传统文化、红色革命文化、民族民间文化、当代中国文化的理性审视，也是对世界历史文化、异域民族文化、现代文明成果的包容借鉴，全面提升学生的综合素养。

学校注重对国家基础课程、学科拓展课程、综合实践课程的深度整合，全面提升学生的视野，树立文化自信。如"文史探究"课程，指导学生走进成都博物馆、艺术馆，通过主题式项目学习的方式，给学生充分的自主权，积极调动全体学生的参与度，在合作探究中增强学生对文化的理解与自信；开发中国传统节日校本教材，通过班会课、升旗仪式主题教育等多种形式，学习传统文化习俗，倡导学生爱中国、爱中华民族、爱科学，树立新风尚，进一步发挥中国传统节日的内在价值，发扬光大其教育功能，培养学生的民族感情，增强文化自信；开展主题教育活动，在学校德育活动中渗透文化自信教育，如以"中国神话故事"为主题的运动会入场式、以"中国非物质文化遗产"为主题的艺术节集体舞蹈大赛、以"唱祖国，颂青春"为主题的艺术节合唱比赛等。注重在学科课程中融合对文化自信的培养，如地理学科开展的"手绘中国文化地图"、历史学科开展的"铭记历史，展望未来"漫画创作、美术学科开展的"最美逆行者"抗疫主题展、语文学科开展的"诵传统经典，树文化自信"经典诵读活动等。

下面以"文史探究"课程与"传统文化"课程为例介绍学校是如何培养学生的文化自信的。

【附1】

成都七中育才学校"文史探究"课程案例

一、课程方案

成都七中育才学校每年都会开展"文史探究"德育活动，顾名思义，就是以中华历史文化为活动载体，以发展学生核心素养，增强学生文化自信为活动目标，以探究为主要学习方式的综合性实践德育课程。学校在活动所涉及的形式、线路与场馆的选择上，充分考虑"文"与"史"的结合，多维度地设计课程，着力于在中华文化视野与全球格局下发展学生核心素养，增强学生对中华民族价值取向的自信，培养学生的爱国主义精神；对中华民族思维方式的自信，培养学生的社会责任感；对中华民族生命情趣的自信，坚守不畏艰险、坚韧不拔的民族品格以及寻求"天人合一"、乐天知命的生活态度。

1. 课程目标

（1）从"文史"方面，课程以中华传统历史文化与天府地方文化为探究对象，提升学生人文素养，培养学生的家国情怀，增强其文化自信、民族认同感；了解、承认四川的社会民俗优秀文明成果；理解、欣赏、弘扬抗战、红色年代社会主义先进文化等；感受、体验以地方文化名人为代表的经典传统文化等。

（2）从"探究"方面，课程由学校进行德育理念顶层设计，由年级进行德育课程教学设计，以班级为基础单位，以学习小组为活动单位进行主动探索，注重探究过程与体验，鼓励学生提出具有挑战性的问题并通过实地研究来找出答案，以此来获得知识的增长、能力的提高、情感的升华。

2. 课程内容

"文史探究"以学生探究性学习为主，课程内容分为前置内容、行动内容和反思内容。

前置内容包括各班学生在班主任老师的指导下，成立学习小组。学生以小组为单位，体验历史文化课题研究的过程与方法，分别就自己感兴趣的文化现象、历史问题等提出自己的想法，通过小组合作进行时间分配和任务确立，形成对问题的初步解释，为前往博物馆、人文名胜古迹、民俗工艺体验区等考察地做好准备。

行动内容包括游览行动路线的确定，需涵盖与学校小组研究课题相关的考察点并就其关联程度、关联方面确定考察的重点与补充内容；还包括参观过程中对文史图文资料、各类数据的收集、处理、分析；此外，学习小组在班主任的指导下，强化自我管理和时间管理技能，做到对文史探究内容的内化。

反思内容则是对探究成果的评估和反思，以学生创意物化为主，学生自主设计并展示考察探究成果。

3. 课程对象

全体学生。

4. 课程时间

八年级上期或下期。

5. 课程实施

（1）计划阶段。

学校教育处确定"文史探究"活动主题，年级德育团队设计活动方案，年级或班级组织开展前置学习，确定探究起点与活动方式，预设学生在探究中可能遇到的困惑或挑战，引导学生调用生活经验、激发主观的情感意识去体悟和感知探究对象。

（2）执行阶段。

开发并利用地方博物馆的课程资源。在课程中，学生参观建川博物馆，在特定的情境中组织全体学生开展抗战与红色革命纪念活动，培养家国情怀。学习小组自由选择本土各类博物馆，充分发挥学生的主观能动性，鼓励个性化的选题与考察，为学生提供丰富多彩的中华传统文化、天府历史文化场域。

充分挖掘历史文化名人与城市文化精神的联系，感受历史文化名人与城市的血脉相连，探寻文化与城市精神的密码。在课程中，学生走进眉山三苏祠，感受三苏的文学、书画作品，感受文化名人的魅力。学生游览杜甫草堂、浣花溪等人文圣地，感受成都城市文化地标之美，回顾大诗人杜甫充满传奇色彩的一生，回望其生命的坐标。

以亲身体验的方式了解、学习四川地方民俗文化，体悟生活的智慧与乐趣。在课程中，学生走进眉山泡菜城，了解眉山泡菜的制作过程，能用生活小知识解释泡菜制作的原理。学生走进水井坊博物馆，在真实的生产场景中感受具有六百年历史的水井坊酒传统酿造技艺。

（3）展示阶段。

在学生全面透彻了解探究问题的基础上，以思路清晰、形式多样、内容丰富的集体性和个体性活动展示探究成果。集体性展示活动有以巴蜀文化为主题的学生自由组织、师生共同参与的文史知识竞答；还有融古诗词诵读表演、古诗词音乐创作、古诗词知识竞答为一体的育才诗词大会；班级在围绕年级共同的文史探究主题下进行班级墙报设计与教室美化。个体性活动主要以个人或学习小组为单位，其形式更加多样且具有个性。

6. 课程评价

评价方式主要有过程性评价、结果性评价和社会性评价，评价的内容有选题是否涉及中华历史文化或天府地方文化重要、相关、涉及范围广且具有挑战性的实际问题；探究是否是多方合作，相互配合，展示是否使用了多种媒介以及多种表达形式来呈现；有着不同学习风格和学习需求的学生是否在文史探究课程的行动阶段以及最终呈现阶段都能达到可观的学习成效。

学校德育理念顶层设计的课程评价制订了科学的德育课程评估量表；在年级德育教学设计的课程评价中，有文史探究优秀班级、小组与个人评比活动、"文史探究"课程学习结业仪式、学生学业成果在周边社区的展示活动、班级文史探究墙报设计大赛等；除此之外，还有个性化文创产品设计、图文报告或文史小论文撰写，以及选取"文史探究"课程下的具体概念和主题进行音乐、舞蹈、绘画等艺术项目的设计与创作等。

二、案例呈现

下面以学校2019年八年级"文史探究"课程"行走眉州观天下,文动育才筑芳华"为例,展示这一课程的具体实施过程。

怀着对苏轼的瞻仰之心、对眉山文化的向往之情,我校2018级全体同学迎来了眉山市三苏祠博物馆特聘副馆长、被誉为"四川最美导游"的李老师。李老师的讲座深入浅出,融会贯通,声情并茂,活灵活现。她带同学们走进孕奇蓄秀的眉山,在历史与现实中穿行,一路追寻先贤的足迹。眉山源远流长的道教文化、佛教文化,清雅超脱的竹文化,承载万物的水文化,以及远近闻名的东坡文化,无一不令人神往。

乙亥年丙子月甲申日清晨,成都七中育才学校以"东坡"文化为主题的研学活动正式拉开帷幕。水井英才聚于钟灵毓秀的山川环抱之下,在遗世独立的三苏老宅之中。育才学子的心也如同三苏祠的一草一木,带着饱满的情感矗立于此,感受着祖先的精气与神采。在古老的仪式和庄严的礼乐中,育才学子一同缅怀三苏,一同追念先贤。

鼓声起,乐声响,隆重盛大的祭拜三苏大典正式开始。2018级各班代表为东坡先生敬献高香——奉香,行三鞠躬礼,上香;全体祭拜人员行四拜礼——扶手,高揖,兴拜,虔诚地继承古礼,传承圣贤之志——为天地立心,为生民立命,为往圣继绝学,为万世开太平。

礼乐盛典　精神盛宴

三苏名祠,清幽肃穆。钟声悠悠,鼓音沉沉,在老师们和各班领诵学生的带领下,2018级学子在月亮升起的地方,在文豪苏轼的坐像前,齐诵经典——《水调歌头·明月几时有》《江城子·密州出猎》。

好一场礼乐盛典，好一场精神盛宴，拉近了千年的时光，缩短了千年的距离。我们仿佛看见苏轼栉风沐雨，颀长的身影若隐若现。随着祭祀司仪"尚飨礼成"的声音，学子心中的梦想悄然萌生。

接下来的时间里，同学们跟随讲解员的脚步，徜徉于三苏祠庭院，在苏洵、苏轼、苏辙父子三人曾走过的通幽曲径和亭台楼榭中缓步流连，行吟水岸，感受东坡文化的内蕴和传承至今的风采，在三苏圣地留下育才学子孜孜以求、卓尔追寻的脚印。

传承圣贤之志　　留下育才足迹

走出三苏祠，同学们来到眉山泡菜城，育才学子身临其境地感受到了这份文化的深厚沉淀，传承文化，也传承手艺。以现代工艺制作的"东坡泡菜"，保留了"鲜、香、脆、嫩"的独特美味，品质更加稳定，也更加方便储存和运输。闻过、看过以后，到了最令人喜出望外的环节——亲手腌制泡菜！面对新鲜的食材、丰富的调料、干净的碗盏、精致的器具，2018级全体同学仔细戴好手套，在工作人员的指挥下，变身小小美食家，操作娴熟，不久便腌制出一罐罐精巧玲珑的泡菜来。今晚，无数育才家庭将享用孩子们亲手做的泡菜，猜想今晚的餐桌，必定饭菜扫光，其乐融融，成就满满。

【附2】

成都七中育才学校"传统文化"课程案例

一、课程方案

"观乎天文，以察时变；观乎人文，以化成天下。"文化自信是民族之魂。文化越自信，越有民族自豪感，民族凝聚力就越强。坚定文化自信，就是传承文化根脉。中国传统节日作为传统文化的载体，承载着几千年的历史积淀，也是极为宝贵的德育资源。成都七中育才学校借助传统节日，开发体验课程，弘扬传统文化，形成家校合力、共同育人。

1. 课程目标

成都七中育才学校围绕中国传统节日,开展了一系列如"除夕""春节""元宵""清明""端午""重阳"等弘扬传统文化的主题实践课程,为学生架起了一座了解传统节日、感悟民族文化的桥梁。这些课程不仅在于培养学生对传统节日的认知,弘扬传承文化,更是开拓学生的文化视野,在宏大的格局中更好地了解中国传统文化,增强国家和文化的认同感,树立民族自信和文化自信。

2. 课程内容

我国每一个传统节日都有其丰富的内涵,寄托了人们对生活的美好祝愿,展现了中华民族优秀的文化内涵和价值取向。成都七中育才学校紧紧围绕着传统节日主题,如除夕里"走进长辈,感受幸福"、春节中"我当三天家"、清明时节"祭祖思源,亲近自然"、端午节间"诗文话端午"、中秋里的"月满中秋·家书传情"等,采用多种活动形式挖掘文化内容,丰富民俗活动,感受传统文化魅力。

3. 课程对象

学校全体学生。

4. 课程时间

每年传统佳节。

5. 课程实施

(1) 准备阶段。

每逢传统节日,学校教育处负责制订节日活动方案,在活动当周的升旗仪式上举行传统节日文化活动的启动仪式,向学生阐述节日的文化内涵。各班班主任利用班会介绍节日以及活动的具体内容。

(2) 开展阶段。

节日当天,学生同家人一起共度佳节。活动结束后,班主任收集班级同学的资料,包括过程性照片、视频、活动卡片,选出部分优秀的同学上报给教育处年级负责人,最终将收集的资料汇总到教育处。

(3) 展示阶段。

活动展示:在校园里展示各年级的优秀作品,并邀请同学上台分享自己的体验及感言。在班级中,班主任组织学生开展传统节日主题班会,组织同学们相互分享节日历程。

资料展示:各班用展板的形式展示学生小报、文字资料、过程性照片等资料。

6. 课程评价

学校对传统文化实践活动的评价主要分为两种：结果性评价和社会性评价。结果性评价有学生的小报及有关传统文化的文章创作；社会性评价来源于家长对活动的看法和评价。

二、案例呈现

下面以2019学年度七中育才学校举办的"瑞粽飘香·祥和端午"端午实践课程为例，展示课程的具体实施过程。

"浓情粽飘香，端午享安康"。端午节，是我们中华民族的传统节日，蕴含着深厚的中华文化。恰逢端午佳节来临之际，为了让学生深入感受端午文化内涵，实现端午文化的传承，感受浓厚节日氛围，领略传统文化独特魅力，学校举办了2019年学年度"瑞粽飘香·祥和端午"文化实践课程，迎接端午佳节的到来。

1. 启动式，道端午，弘扬传统显魅力

恰逢黄梅雨，端午粽飘香。2019年6月7日，成都七中育才学校举行了第16周升旗仪式暨端午实践课程启动仪式，正式开始为期一周的"瑞粽飘香·祥和端午"活动。

端午节发源于古代，需要我们认真学习传承。屈原投江、追念伍子胥、纪念曹娥……升旗仪式上，学校教育处主任从异彩纷呈的"端午节"文化起源讲起，在一个又一个精彩传说中详细讲解了端午习俗，为大家开展了一堂生动形象的文化教育课。

"亲身下河知深浅，亲口尝梨知酸甜"。为了让学生切实感受端午文化魅力，除了文化讲解，学校精心为学生准备了"亲子共读，品味端午""爱的表达，乐享端午""走近传统，感悟端午"三个实践课程活动。教育主任向学生耐心介绍每一项活动蕴含的深意、承载的文化、体现的精神，让孩子们在活动中感受端午的魅力，搭建成长舞台。

2. 粽叶青，糯米香，遍插艾草香满堂

端午文化源远流长，为了让学生们切实学习到端午节的来历、风俗、传说，老师们做了细致的前期准备工作。端午前一天，班主任将收集的"端午节"资料交到每个孩子手里；孩子们兴奋地准备资料，期待这个温情暖暖、文化浓浓的端午佳节。

在"爱的表达，乐享端午"中，每个育才的孩子都拥有了自我展示的舞台。端午当天，有爱好文学的才子才女，邀请家人吟咏端午诗词，品味端午承载的丰富文化意蕴；有心灵手巧的手工达人，同家人一起包粽子、缝香包、挂艾叶，感受传统文化魅力；有心系长辈的育才学子，为亲朋长辈送上真诚的端午祝福，在爱的表达中，感受心灵的温度……

端午节实践活动如火如荼地开展，学生们兴致盎然地参与实践体验。在传统文化的滋润下，孩子们培养了热爱中华优秀传统文化的感情，丰盈了精神与内心，进一步增强传承弘扬中华优秀传统文化的责任感和使命感！

学生创作端午小报

3. 传文化，齐诵畅，共话端午叙浓情

端午佳节返校后，教育处举行了第17周升旗仪式暨2019年端午作品展，从亲子共读、诗歌朗读、温情伴读三个方面，展示学生风采。

首先是亲子共读，孩子们与家人诗文话端午，共承中华魂，家长和孩子大声朗读端午的诗句文词，共享亲子时光，给予孩子们温馨的陪伴，分享孩子们童年的快乐。

接着是诗歌朗读，"长太息以掩涕兮，哀民生之多艰""亦余心之所善兮，虽九死其犹未悔"。语文教师刘志军带领八年级4班、9班、13班以及14班的同学满怀深情地诵读屈原的代表作品《离骚》，先贤圣贤之声在育才校园上空久久回荡，学生进一步感受到屈原忧国忧民的高尚品德。

最后，温情伴读展示了端午佳节孩子与家人温情陪伴的画面。班主任提前收集好孩子们的端午作品，精选10张照片进行全校展览。一张照片就是一个家庭的爱意，一副图片就是一句"端午安康"的祝福。包粽子时，孩子用五色彩绳一圈圈缠绕，将香浓的幸福紧裹，拎一串吉祥安康在手上；蒸粽子时，孩子趴在锅边守盼，等待粽香满屋时，将端午安康吃进肚里；吃粽子时，孩子在桌边守候，共享天伦之乐的温情时光。

"谁言寸草心，报得三春晖。"父母的爱在端午表达得淋漓尽致。九年级1班的某位同学在端午节当天，收到了父亲特别的礼物——爸爸给自己包了一个特别尖的粽子，希望孩子中考高"粽"。小小的粽子展现了父亲真挚的爱，端午文化节活动让亲情更加紧密相连。

4. 端午节，处处忙，五色彩绳寓意长

活动举办好，事后分享不能少。下午班会课，各班班主任组织开展"走近传统，感悟端午"主题班会，组织学生进行端午感受分享。为了鼓励孩子分享，拉近学生的距离，滋润学生心田，九年级三班班主任为每一位即将参加中考的学子准备了一条寓意吉祥的五彩绳，代表老师对学生们的殷切祝福。孩子们迫不及待地戴在自己的手上，在其乐融融的氛围中感受着老师的关怀、学校的温暖和端午的独特魅力。

端午节的实践课程，以味入口，我们品尝了香甜软糯的粽子；以书入脑，我们品读了忧国忧民的诗词；以爱入心，我们共享了天伦之乐的相守；以德入魂，我们传承了中华传统文化的精神。这次端午节的实践课程，焕发出传统节日所蕴含的文化魅力和深厚的历史积淀，在孩子们的成长生涯中留下了浓墨重彩的一笔。

除此之外，也感谢育才家长对端午节实践课程的认可。活动反馈单上，家长们留下了一段段真诚的感谢，一句句端午的祝福，让老师们倍感温暖。

杨思九的家长说："首先真的非常感谢育才的良苦用心，把传统文化教育做得细致入微，精选了唐诗、宋词、现代诗、散文、小说的题材，和古代、近代、现代不同时间的介绍端午的作品，让我们不仅体会到端午的意义和习俗，也看到了传统节日在千百年中的细微演变及传承。孩子在阅读中也享受到了乐趣，激发了孩子对中国传统文化的热爱，这是一次非常好的体验活动，点赞！"

王骏飞的家长说："和孩子共读《奶奶的粽子》感悟特别深。因为我们家年年也有奶奶亲手包的粽子，却总也学不会，包出来的粽子就跟文中描述的一样，不是漏了米，就是缠不紧线……而每年盼着端午包粽子也成了我们家的一道传统习俗，盼着盼着，孩子一天天长大，奶奶一天天老去，而那份亲情却如香粽般越来越香，越来越糯……"。

"端午临中夏，时清日复长。事古人留迹，年深缕积长。"在这粽叶飘香的端午佳节，古人的诗句、传统的文化、人间的团圆，以及育才端午文化实践活动，共同向孩子们送上端午安康的美好祝福。红日初升，其道大光；河出伏流,一泻汪洋;前途似海,来日方长。端午佳节凝结着中华民族精神,承载着传统文化血脉,让我们牢记端午传统文化,赓续深藏于心底的爱国情怀,共谱热爱祖国的美好篇章!

第三节 生涯规划

教育的最终目标是促进学生更为个性、全面、高阶的发展,使学生具备将自我与社会相链接,以此实现自我价值、感受人生幸福的格局与能力。这就需要学校开展指向学生终身发展的生涯教育。

七中育才学校的生涯教育以多层级、系列化的课程方式开展,构建起了以"生涯教育学科课程""生涯教育融合课程""生涯教育活动课程""生涯教育实践课程"为主要内容的课题体系。通过课程实施,引导学生认识、了解生涯规划的内涵、作用及意义,逐步树立主动规划、自律发展的意识,形成积极的生涯发展观;同时,促进学生更为清晰、客观、全面地认识自我、悦纳自我,能更好地适应新环境和生涯新阶段;能在职业探索中增进社会理解,认识到学业、专业、职业之间的内在联系,能结合自身特质,逐步明确学业目标、职业目标,构筑远大人生梦想,激发实现梦想的内在动力。并且,可以掌握较为系统的生涯规划的方法,能根据主客观条件的变化持续优化自我的生涯规划,增进规划的科学性、前瞻性、合理性和指引性。

生涯教育学科课程以"心理课"为载体,以"生涯意识""自我认知""生涯管理"为主要内容,创设生动的真实或准真实情境,联结课堂与生活,引导学生在充分的体验、探索与互动中树立生涯规划的意识,习得生涯规划的方法,提升生涯规划的能力。

生涯教育融合课程以"学科渗透"为路径,将生涯教育融入学科教学中,达到"随风潜入夜,润物细无声"的教育效果。

生涯教育活动课程通过创设"浸润度高""选择性多""参与面广""体验性深""真实感强"的生涯教育活动,如5·25生涯游园会、生涯达人炼成记、生涯树洞、梦想课程等,让学生在活动参与中加深体验、调动情感、促进反思、提升动力,增强学生自我深度探索的内在动力。

生涯教育实践课程整合家、校、社各方资源,创设多样的教育契机,将学生放进真实的社会情境中,如"职业初体验""生涯人物访谈""与名校有约""绘制家族职业树""生涯热点调研"等,在亲身实践中增进自我认知和社会理解，促进学生知识与技能的迁移运用，达成实践创生的学习目标。

下面以生涯教育活动课程中的"汇眼看未来"梦想课程和生涯教育实践课程中的"职业初体验"暑期实践为例对生涯教育进行说明。

【附1】

成都七中育才学校"汇眼看未来"课程案例

一、课程方案

根据我校重德育才、面向未来的办学理念，为了帮助学生拓展视野，让他们在进行国家基础课程学习的同时了解国际社会各领域的发展变化，我校积极引进社会公益组织"iDream3让梦想飞"项目组，充分发掘社会各领域相关资源，为学生提供了解世界的新窗口和新平台，打开学生观察世界的视野，拓展学生了解世界的维度；以榜样和梦想开启学业规划、职业规划、人生规划，形成终身学习的意识，不断提升自己的能力，实现"以榜样的力量引导学生自我发掘，用梦想的力量助推学生适性发展"。

1. 课程目标

（1）通过"汇眼看未来"课程，让学生接触前沿资讯，拓展视野，以榜样的力量引导学生自我发掘，探索人生的目标、价值和意义，树立自己的梦想，开启生涯规划。

（2）通过"汇眼看未来"课程，引导学生深度认同梦想的意义、价值和作用，学习榜样的奋斗精神，提升自身的学习动力、成长动力，增强自我规划和管理的能力。

（3）通过"汇眼看未来"课程，用梦想的力量助推学生适性成长，引导学生深度理解中国的强大发展力，理性认知中国梦，为自己的梦想及中国梦而努力奋斗。

2. 课程内容

"汇眼看未来"课程是综合实践活动课程，以"用梦想点燃梦想，用智慧启迪智慧"为总目标，以行业精英主题分享为载体，从职业梦想、生活梦想、社会梦想、道德梦想四个维度展开。

职业梦想课程——引导学生认知时代背景，走近丰富多彩的职业，了解该职业的前沿知识，激发学生内在兴趣，增强对敬业的理解。该课程包含玻利维亚驻中国大使的《外交风云》、无人机极飞集团的《我的无人机梦想》、3G技术研究团队负责人的《从3G到4G》、服装设计师的《服装设计不是那么容易》等。

生活梦想课程——增强学生对生活的热爱，探索自己想要的生活。该课程包含华为集团前副总裁的《为自己争取机遇》、国际著名摄影师的《做一个梦想实现家》、室内设计师的《设计是一种生活方式》等。

社会梦想课程——强化学生对责任的担当意识。该课程包含西南交大博士、高铁项目设计分析师的《中国高铁梦》、成都古建筑保护所所长的《守卫文化遗产，走近古建筑专业》、长江源保护志愿者的《圆梦长江源——我的志愿者之路》等。

道德梦想课程——对价值的认同。该课程包含联想集团工程师的《联想助力神舟梦》、中国卫生部卫生政策与管理研究专家委员会外籍顾问的《我想每天都做得更好一点点》、牛津大学教授的《平凡中寻找意义》等。

3. 课程对象

全体学生。

4. 课程时间

每月进行一次。

5. 课程实施

（1）前期准备：学校教育处在开展"汇眼看未来"课程前，需要充分地对学生进行问卷调查，了解学生感兴趣的话题或薄弱且急需引导的话题，便于制订课程的方案、目标、计划等；课程实施前，要进行充分的演讲者备课（含内容的审核、场地的考察等）。

（2）资源开发：力求寻找一些可以帮助学生拓展视野、提升格局的话题，比如科技类、文化类、管理类、医学类、军事类等，参与者来源也十分广泛，如"iDream3让梦想飞"项目组公益讲座志愿者（来自各个领域的精英名人）、家长等。

（3）部门联动：由学校教育处牵头进行某次讲座或外出考察方案的设计；教导处负责活动期间课时的调整和时间安排，尽量与学校的选修课、社团课融合；年级组、班主任负责活动前的动员与班级安排、活动过程中的组织与管理、活动过程后的总结和点评。

（4）活动方式：引进来——专家讲座和互动；走出去——实地考察和观摩学习。

6. 课程评价

（一）结果性评价

课程结束后，学生需要进行后期问卷调查，让学生进行反思，同时有利于下一次活动的调整。

附：问卷调查部分问题设计

1. 请写出你印象最深的一次分享，并说明让你印象深刻的理由

印象最深的分享是：_____

印象深是因为_____

2. 每一次的分享你最关注志愿者分享的哪一方面的内容

（　）A　他（她）是如何找到自己的梦想的

（　）B　他（她）为实现他的梦想做了哪些努力

（　）C　他（她）的人生精彩瞬间（失败或成功的某一些特别体验）

（　）D　他（她）所从事的工作

3. 一年活动下来，你觉得这些志愿者的分享是否对你有帮助

（　）A　很有帮助

（　）B　一般

（　）C　没有太多想法

4. 每次活动完成后，你都会与家长分享当天的分享内容吗

（　）A　每次都会

（　）B　偶尔会

（　）C　从来没有

……

（二）社会性评价

每次活动结束后，尽快将活动内容以新闻稿的形式发布到学校微信公众号，广泛关注社会、家长对活动的评价。

二、案例呈现

本期"汇眼看未来"活动是走进微医全科成都高新中心，了解微医，让学生从课堂走进生活、关注健康，了解互联网信息化平台与移动医疗技术相结合的情况、医疗人工智能及未来的医疗行业的实体运营情况，丰富学生的医学知识，扩大学生的视野。

2019年4月28日，自愿参加活动的七年级学生和家长，乘着清晨的曙光，兴奋地驱车前往微医全科成都高新中心，近距离地感受传说中的"隔空问诊"——医疗人工智能。

在微医全科中心，梦想飞项目志愿者、微医全科成都高新中心唐旭东院长及志愿者们热情地接待了学生和家长们。唐院长亲自当起了向导，为学生和家长们详细地介绍微医全科中心。该中心将信息化平台和移动医疗技术相结合，依托医疗人工智能，通过信息化平台为个人、家庭和企业提供预防、诊断、治疗、康复等一站式的健康维护和医疗服务。

走进活动基地

通过讲解，同学们了解到微医全科中心看似是一个实体医疗机构，其背后却是由医疗大数据处理中心、医疗设备研发中心、医疗设备监测数据信息化处理中心、一线医生等依托互联网信息化平台的链条式行业。这让学生和家长们感受到了时代的快速变化，看似寻常的传统职业早已在悄无声息中改头换面，被技术赋能，让"隔空问诊"被"遇见"。

在微医团队志愿者的陪伴下，全体成员进行了远程诊疗体验。在远程家庭医生的指导下，学生和家长利用微医团队自主研发的智能医务室设备，对自己的身体进行精准检测。精巧的设备快速记录下体验者的信息，并通过网络迅速上传到远方的专业医生处，医生快速开出针对性的处方。整个过程从检查到开出处方的时间不到10分钟，医生就已经完成了精准的诊治。这样的速度让同学们和家长们纷纷拍手称赞。

学生们兴致昂扬地进行了2个小时的实地参观、学习，对整个微医全科中心充满着好奇，还不停地围绕着微医团队志愿者咨询着各种各样的问题。

时间虽短，体验却深。还没等参观结束，学生和家长们就迫不及待地分享着自己的感受。

七年级9班一位同学说："不看不知道一看吓一跳，原来微医是基于互联网＋和人工智能的可进行在线诊疗、远程会诊、线下医疗的医疗机构中心。参观完整个会议中心我感觉这不像医院，更像是一个随时可以来玩耍的地方，在玩耍中就找到了解决身体问题的处方。"

七年级6班一名同学说:"我最感兴趣的是一台可以移动的智能医疗柜。它的显示屏是用来实现病人和医生视频通话的,它的肚子里面装的是称重器和医学镜,医务人员使用它进行测量以后,相关数据就会通过网络传送给负责诊疗的医生。医生会根据收集到的病人的相关数据,开出处方,从而实现远程诊断和医疗。这样就可以有效解决贫困地区人民看病难的问题了。"

"不登高山,不知天之高也;不临深溪,不知地之厚也。"这次的"汇眼看未来"德育活动,让学生走出了校园,走进了社会;走出了书本,走近了世界。不再只局限于自己眼前的学习、考试,更看到了广阔的天地。除了医学要拆除思维的围墙,学校教育也应如此,让学生的学习不再定格于某一狭小的方寸之地,方能拓展学生的视野,提升学生的格局。

【附2】

成都七中育才学校"5·25生涯体验"课程案例

一、课程方案

"让生命精彩"是育才特有的德育理念。生命以其独特和多样的可能性,被每个人憧憬着,在生命的每个阶段都有无数的选择,在选择中生命的高度、宽度、深度及温度由此延伸开来,为生命上色。人生是无数个选择的结果,现在的我们之所以是这样,是由过去我们所做的各种选择构成的,未来的我们会成为怎样,就取决于从此刻开始我们将做出的种种选择。

1. 课程目标

通过5·25生涯体验这样"浸润度高""选择性多""参与面广""体验性深""真实感强"的生涯活动课程,让学生从生命更广阔的格局之下,去选择,去体会,更为全面客观地认识自我,建立学业、专业、职业之间的内在联系,逐步树立主动规划、自律发展的意识,形成积极的生涯发展观,在人生的每个阶段做出有利于自己成长的选择,能逐渐清晰自己未来的模样,学会立足当下,放眼未来,主动规划自己的人生。

2. 课程内容

设计"生涯小站·选择人生"大型体验活动,在活动中设计不同的人生模拟场——"初中""高中""大学""职场"四个生涯小站,让学生在人生模拟场中参与不同阶段生涯小站的体验活动。

3. 课程对象

七、八年级全体学生。

4. 课程时间

每年 5·25 心理健康月。

5. 课程实施

开展生涯心理班会赛课，培养班主任的生涯教育意识和能力，增加学生对于生涯规划的了解，设计"生涯小站·选择人生"大型生涯游园活动，在活动中设计不同的人生模拟场——"初中""高中""大学""职场"四个生涯小站，让学生在人生模拟场中参与不同阶段生涯小站的体验活动。

（1）准备阶段。

生涯普及：学校在每年四月中旬启动七、八年级生涯心理班会的培训，通过心理班会赛课的方式，促进班主任主动了解生涯教育相关知识，提升生涯教育的意识与能力，并推动学生生涯规划意识的决心，增加学生对生涯规划的兴趣。

生涯探究：学校在每年五月上旬，在七、八年级每班选取5名以内的学生组成5·25学生心理志愿者团队，学生志愿者以小组为单位完成工作，在"初中""高中""大学""职场""荣誉"生涯小站阶段设计不同的生涯体验任务和奖励机制。

（2）实施阶段。

每年5月下旬，学校在运动场设置不同人生阶段的生涯小站，七、八年级的同学们依次游历人生不同阶段的生涯小站，体验人生阶段性选择的力量，获得不同的人生体验。

6. 课程评价

采用结果性评价方式，设计两份不同的评价单，一份针对学生心理志愿者的活动总结单，侧重于让学生站在"志愿者"的角度，从活动的设计、筹备与组织方面去回顾这段经历；另一份评价单是针对参与学生的活动反馈单，引导学生回忆印象深刻的人生阶段小站，并与真实的人生相连接，书写下关于真实生活的联想与体悟，达成教育活动的"迁移"作用。

二、案例呈现

下面以学校2019年第七届5·25生涯规划游园活动课程"生涯小站体人生择选·探索之间亮生命之彩"为例，展示这一课程的具体实施过程。

在"生涯小站·选择人生"大型生涯游园活动启动前，我校在2019年4月3日—4月10日启动七、八年级生涯心理班会的培训，在心理班会赛课中，各位班主任针对班级学生的实际状况，设计出了生涯意识课——"选择？选择！"、生涯知识课——"兴趣至上，成就自我！"、生涯技能课——"倾听，让世界更美好""破冰之旅""无形刃""有心人"等课程,而学生也在心理班会的参与和体验中更好地了解自己、了解社会发展,掌握生涯规划的技能,并初步体验选择对人生发展的影响。

心理班会赛课现场

5月5日—5月13日,以七年级每班2人,八年级每班4人的人数标准,组成了84人的5·25学生心理志愿者团队,为了更好地发挥学生的力量,学生志愿者以小组为单位完成工作,在"初中""高中""大学""职场""荣誉"生涯小站阶段设计不同的生涯体验任务和奖励机制。每个阶段的任务环环相扣,后一阶段生涯小站的参与资格是在前一阶段生涯小站完成基础上开始的,前一阶段的不同参与情况将影响下一阶段的走向与奖励获得。以此体现"选择影响人生"的活动目的,即学生每个阶段的选择都会影响下一阶段的发展。

第一站:初中　关键词:能力

活动说明:

根据"加德纳八大智能"设计不同的体验活动,学生自主选择参与,每参加一个活动即可获得相应智能的"智能贴"。

第二站:高中　关键词:知识

活动说明:

根据中考后学生走向,分为"普通高中"和"职业高中"两大类别,进入普通高中需具备至少一个"数理—逻辑智能"贴纸,进入"职业高中"需具备至少一个其他智能的贴纸。

"普通高中"的体验活动按学科分类,每参加一个学科活动可积累相应经验值,有两个"数理—逻辑智能"的同学每个活动将获得双倍经验值。其中,"语文""数学""英语"为"基础经验值",每个活动积100分,"历史""政治""地理"为文科经验值,"物理""化学""生物"为理科经验值,每个活动积50分。

"职业高中"的体验活动按照"文化课"和"技能课"分类,文化课包括"语文""数学""英语",活动可以和普通高中相同,可以共用。"技能课"可自由发挥,每展现一个技能,获得50分技能经验值。

第三站:大学　关键词:专业

活动说明:

大学分为"文科专业""理科专业""艺体专业",每个专业前用展板呈现每类专业涉及的具体的专业,学生根据"经验值"走进相应类别专业进行体验。文科经验值、理科经验值、技能经验值达到100的才能进入相应专业中进行选择。进入专业类别后,凭借总经验值进行大学选择。经验值高的可选择更好的大学贴纸。

第四站:职场　关键词:方向

活动说明:

分为"教育类""金融类""医疗类""餐饮类""科技类""艺术类""工程类""IT类"等类别,每一类别前用海报展示此类别从业的资格与条件,并罗列典型的工作岗位,还可留下一个区域让学生填写该类别下还可能有哪些工作。每个职业类别由两个该类别的家长志愿者代表职业人物,学生拿着"人生卡片"与相应职业类别的职业人物交谈,获悉该职业类别的相关信息,并看到自己"人生卡片"上的积累和职业要求之间的匹配程度。职业人物将根据匹配程度的高低给学生盖"初级入门券""中级入门券""高级入门券"的印章。

第五站:荣誉站　关键词:收获

活动说明:

完成"人生模拟场"四个"生涯小站"体验的学生,凭借"人生卡片"上的印迹到"荣誉站"兑换纪念品。工作人员盖"模拟人生"印章,表示已领取。

5月31日,"生涯小站·选择人生"大型生涯游园活动正式拉开帷幕,七、八年级的同学们来到学校运动场,每人领取一张"人生体验卡",参与活动体验,依次游历初中站—高中站—大学站—职场站—荣誉站五个生涯小站,解锁属于自己的生涯体验,同学们通过参与每个小站的体验活动获取相应积分,如"智能贴""经验值"等,在"人生体验卡"上留下相应记录,作为之后兑换"录取通知书"纪念品的依据。

"初中""高中""大学""职场"生涯小站阶段讲解海报

在初中站,学生每参与一个活动,就将获得一张相应的智能贴纸。智能贴纸的积累情况将决定着下一小站"高中站"的走向与经验获得。在"普通高中"和"职业高中"两类走向中,学生心理志愿者们共设计了21种不同的学科体验活动:"飞花令""数字华容道""趣配音""追光者""一帆风顺""气球杀手""一球定天下""争分夺秒""指点江山""幸运大转盘"……每一项活动都让参与者在知识的海洋里体验着不同学科的独特魅力,也为参与者积累下了相应的经验值。

活动开幕现场

"初中"生涯小站——八项智能体验

"高中"生涯小站——学科活动体验

"大学"生涯小站——大学以及专业的选择

带着"高中站"积累的经验值，学生们走入下一小站"大学"。要想在这里选到心仪的大学贴纸，需要具备足够多的经验值。在认真挑选、慎重衡量之下，孩子们也在思考着之前的人生经历是否能为我创造更多的选择自由？

步入职场，你将走向何方？你能走向何方？"人生体验卡"上的积累便是每个人走入职场的资本！"职场"生涯小站邀请了九大职业领域的家长志愿者作为每个领域的职业代表人物与学生进行一对一交流，为学生分析自己"人生体验卡"上已有的积累和想从事的职业领域之间的匹配程度，让学生了解更多关于职业世界的真实信息。

带着四个小站留下的印迹，学生将迎来最后一站——"荣誉站"。这里有学生心理志愿者精心制作的纪念品。

领取到"通知书"纪念品的同学们

  为了更好地呈现学生在体验场中的收获，活动设计了两份不同的评价单，一份针对学生心理志愿者的活动总结单，侧重于让学生站在"志愿者"的角度，去回顾这段经历中自己所做的种种选择及其带来的影响和启发；另一份是针对参与学生的活动反馈单，引导学生梳理活动体验后的感受与收获。在学生的一份份评价单中可以看到本次体验活动带给他们的成长，有学生说："我非常喜欢这次模拟人生的活动，让我看到了现实与理想中的未来的差距。"有学生说："人生的每一个选择都决定了接下来的走向，更优秀才能有更多、更好的选择。"还有学生说："幸好这只是一次活动，我还有重新开始的机会，但人生的道路不会出售返程票，我一定会努力拼搏，不给自己的人生留下任何遗憾。"

  和孩子们一同见证这场体验的家长志愿者也对活动给予了高度的评价，一位家长讲道："活动有很强的现实意义，增加了育才学子对职业问题的深入了解，令人印象深刻。"还有家长反馈道："这是一个难得的机会，家长也能近距离接触孩子的想法，了解他们的世界，同时我也惊叹于育才学子对人生、对职场、对未来、对梦想的独到眼光和见解。"

  这场人生游历虽是模拟，却也真实浓缩了我们正在以及将要经历的人生。当拥有更广阔的格局，从更深远的角度思考人生时，我们才能懂得现在做的每一次选择，迈出的每一步，都应该是基于对未来清晰的规划和设想的。在广阔的格局下做出的选择，少了一份迷茫和逃避，多了一份坚定与自信。生活就是如此，当下我们做出的每个选择都将影响着自己今后的人生发展，决定着生活的轨迹。希望每一位育才学子能在这场模拟人生的体验中领悟到"选择"的意义，在每一步恰当的选择中描绘出自己期望的人生！

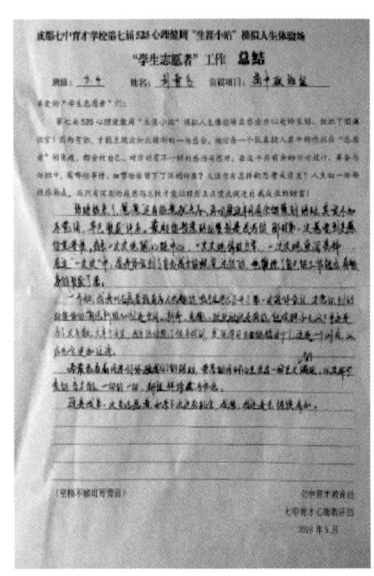 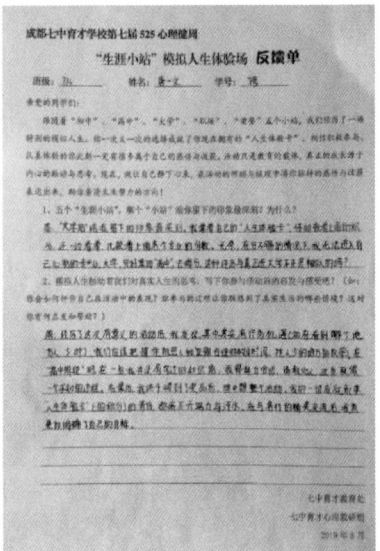

学生志愿者活动反馈单　　　　参与学生活动反馈单

【附3】

成都七中育才学校"职业初体验"课程案例

一、课程方案

"职业初体验"是成都七中育才传统的职业生涯实践活动,该活动由"我的家族职业树"和"走进一种职业"两大板块组成。"我的家族职业树"让学生在与家族成员的交流中探讨职业的内涵与意义,扩展生涯认知,加深学生对自身职业兴趣和职业价值观的分析;"走进一种职业"职业生涯实践活动引导学生从社会层面出发,去实地感受职业,加深学生对职业的了解,丰富生涯探索,明晰自己未来发展的方向,更加坚定当下的坚持与奋斗。

1. 课程目标

在职业生涯教育中,职业生涯实践活动是重要的部分,只有在实际体验中,学生才能达成自我认知和社会理解的统一,以更加实际的视角去理解生涯教育的知识,从而树立更加完善和个性化的生涯意识,职业生涯实践活动课程旨在从梳理自身生涯选择的影响因素出发,探究自身的职业兴趣、职业价值观如何形成以及发展,同时也看到时代变化中涌现的新兴职业,脚踏实地去感受职业工作,为自己的人生做更好的规划与准备。

2. 课程内容

学校设计的"我的家族职业树"和"走进一种职业"生涯教育实践课程，从影响自身的重要环境出发，放眼社会，培养学生更宽广的职业生涯视野和格局。

3. 课程对象

全体同学。

4. 课程时间

每年"五一"劳动节假期和暑期。

5. 课程实施

(1)"我的家族职业树"活动：设计"我的家族职业树"职业生涯实践活动单，学生在活动单上，发挥自身的创造力和想象力，绘制家族职业树，同时思考以下关于职业价值观的问题：

a. 我的家族中最多人从事的职业是？

b. 家人最希望我将来从事什么工作？为什么？

c. 家族中谁对我的职业选择影响最大，为什么？

d. 哪些职业是我绝不会考虑的？

e. 哪些职业是我愿意从事的？

f. 选择职业时，我最看重职业能带给我什么？

(2)"走进一种职业"活动：将此次实践活动设计为循序渐进的三个阶段，制作相应的指南要求，让同学们从思考出发，经历实践，最后回归思考。

阶段一：职业认识：①未来你想从事什么职业，你的职业梦想是什么呢？目前你了解这个职业吗？②请调查当今社会最热门的十大行业，你认为它们具有什么共性及个性特点呢？③对于最向往的职业，你认为自己从现在开始应该就哪些方面来培养自己的能力呢？

阶段二：职业体验：选择一个感兴趣的行业，穿上职业服装，尝试用一周的时间去体验与感悟。相信在切实的体验中，你会有与之前不同的感受！体验结束后，请你制作一张内容详实的展示小报，下学期开学上交，并将在班级和年级进行评比展示。

阶段三：职业预言：通过这个暑假的职业体验活动，请你大胆预言一下，等到你大学毕业的时候，中国最有"价值"的新兴行业可能会有哪些？

6. 课程评价

(1)"我的家族职业树"活动以结果性评价为主，每位同学需要上交绘制好的具有个人意义的家族职业树和职业生涯实践活动单。

（2）"走进一种职业"活动将过程性和结果性评价相结合，提醒学生在实践过程中注意及时记录，实践完成后制作实践小报，在暑假后开学报名当天上交给班主任老师，各班以小报得分和个人在班会现场进行的职业实践分享得分作为评选依据，每班选出"暑期实践活动优秀个人"5～10人上报学校，获得表彰。

二、案例呈现

下面以学校2019年职业生涯实践活动"一棵树中看未来，一次体验探人生"为例，展示这一课程的具体实施过程。

（1）"我的家族职业树"活动。

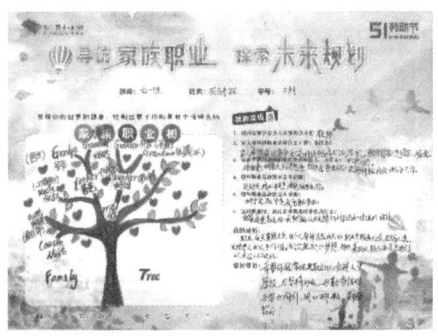

"我的家族职业树"职业生涯实践活动单

学校在"五一"劳动节假期前，印制好了"我的家族职业树"职业生涯实践活动单，以班级为单位分发到每位同学手中，让同学们在假期中去了解自己家族的职业。一棵棵绚丽多彩、千姿百态的家族职业树，在孩子们的笔下生成，每一棵树都蕴含着孩子们对自身生长环境中职业价值的思考和追求，让我们一起走进这一棵棵彰显个性、独具特色的树，感受孩子们一笔一划中的感悟与思考。

通过家族职业树的绘制，同学们对于职业有了更加深刻的体会，也对未来职业的选择和规划有了更加深刻的认识，同学们感悟到："我最看重的是能够给我带来好的心情、荣誉感和责任感的职业""我的父母对我的职业观产生了深刻的影响，他们富有责任感，做事踏实，这些优良的品质深深地影响着我""不管以后从事的是什么工作，我希望选择从事的工作是我自己真正喜欢的，能够激发我对生活的热情""这次活动让我直面内心，重新剖析了我心中的想法，至少明白了我需要的是什么，像是点亮了一盏明灯""职业没有贵贱之分，每个人都将会通过自己的职业服务社会、造福人类，实现个人的人生价值，为了实现职业梦想，打好基础，努力学习，是我们现在应该做的"。同时，许多家长也通过孩子的自我探索,写下了寄语,家长们写道:"我们每个人都需要工作,我想工作是一个创造的过程、创造自身价值的过程,用爱去创造,在创造中寻找乐趣和意义,才是工作的最高境界""愿在迷茫时,坚信你的珍贵,爱你所爱,行你所行,听从你心,无问西东"。

(2)"走进一种职业"活动。

三百六十行,行行出状元。当从社会人的身份,去切身感受职业的时候,孩子们才能明白每项职业所具有的特别的价值。同学们在2019年暑期的职业生涯实践活动中体验到了职业带给人的丰富与快乐,认识到每一份职业都是每一个社会人平等参与社会分工的价值体现,不断地发现自己的职业兴趣与志向,挖掘自己的潜在能力,锻炼自己的胆量,增加自身的创新意识。

"走进一种职业"的小小工作者们

同时,同学们也将职业体验感受转化成图片和文字,制作了精美的小报,字里行间述说的不仅仅是对所体验职业的深刻认识,更是对于自身职业兴趣、职业价值观念的领会。

下面摘取了部分同学写在小报上的体会和感悟。

这个暑假,我走进画室,当起了一名"绘画老师",虽然有好几年的素描功底,也曾在大大小小的比赛中获过奖,但作为老师向学生传授绘画知识还是第一次,内心既兴奋又忐忑,早早几天就开始在家做起了准备,收集素材、反复练习、提炼要点,我像真正的老师一样,一字一句开始备课,每一句话怎么表达,每一个要点如何呈现,每一次范画怎样展示,我都在心里过了一遍又一遍。下课后,我的学生们还围着我问各种问题,赞扬我绘画功底好,上课很有趣,当老师的那份自豪与荣耀也不由得在心底滋长开来。一次不长的职业体验，却让我对"匠心"这个词有了更深刻的体会。这是一种精神，也是一种品质与能力，"敬业""精细"与"专注"是它的代名词。

——2017级5班　学生

暑假我走进了新闻媒体人这个行业，努力适应着新的工作，参与了最新一期刊物的编订。各个部门需要高效合作才能完成之前策划的版面排版和组稿，除此之外，此份工作对于文字功底、艺术鉴赏都有极高的要求，而最后的校对更需要一丝不苟的认真与专注，过程中反复修改、打磨、研讨、分享。我体会到要避免差错，只是认真细致远远不够，更重要的是日积月累的经验。未来的竞争会越来越激烈，投机的人也许会收获短暂的成功，但也会很快沉寂下去，而有创意、有想法的人才能走得更远。

——2019级5班　学生

医护究竟是怎么样的职业？今年暑假我终于有机会在妈妈的医院深入体验了一次，我在医院门诊体验了导医、参观了手术室，学习了"七步洗手法"、心肺复苏和海姆立克急救法的基本医护技能，还在实训室体验了防护服的穿戴。这次体验让我对医护这个神圣又神秘的职业多了一份了解，也多了一份敬重，几天下来我发现医生真不容易，不仅需要专业的知识，还需要有对工作一丝不苟的严谨的态度。除此以外，同理心和宽容也很重要，这样才能在每天面对六七十个病人时做到认真和耐心的解答，让我们一起为所有的医护人员点赞！

——2019级1班　学生

"耳朵是听的，眼睛是看的，两般皆易忘，只有亲身经历过的才会刻骨铭心"，在对我的家庭职业树的一笔一画的梳理中，同学们渐渐地洞悉自身的职业兴趣和职业价值，在走进真实职业生活中，去观察，去倾听，去体验，将小小的我融入外界，在真切的生活中去创造，去成长，去发现自己未来的方向！

第六章　实践与创造
——让生命积极起来

实践是人们能动地改造世界、改造社会、改造自然的有意识的活动，是人们做事情的过程，并且通过得到事情结果的反馈，思考并改善做事的方法或步骤，从而更好地改造自然，并实现自我价值。创造是将几个概念或事物按一定方式联系起来，想出新方法、建立新理论、做出新事物的行为。创造不仅指为整个社会、整个人类文明带来的变革因素，也涵盖人们对于自我提升生命质量的发现和开拓。

现代社会飞速发展，知识剧增，技术革命高潮迭起，对人才培养提出了更高要求。当代人才必须具备实践和创新的生存能力。在这个靠竞争谋求发展的时代中，创新已成为人类生存和发展的前提。人的创造性成为促进社会进步的重要力量，人才的竞争实质就是创造力的竞争。因此，实践能力和创造能力是个人价值的重要体现。培养实践能力和创造能力成为现代社会对素质教育的客观要求，更是迎接新时代挑战的需要。

实践出真知，实践也是创造的来源和途径。成都七中育才学校在落实和推进创新素质教育的过程中，让学生在实践活动中亲历体验，获取经验与知识，产生好奇心，激发求知欲和对新异事物的敏感，执着追求真知，锤炼对发现、革新、进取百折不挠的精神。通过在实践中进行创造思维、创造想象、创造实施提升实践能力和创造能力，从而不断发展自己。让学生在主动的学习和体验中，学会做人、学会做事、学会生存，为卓尔不群的个性增添闪耀的亮色。

秉承实践活动应关注学生体验过程，应指向培养学生实践创新能力这一核心素养的导向，学校通过创设情境真实、年段特征显著、教育内涵深刻的实践活动，增强活动体验性，给学生提供充分展示自我和张扬个性的成长舞台，让学生生发真切的情感，获取成长的动力。那么，如何在实践中培养创新精神呢？我们认为，探究是创新的前提，没有探究就没有创新。学生的创新是从好奇开始的，由好奇到探究，由探究逐步走向创新，在整个过程中充分体现了学生的自主精神和能力。发现与质疑点燃创造热情，激活创造思维。并非只有科学家的发明创造才是创造，只要是运用自己的才智所产生的独特而有价值的产品，就是创造。因此，学校把在实践中的自主探究作为培养学生创新精神和创造能力的着眼点，让学生围绕一定的活动任务，展开积极主动的探究活动，独立思考、自行探索、相互研讨、提出见解、产生成果，在获取知识和经验的过程中，不仅发展积极的情感态度，同时促进实践能力和创新精神的形成。

遵循成长规律的、灵动的实践课程给予学生适合个性发展和潜能开发的肥沃土壤。学校主要依托"科技创新"和"文化创新"两大主题课程培养学生的实践能力和创新精神，促进育才学子综合素质的全面发展。"科技创新"课程在尊重学生兴趣的基础上，围绕真实的问题展开活动，引导学生以问题发现为起点，以问题解决、成果创造为目标，强调实践探究，聚焦创造思维。文化创新，反映着时代发展对现实生活带来的新思想和新感受，是一个民族永葆生命力和富有凝聚力的重要保证。学校"文化创新"课程引导学生对传统文化进行实践探究，融合时代元素，注入时代精神，通过创造文创产品、创新文化实践方式、创作文化作品等方式理解文化内涵，传承文化精髓。与此同时，提升创造能力，培养创新精神。

第一节　科技创新

"科学技术是第一生产力。"世界范围内综合国力的竞争关键就在于科学技术的竞争。科技创新是一个民族进步的灵魂，是国家文明发展的不竭动力，科技越来越成为现代社会的重要角色，将科创思维引入当今教育的重要性也日益凸显。

成都七中育才学校立足科创教育，促进学生多元发展，点亮学生智慧人生，铺就成才之路。学校通过科技创新课程，在学校形成科创学习氛围，让学生掌握现代科技知识，树立学生热爱科学、相信科学、尊重科学和依靠科学的思想。通过科技创新课程，认识伟大科学家，了解科创发明故事，培养科学探索精神；认识中国科技实力，培养民族自豪感和爱国主义情怀；了解国际科技发展，树立正确的科学世界观。通过科技创新课程，完善学生知识结构和思维方式，提升沟通合作能力，提升对知识与技能的深度理解和应用能力；培养创新思维和创造能力，提升学生问题解决能力；形成未来胜任力，促进学生全面而有个性的发展。

学校主要以主题教育课程、学科拓展课程、综合实践课程三大类型推进科创课程实施。在主题教育课程中，主要通过开展"科学家进校园"活动，让学生零距离接触不同领域的一线专家、学者和科技工作者们。通过一场场科普讲座，引领学生感受科技、认识世界、畅想未来。学科拓展课程则是将学科教学和科创教育融合，开发学科拓展校本课程。其中，机器人课程作为学校特色科创课程，基于信息技术学科，采用项目式学习方式，让学生自己动手搭建、完成项目任务，促进学生养成正确的学习态度、科研精神、团队协作意识和问题解决能力。此外，在德育系列活动中融入学科教学。例如在"无动力小车"比赛、"纸桥承重"比赛、"降落伞"比赛、科技游园会、班级智慧大比拼等活动中，将科创教育和物理、化学、数学、信息技术、美术等学科完美融合，让学生在丰富的活动中收获综合学科素养。综合实践课程主要以"四学会"活动为载体，开展科技研学活动。学生走进中科院、四川省科技馆、四川省减灾防灾教育馆、四川大学灾后重建与管理学院、某航空发动机维修基地、电子科技大学博物馆、中国电信西部信息中心、成都信息工程学院等，让学生了解科学知识、触摸前沿科技，在实践体验中燃起对科创事业的敬仰和向往之情，对祖国产生深深的热爱，形成民族自豪感。

下面以"机器人"课程和"科技节"课程为例来阐释学校科创教育的课程实施。

【附1】

成都七中育才学校"机器人"课程案例

一、课程方案

随着信息社会的不断进步与发展，"十三五"提出的创新型人才、2017年教育部的"教育信息化2.0"，培养学生的创新精神和创新能力已然成为国家、社会、学校、家庭关注的重点。而"机器人"课程作为一个实践性很强的综合课程，不仅包含信息技术的学科知识，还包括物理、数学、艺术、工程等课程内容。"机器人"课程作为近几年来中小学生科创教育的一个重要活动，不仅能对学生进行能力的培养，也能通过它丰富的娱乐性，激发学生对科创教育的兴趣，促进学生不断提高将各个学科知识应用到解决实际问题的能力。

1. 课程目标

通过开展机器人课程，普及科技创新教育，丰富学生的学习生活，让广大学生都能感受到科技的魅力，激发创新精神，培养实践能力，全面推进素质教育。"机器人"课程鼓励学生将学科知识、实践活动与生活实际相结合,积极探索、勇于创新,与同伴一起分工合作、交流分享,运用各种所学知识来设计、创作机器人,培养学生"发现问题、分析问题和解决问题"的能力。

2. 课程内容

"机器人"课程重在过程,重在参与,主要是以现实中的问题启发学生,以项目的单元推动进程,以团队的协作解决问题,以评选、比赛的方式呈现结果。具体内容包括:项目分析,策略制订,结构搭建,程序设计,调试优化,评价反思等。相比于传统课程,"机器人"课程更加具有创造性、探究性,也更加有趣,更能吸引孩子们的眼球,激起他们对学习的欲望和激情。

3. 课程对象

七中育才学校七、八年级学生。

4. 课程时间

每年10月—12月。

5. 课程实施

(1) 准备阶段。

活动方案制订:由学校教育处牵头,科创老师负责,制订机器人活动的比赛方案。

学生动员:在周一升旗仪式时间,开展机器人比赛活动的启动仪式,鼓励学生踊跃参加。

(2) 创作阶段。

学生培训:由科创老师对七、八年级的学生进行集体培训,解读比赛的各项规则及要求,以及讲解机器人创作的要点。

学生创作:学生自行组队,制订推进方案,进行机器人的创作。

(3) 展示阶段。

海选:由班主任组织,在班级分小组进行比赛。最后,各班推选最优秀的小组进行学校初赛。

初赛:由年级组织,入围小组参加,现场搭建,并将符合要求的机器人进行集中展示,全体七、八年级学生进行投票,根据票数评选"最佳外观设计奖"及"最具创意奖"。

决赛:由学校组织,入围小组参赛,全体七、八年级学生观摩,分两轮进行,第一轮是学生风采展示,评选"最具风采奖";第二轮是现场比拼,评出综合奖。

6. 课程评价

机器人活动强调的是过程与参与性，出于激发学生兴趣、体验活动乐趣的原则，"机器人"课程设置了过程性评价与结果性评价。

(1) 过程性评价。

学生在组建小组、创作机器人的过程中，有很多想法与创意、挫折与成功、感动与趣事、交流与合作，需要学生取其一点与大家分享。

(2) 结果性评价。

在外观评选中，由七、八年级学生全员参与投票，主要参考以下要素：①设计巧妙，创意独特；②结构完整，科学合理；③具有完成任务的可行性；④结构美观，富有新意。

在现场评比中，学生使用机器人现场跑图，再由担任裁判的老师参照比赛规则，根据机器人的完成情况，现场评分。

奖项设置：

(1) 综合奖项：一等奖2个，二等奖3个，三等奖4个。

(2) 小组奖项：最美外观设计奖2个，最具创意奖2个，最佳风采奖2个。

二、案例呈现

下面以2020年学校"机器人活动之城市旅游"项目为例，展示这一课程的具体实施过程。

金风送爽，秋色宜人，在这满载收获的季节，为了进一步培养成都七中育才学子的创新精神和实践能力，提高学生的科学素质和技能，使学生的思维力、想象力有更好的发挥空间，在9月22日的全校升旗仪式上，七中育才学校机器人活动再一次拉开了帷幕，学校将在七、八年级开展以"我们的未来世界"为主题的机器人比赛，这也是"双色"德育课程中科创课程的重要板块。

在动员学生积极参与"机器人比赛之城市旅游"项目后，9月30日下午，李老师和薛老师两位科创老师分别为七、八年级的学生解读了这次比赛的各项规则及要求，并进行了机器人创作要点的讲解，让学生感受到科技的魅力，激发学生强烈的探索欲望，调动学生的积极性。每个小组机器人创作的具体推进方案如下：

第一阶段：确定项目，并以6人为单位组建小组。

第二阶段：任务分析。小组内一起进行详细的任务分析，了解每个任务的得分点、难易度等。

第三阶段：策略制订。根据任务分析，选择能够在规定时间内完成的任务，并合理规划机器人的行动线路，串联选择的任务。

第四阶段：结构搭建。首先搭建机器人基本结构，再针对不同的任务，构建不同的策略物，手动模拟机器人行动过程，测试可行性。

第五阶段：程序设计。小组内配合，完成机器人行动完整的伪代码设计，并根据伪代码编写相应的程序后，上传到机器人，进行初步程序测试。

第六阶段：调试优化。可以从策略制订、结构搭建、程序设计的各个环节入手，在保障成功率的基础上，进一步缩短完成任务的时间。

第七阶段：评价反思。学生以小组为单位，分享任务及策略的制订、机器人的结构特点、伪代码和程序的设计想法、下一步的优化方案及措施等。而其他小组则对他们的作品进行评价和建议。通过深度互动，小组之间取长补短，然后进一步完善、优化自己的机器人结构及程序。

可以看出，在机器人课程中，老师仅仅是一个引导者、组织者，大部分都是学生的自主活动，这充分调动了学生的学习兴趣，激发了学生的创造力，培养了学生解决问题的能力。

班级指导

分小组解答

七、八年级的学生们，经过李老师和薛老师的指导和培训，组建小组，分工合作，历时2个多月的设计与创作，完成了自己的机器人作品，并通过班级内部的"海选"竞赛，每个班都产生了一个相对优秀的小组参与角逐学校的正式比赛。这些小组的学生，先进行了年级初赛，经过用时60分钟的"从零件开始"的现场组装，共计10个小组在规定时间内完成了机器人的搭建，入围并进入到决赛环节。在决赛前，教育处将入围的机器人收集到一起，放置在台上，让所有七、八年级学生观摩投票（每人仅1票），分别选出他们认为最具创意和外观设计最漂亮的一组作品，然后由教育处进行统计，评选出"最美外观设计奖"和"最具创意奖"。

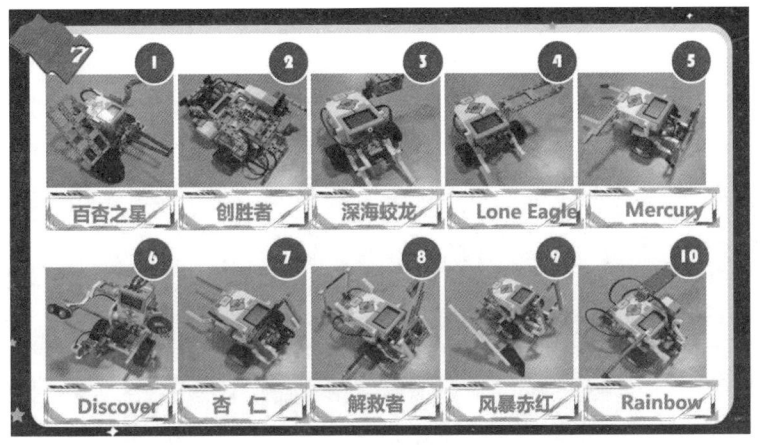

入围决赛"机器人"

2020年12月13日上午，学生们期盼已久的机器人现场赛在学校举行。决赛分两轮进行，第一轮是学生风采展示环节，分享机器人的设计思路、结构特点，又或者是小组在合作期间发生的难忘的事，以及参与这次活动给小组带来的收获与感悟等。

一位学生说，机器人活动带给他们的不仅是创作时的快乐，还有将所学知识变成可见作品的那份快乐。

一位学生说，她在参加这次科创活动中，最大的收获是提升了自己与他人交流合作的能力。机器人创作不是一个人就能够独立完成的，需要小组内部不断的讨论、反思与尝试，在交流碰撞的过程中找到解决问题的途径，并将之一步步地实现。

学生分享

决赛的第二轮，是程序跑图，需要将已经搭建好的机器人在"模拟城市"地图上运行，看看谁能取得更好的分数。这个环节，也是全场气氛最热烈的，比赛中通过摄像机将每位参赛者的机器人实时投射到大屏幕上，让每一位观众都能看到更加清晰的画面，现场一起感受机器人完成任务时的成就感，比赛一度进入白热化阶段。根据每位选手2轮的程序调试及跑图，裁判进行了打分，最后评委决出了本次机器人比赛的一、二、三名。

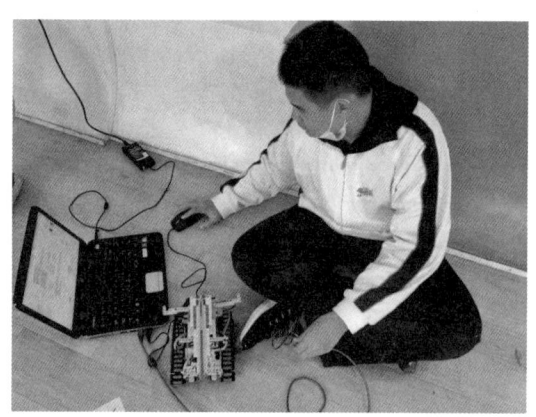

学生现场调试

本次大赛充分体现了我校青少年的创新能力，引导学生感受智能技术的真实魅力，让学生在完成机器人项目的过程中，去发现问题、发现知识、发现自我、发现他人。机器人项目最大的魅力就是在探索中不断产生新的发现，在发现中不断提出新的问题，在追问中逐步将思维引向深入，并且利用自己所掌握的各学科知识，不断挑战每一个难点，最后获得成功的喜悦感。这不仅让学生的发现力、思维力、表现力得到了培养，也让学生在不断试错的过程中，磨炼积极面对失败的心态，培养学生坚韧的毅力和执着的态度，鼓励学生勇往直前！

【附2】

成都七中育才学校"科技节"课程案例

一、课程方案

放飞科技梦想，闪耀育才光芒。在见证科技无穷魅力的同时，科技也在潜移默化地影响、改变着每一个人。放眼古今中外，人类社会的每一项进步，都伴随着科学技术的进步。尤其是现代科技的突飞猛进，更是为社会生产力发展和人类的文明开辟了更为广阔的空间。科学技术涉及到社会的方方面面，与教育更是有着千丝万缕的联系。一方面，科学技术制约着一个时代教学观念、教学手段、教学方法的革新；另一方面，教育又通过对人的影响大力促进科学技术的进步。为了加强学校科技教育、持续探究科创课程建设，学校每年都会举办科技节，这也已经成为学校一张独特闪亮的名片。育才学子们在科技节中真正领略到了科技改变生活，创造点亮未来。

1. 课程目标

科技节活动旨在丰富学生思维、优化学校课程，提升学生的思考能力和创新能力。促进学生用所学知识积极地动手动脑，以团队协作的精神感受来创造快乐，挑战自我，挑战他人。通过资料查阅和阅读来拓宽知识面，培养探究学习的能力。通过尝试、体验、思考感悟科学精神，感受未来的新发展。

2. 课程内容

学校科技活动节课程内容丰富多彩，给予学生充分的体验、思考及创造的机会。如展示评比类活动"科幻画比赛"、研学类活动"走进科普基地"、现场比赛类活动"Little.DR"科技大比拼——七年级无动力小车比赛、八年级纸桥承重比赛。丰富的科技活动在校园中开展，育才的孩子们将在这里领略科技的魅力，感悟创新的价值，体验成功的喜悦！

3. 课程对象

七、八年级学生。

4. 课程时间

每年12月。

5. 课程实施

(1) 学习、宣传阶段：学校教育处制订"科技节"活动方案；学校组织开展启动仪式，下发相关学习资料，对学生进行专业培训、前置学习。

(2) 践行、实施阶段：各班根据活动内容，按照学校统一要求组织好相关活动的材料收集和作品的创作，充分发挥学生的主动性和创新意识。

(3) 比赛、展示阶段：班级内部以小组或个人方式对作品进行海选，选出的优胜作品代表班级参加校级比赛。

6. 课程评价

(1) 过程性评价。

过程性评价在活动过程中完成。为了更好地了解整个科技节动态过程的效果，及时反馈信息，以便顺利达到预期的目的，需要对科技节的各项活动进行过程性评价。在研学参观过程中，通过观察、体验、交流、实际动手操作、小组互评与自评等多种方式进行评价，从而提升学生们的活动体验感和收获感。

（2）结果性评价。

科技节的活动中比赛活动内容丰富，这就需要使用结果性评价方式。在外观评比中，可采用线上、线下投票的方式，主要参考如下因素：①美观大方；②富有科技创新元素。在作品现场比赛评比中，按照比赛具体要求落实结果性评价。

> **无动力小车滑行比赛规则**
> 1. 第一轮：每辆车滑行两次，两次滑行距离相加，前6名者进入下一轮。
> 2. 第二轮：每辆车连续滑行两次，取成绩最好的一次作为最终成绩，决出名次。
> 3. 参数未达标者一项减50厘米的距离。超出参数一倍的取消参赛资格。

无动力小车比赛规则

> **纸桥承重比赛规则**
> 1. 第一轮：统一加重3次，未压垮者进入下一轮。
> 2. 第二轮：自选重量进行加重3次，按重量决出最终名次。平就取决于纸桥的重量，轻的获胜。
> 3. 参数未达标者一项减2瓶水的重量。质量不合格者直接取消资格。

纸桥承重比赛规则

学生自制纸桥

学生自制无动力小车

二、案例呈现

下面以学校 2020 年科技节"Little.DR"科技大比拼——七年级无动力小车比赛、八年级纸桥承重比赛为例,展示这一课程的具体实施过程。

在科技改变生活、创新引领未来的时代,学校教育必须紧跟时代的步伐、响应时代的要求,积极培养科技创新人才。育才校园的 12 月,是科技的世界,是创造的天地。12 月 7 日,学校以"放飞科技梦想,闪耀育才光芒"为主题的科技节活动正式拉开序幕。"Little.DR"科技大比拼——七年级无动力小车比赛、八年级纸桥承重比赛等丰富的科技活动相继在学校中开展,育才的孩子们将在这里领略科技的魅力,感悟创新的价值,体验成功的喜悦!

在早上的升旗仪式上,前沿科技分享会首先登场。七年级 8 班的同学为全校师生分享了量子理论在生活中的运用,让人大开眼界。原来,平时高不可及的科技就在我们身边。

中午,各班的无动力小车和纸桥作品分别在学校大厅进行展示。经过班级选拔,部分七、八年级同学亲手制作的"无动力小车"或者"纸桥"作品脱颖而出。当优秀作品在学校展出时,我们看到了育才学子用双手和智慧诠释了自己对科技的理解和科技在实际生活中的运用。

无动力小车比赛

下午,无动力小车滑行和纸桥承重的决赛更是激动人心,全校师生热情参与。比赛分为两个阶段,第一阶段是各个参赛选手对其参赛作品的设计、结构和其相关科学原理进行说明,以及根据现场答辩的表现等方面进行综合考核。

在第二阶段的比赛环节中，无动力小车的参赛队需在特定轨道上进行滑行，首先七年级各个班级参赛选手依次登场，各显神通。在一次尝试后，紧张而又激动人心的比赛正式开始了。整个活动现场真是几家欢喜几家愁！班上同学会因为某个小车滑行得很远而集体喝彩，也会因为某个参赛同学的作品滑行太近而深感遗憾。最后，来自七年级4班的小车作品以滑行距离10.7米的成绩获得冠军。

纸桥承重比赛考验了参赛选手对其加工作品的现场应用能力和实际操作水平。普通A4纸能做什么？是一把小扇子、一架纸飞机，还是一艘纸船？这些手工学生们早在幼儿阶段已经实践过了。将几张A4纸做成一座能承重几十斤的桥，这才是当代中学生对A4纸的正确打开方式。纸桥设计制作虽然只用了普通的A4纸和透明液体胶水，但是要想成功制作一座纸桥却不是件容易的事。同学们通过查阅资料以及亲身试验，总结出了制作纸桥的关键在于结构和工艺。同学们通过反复练习卷纸管、改善连接处、完善细节，深刻体会到了追求卓越、精益求精的工匠精神。作为学校科技节的一个传统项目，纸桥承重大赛一直受到学生们的追捧。这次纸桥承重比赛较往年要求更为严格，难度更大：整个桥体不超过35厘米，桥面跨度不小于28厘米；桥面需为平面，宽度不小于10厘米，不超过15厘米；桥洞下需通过长12厘米，高8厘米的木块。整个纸桥的重量不超过60克。在这样的条件下，不畏挑战的育才学子，在比赛现场给我们带来了各种惊喜，承重超过10千克的桥梁比比皆是。用双手创造奇迹，变梦想成为现实！以活动为载体，锻炼动手能力，学以致用；在一场比赛中收获团队合作意识，以及不畏艰难、敢于创新的精神，这才是一座纸桥的真正承重！最终，来自八年级2班的纸桥作品以最大承载量13千克获得冠军。

比赛结束之后，学校物理教研组长左建勇老师上台进行了"无动力小车"和"纸桥承重"作品设计的科学原理的讲解。同时，号召大家积极踊跃地投身到科学创新的各项活动中去，用智慧的大脑、灵巧的双手去创造、探索科学的奥秘。

"唯有创造才是快乐的"，学校科技节这个平台是多彩的、也是丰富的，只要同学们勇于探索、敢于实践，智慧就会得到充分的发挥，潜力就会得到尽情的释放。学校希望每位同学都能从中受益，得到锻炼，得到成长，也希望同学们用热情去点燃科技圣火，用智慧去创造精彩生活！

纸桥承重比赛

第二节 文化创新

学校在以"实践与创造"为主题的"亮色"系列课程中,将文化创新作为其中重要一环。文化创新是社会实践发展的必然要求,是文化自身发展的内在动力,是一个民族永葆生命力和富有凝聚力的重要保证。"文化创新"课程将传统文化与时代发展中的新思想和新感受相结合,有利于学生更好地了解博大精深、源远流长的中华文化,感受中华文化的魅力,更好地高擎中华文化火炬,继往开来,与时俱进,从而达到发展中华文化的目的。

"文化创新"课程的开发与实施,希望达成以下课程目标:让学生树立正确的文化发展观,理解文化是民族精神的土壤,文化发展的核心在于文化创新;激发学生学习、理解、传承、创新传统文化的热情,增强学生的文化理解与自信;让学生在实践中探究,深入挖掘中华优秀传统文化的时代价值,认识文化创新对推动社会实践和民族文化繁荣的作用;感受民族传统文化形式的发展与变化,一方面,体悟传统文化形式所蕴含的民族气韵,另一方面,认识和创造新的文化载体,充分发挥学生个人特长,扩充创意空间,提升学生的综合实践能力、审美追求与创造能力;学习和借鉴世界各民族优秀文化成果,理解不同民族文化之间的交流、借鉴与融合，提高学生的眼界与格局，全面促进学生素养的提升。

七中育才学校的"文化创新"课程主要以综合实践课程为载体，在节庆系列活动中，巧用传统节庆的特殊意义，花朝节里开诗会、猜灯谜；端午节中识俗趣、画扇面……最受学生欢迎的"戏剧节"系列活动中，每班一个经典戏剧，全班学生参与创意改编，台前幕后编排、展演全由学生负责，这其中有文学、音乐、舞蹈等多种艺术类型的相互融合，也有复古与求新的文化交融。通过创新活动形式，激发学生了解传统文化的热情，感受中华文化的魅力，在活动参与中自觉增强学生的文化理解与自信；激发学生的想象力和创新能力，展示学生的个性才华，激发青少年创意，提高学生艺术修养与综合素质。此外，学校每年定期举办文化创新特色课程"华夏霓裳"汉服文化体验系列活动，活动以中外学生共同欣赏汉服、共同设计制作汉服元素文创产品、共同举办汉服秀等活动形式开展，在让中外学生了解中国传统文化，提升艺术鉴赏能力的同时，也促进不同民族文化之间的交流、借鉴与融合，提高学生的眼界与格局，促进学生综合素养的提升。这一系列活动也入选了成都市"熊猫走世界"中小学中外人文交流精品课程。七中育才学校还在各种德育活动中渗透文化创新教育，如"我爱我校"文创作品设计展、"我为运动会代言"运动会会徽设计、吉祥物设计等，为学生提供一次次精彩展现的平台。

下面以"戏剧节""汉服文化"以及"花朝节"活动为例进行说明。

【附1】

成都七中育才学校"戏剧节"课程案例

一、课程方案

成都七中育才学校校园艺术节每年都会举办，这早已成为一场由全校师生同参与、共创造、齐欣赏的艺术盛宴。在这里，既有经典项目的传承与坚守，也有充满创意的尝试与挑战。"班级才艺秀""育才好声音""合唱比赛""集体舞""达人秀"……历年来，学校创造了多样的艺术展现形式，致力于将艺术节创办为每个学生的艺术节，而戏剧节无疑是近年来最大的创新，在戏剧中，文学、美术、音乐、舞蹈、表演等艺术类型相互融合，拓展了学生的人生经历，让学生品味生活中的艺术，艺术中的生活。

1. 课程目标

戏剧是一个综合艺术，是一种运用文学、舞蹈、音乐、美术等艺术手段塑造人物形象、反映社会生活的综合性舞台艺术。一部剧作的演出，是一次集体劳动的成果：编剧提供演出脚本即戏剧文学文本；美术家、化妆师、灯光师通力合作完成舞台布景的设计、人物的造型等；音乐家完成戏剧音乐、唱腔的创作；而演员则通过自己的形体表演来展示整个剧情。学校开展戏剧教育是全面推进素质教育的体现，是促进学生德智体美全面发展的途径，是提高学生综合素质与艺术修养的手段，是培养学生兴趣、丰富课余学习生活的载体，是推动学校教育改革与发展的动力。

2. 课程内容

戏剧节班班参与，人人参与。每个班级选择一个经典戏剧剧目进行适当创编，学生参与编排、展演，台前幕后都由学生合作完成。具体的内容包括：剧目改编、海报制作、组织编排、道具剧务、音乐特效、现场展演、总结反馈等。过程中体现内容创新、编排创新、评价创新，通过创编、表演活动提高学生的表达能力和文学修养，激发学生的想象力和创新能力，展示青少年创意和个性才华。

3. 课程对象

八年级学生。

4. 课程时间

每年四月。

5. 课程实施

（1）动员阶段：学校教育处制订"戏剧节"活动方案；学校或班级组织开展启动仪式，对学生进行专业培训；各班成立编排小组，自主创新。

（2）编排阶段：形式不限，可采取小话剧、歌舞剧、音乐剧、校园剧、童话剧、英语剧、课本剧、戏剧等形式；充分发挥学生的主动性和创新意识，要求每个学生都参与，编排有创意，展示文化创意与班级整体风貌。可使用原创剧本，也可对已有剧目进行创编，内容选择需注意要适合学生表演、体现时代精神、弘扬积极正能量。注意过程中资料的搜集，同时开展原创剧本大赛和班级海报大赛。

（3）展示阶段：全班集中展演，分年级比赛。

6. 课程评价

学校会对各班的具体实施进行阶段性的指导，但"戏剧节"的课程评价更多采取的是结果性评价的方式。

下面是我们对各班展演内容的评价要求：

剧本创作：①情节完整，鼓励原创；②改编剧本能较好地体现神韵并有创新元素；③剧本语言个性化，融知识性、思想性、趣味性于一体。

节目编排：①节目编排合理，有明确健康的主题，演出情节跌宕起伏，矛盾冲突明显；②演员扮相、动作和舞台道具、音乐等符合剧情要求。

演员表演：①演员举止大方得体，表演自然、生动、优美、形象，配合默契；②演员吐词清楚，发音标准，且具有个性化和幽默感；③上场、转场、下场自然流畅；④表演总体效果良好，具有一定的教育性和观赏性。

奖项设置：①综合奖项：一等奖7个、二等奖7个；②个人奖项：最佳表演奖5人、最佳台词奖5人、最佳造型奖3人、最佳视觉音效设计3人。

二、案例呈现

下面以学校2018年八年级戏剧节"戏剧舞台展学子风采，致敬经典品人生百态"为例，展示这一课程的具体实施过程。

阳春三月，万物生辉，3月12日的升旗仪式上，七中育才第二十一届校园艺术节暨2019届校园戏剧节正式拉开了序幕，育才校园里又将开启一场师生同参与、精彩共创造的艺术盛宴。在开幕式上，学校有幸邀请到了原央视少儿节目主持人，毕业于中央戏剧学院相声表演班，师从著名相声表演艺术家冯巩老师，并主演了中央电视台《大风车》情景剧《青苹果乐园》的卢顺老师来到现场，为全校师生带来了一堂生动有趣的艺术公开课。在卢老师的讲述里，戏剧与我们的生活是那么的贴近，通过戏剧，可以协调开发左右脑，可以训练"七力四感"，可以激发潜能，可以抗挫减压……卢老师灵动活泼的现场演绎点燃了同学们对戏剧的热情，同学们早已跃跃欲试，准备在戏剧的舞台上一展风采！

升旗仪式的启动会

经过各班同学的广泛参与、积极讨论，在师生共同的努力下，14个班级确定了14个表演主题：《四川好人》《一仆二主》《威尼斯商人》《音乐之声》《笃学记》《仲夏夜之梦》《花木兰》《唐吉诃德》《汨罗魂》《项链》《美女与野兽》《荆轲刺秦王》《万国运动会》《他是否还在人间》。

2016级1班同学人人参与，充分发挥每个人的特长，创意无限。首先他们的剧本就很有新意——《四川好人》，这是德国作家布莱希特的作品，"巴蜀鬼才"魏明伦将德国人臆想的这个四川故事变成了由四川人再创的德国寓言，改名川剧《好女人坏女人》，而1班的同学和老师们将这个故事中最经典的场景进行再创编，变成了四川话版的话剧，并吸收了川剧剧作家徐棻老师的川剧《欲海狂潮》的表现手法，增加了"欲望"这一角色，加剧了矛盾冲突，突出了"人"在面对挫折诱惑时内心的纠结，女主角在面对欲望的咄咄相逼时，疾呼"我要做好人"，拔刀自尽，给人留下深深的反思。

在确定了剧目之后，1班同学马上报名分工，组织了一个四人的剧本修改团队。导演组专门用一节课和同学们一起看视频，了解剧情和人物性格，进行主题阐述。在通过班级海选确定所有角色以后，通过分解朗读、理清走位、细扣重点场次、合练整场、合乐、合道具、到比赛现场走位定点等多个环节的精心组织，力求在不改变原剧本精髓的前提下，让表演形式和内容更加具有时代感。

为了更好地把握角色，排练过程中恰逢成都市川剧研究院复排《好女人坏女人》的公演，全班同学在班主任带领下进行了现场观摩。通过学习，同学们对原著剧本有了更深刻的理解，也对表演技巧、编排走位有了新的感悟。而道具组、服装组、灯光组、宣传组的同学也有了更多的灵感。同学们纷纷表示，这个活动充分调动了他们的积极性，激发了创造力，最后呈现的作品不仅是模仿，更是创造与提升。

学生排练现场

经过近一个月紧锣密鼓的排练，这场期待已久的视听盛宴如期在学校学术厅精彩上演。14个班级、14个剧目在这里演绎着或感伤、或振奋、或荒诞、或沉静、或激动的故事，跨越了时代与国界，孩子们投入、忘我、真挚的表演将故事讲述得如此真实、细致，带动着所有观众在戏剧里品味人生百态。

评委们对孩子们的表演给予了高度的评价，戏剧是离生活最近的艺术表现形式，全情的投入定会让孩子们对人生有更深刻的认识和感悟。评委们还进行了现场戏剧才艺展示,精湛的表演技巧、深厚的舞台功底赢得了阵阵掌声,也让孩子们更真切地感受到艺术的魅力与震撼。

一位编剧同学这样说:"幕后人员真的是默默无闻的,特别是编剧。不过我对这个角色十分满意,剧本剧本,一剧之本,我们的创意在舞台上得到了完美的诠释,集体的努力让一些不可能变成了现实!"

一位演员同学这样说:"我们胜在创意,感谢学校和老师给我们无限的空间。我们更明白同学们想看什么,所以我们赢得了最多的掌声!"

每次经历都是一笔宝贵的财富,敏于心、善发现、勤总结,才能让自我在经历中成熟与发展。表演虽已结束,思考仍在延续。舞台上的感动与成长会是同学们初中生活中最深刻的记忆。

现场精彩剧照

【附2】

成都七中育才学校"汉服文化"课程案例

一、课程方案

七中育才学校每年都会开展"汉服文化"课程，学校的汉服课程分为汉服文化的理解课程、汉服文化的实践课程、汉服文化对外交流的体验课程。其中，汉服文化对外交流体验课程是成都市教育对外交流中心打造的中小学中外人文交流特色品牌课程，是学校汉服课程体系里面体现文化创新的重要课程，由中外学生共同参与、共同创造、共同鉴赏的汉服文化对外交流活动课程。学校的汉服课程建设以参与体验和实践创新为主，通过多种多样的活动形式让学生了解中国传统文化，提升艺术鉴赏能力，塑造学生人文素养和道德行为规范。

文化是民族的血脉，更是华夏儿女美好品质的源头。服饰是民族的重要象征，更是我们凝聚文化意识、传承文化的密码。汉服是华夏民族的传统服饰，汉服承载着中华民族厚重的历史积淀和独特的民族特色，反映着中国人民博大兼容、宽厚仁爱、追求自然的民族精神。在中学生教育中倡导汉服文化和礼仪学习，对于青少年学生道德品质的提升有着积极的意义，同时也是学校对国家"一带一路"践行理念的回应。

1. 课程目标

学校的汉服理解课程可以让学生了解汉服的文化内涵和价值，增进学生对汉民族的认识，理解华夏文化的包容性。通过实践课程的学习，使中外学生具备汉服设计的基础能力和简单的汉服文化礼仪。汉服文化对外交流的体验课程可以培养中外学生求新和复古的双重审美标准和"胸怀天下"的格局观。学生通过学习汉服文化和礼仪，挖掘汉服背后的文化价值，不仅可以提升学生的人文素养和综合实践能力，还可以培养学生的外语交际能力和文化创新意识。

2. 课程内容

汉服对外交流活动，全年级人人参与，与外国学生共同参与、共同设计、共同创新。课程内容包括：汉服的传统文化学习、汉服的礼仪文化学习、汉服服饰穿戴实践、汉服礼仪实践操作、汉服文创作品的制作、汉服文创作品的双语汇报，整个课程侧重对汉服文化的再次理解，在不破坏汉服传统文化的前提下，在继承的基础上进行汉服文化创新，在课程的文创内容、合作方式、呈现形式上进行汉服创新，学生通过汉服理论学习、汉服文创制作、双语汇报等活动提高了自身的实践能力和创新能力。

3. 课程对象

八年级学生。

4. 课程时间

每年12月。

5. 课程实施

（1）动员阶段：利用朝会开展汉服文化课程的启动仪式，教育处和班主任召开启动会。各班按照课程内容进行分工分组，确定各组各人员的负责事项，讨论制订推进方案。

（2）准备阶段：各班根据工作内容进行同步推进，根据班级人数和实际水平进行分组。根据推进方案，讨论确定所需活动材料，协调家委会帮助购买材料。按照学校要求，各班设计和制作文创作品，进行班内海选。

（3）展示阶段：年级组织进行汉服文创作品的决赛，每班对自己的文创作品进行双语汇报。

6. 课程评价

学校此次课程着重体现了对学生文化创新能力的培养，采用多种评价方式。

（1）过程性评价。文创作品设计：作品结构设计；作品的色彩呈现；作品体现汉服文化的创新与传承。

（2）结果性评价。文创作品评选大赛：作品主题紧扣汉服文化特征，如汉服纹样元素的加入；奖项设计体现创新性，有最佳文化创新奖、最佳作品设计奖。

文创作品汇报大赛：汇报作品的外部特征、创作思路和方式的创新，采用双语汇报、多人汇报、单人汇报等。

（3）社会性评价：学校公众号发表"汉服文化对外交流"活动新闻报道。

二、案例呈现

下面以学校2019年八年级"着我华夏衣冠，兴我礼仪之邦"汉服文化对外交流活动为例，展示这一课程的具体实施过程。

秋末至，满地翻黄银杏叶，12月14日七中育才学校2022届校园汉服对外交流活动正式启动，一场关于华夏文化的艺术盛会拉开帷幕。

学校有幸邀请到汉服专业指导老师小米及其团队。小米老师是四川衣礼文化保护联盟会长、怀师学堂院长、中华传统文化导师，多次应邀到社区、幼儿园、学校、企业等单位做传统礼仪、汉服文化等主题讲座，多次登上央视、川台荧幕，传播传统文化。小米老师介绍了汉服对于中华民族的意义，讲述了汉服服饰的基本特征，汉服图案的思想体现……通过小米老师的讲授，同学们惊叹于汉服服饰里蕴藏的"天人合一"思想，更是赞叹古人的智慧与创造，小米老师用声情并茂的讲述方式，以及极具美雅的汉服礼仪表演，深深地打动了同学的内心，点燃了同学们对汉服文化学习的激情。最后，小米老师寄语同学们要培养求新和复古的双重审美标准和"胸怀天下"的格局观。

汉服对外交流活动启动仪式

启动会后，2022届8班全班讨论确定本次的文创作品，最终确定了制作"汉服粘土板"作为班级的文创作品，也确定了要学习的汉服礼仪动作，之后全班分为三个大组进行筹备。

1组经过讨论推选出三名同学用英语向外国学生做进班介绍，第一名学生的发言主题为学校文化，第二名学生的发言主题为班级建设，第三名学生介绍汉服对外交流活动的当日流程和细节。2组确定三名学生进行礼仪示范，第一名学生示范"立容"礼仪动作，第二名学生示范"坐容"礼仪动作，第三名学生示范"正规揖礼"礼仪动作，并推选三名讲解员向外国学生介绍礼仪动作使用的场合，讲解动作操作的方法以及礼仪动作蕴含的文化和思想。3组根据要创作的文创作品进行分工，分工细则内容是作品创作材料的选择与确定，确定图案和纹样的总体风格，根据风格制作汉服文创作品的模板。在三个大组筹备期间，班主任细心策划、科学组织，充分锻炼了学生的合作能力和实践能力。

12月21日下午，一场关于汉服的文化艺术盛会重磅上演，历经近一个星期的筹备，9个班级在这里进行了跨文化的交流与思想的碰撞，这里有对美的感知，对艺术的理解，对文化的创新。

中外学生制作的汉服文创作品

示范学生正在练习汉服礼仪动作

外国同学惊讶于汉服的"美"、惊叹于汉服的"韵"。穿上汉服的外国同学,一颦一笑更是犹如画中人。中外同学们一起合作,动手设计汉服手工作品,在愉快的交流和激烈的讨论中,一件件各具特色的作品出现在了我们的眼前,犹如一颗颗华夏明珠在育才校园璀璨升起。

评委们对本次活动给予了高度评价。小米老师评价说,本次活动让同学们亲手触摸到中华文化,亲身体悟到中华文明,让文化不再只是文字,而是跃然于眼前的实物。艺术教研组组长谭莹老师认为,这次以文化体验和鉴赏为主题的交流活动,不仅筑起了中外友谊的桥梁,也推进了学校教育国际化的进程,提升了师生的跨文化理解能力,国际化视野的种子也将在同学们心中生根发芽。

活动精彩掠影

一位学生这样说："最有意思的是我们与外国同学一起制作汉服小书签。我们在一旁帮助他们，给他们一些制作小建议，帮他们铺底色、制作小纹样。在这个过程中，我们用中文、英文交流书签的制作，交流中国与泰国不同的风土人情，交流未来的梦想……尽管有时我们并不能完全听懂他们的语言，或是他们并不完全明白我们的意思，但那清澈的眼眸和洋溢着真诚的笑容已经把我们的心连在了一起。"

一次文化的穿越与跨越，一次中外友谊桥梁的搭建，一次复古与求新的文化交融，是铸造厚重人生底色的雨花石，是培养具有"中国智慧、世界眼光"的卓越育才人的文化价值诉求。

【附3】

成都七中育才学校"花朝节"课程案例

一、课程方案

"百花生日是良辰,未到花朝一半春。万紫千红披锦绣,尚劳点缀贺花神。"三月的蓉城,海棠、碧桃、玉兰次第开放。此时春回大地,万物复苏,古时人们定农历二月中的一天为"百花生日",亦称"花朝节"。在这一天里,人们或结伴去郊外踏青,或举办各类游行聚会,传递国人对自然的热爱,体现了中国古人雅致的生活情趣。成都七中育才学校每年春天都会举行"花朝节"传统文化活动,在百花良诞之际,师生们以花为名,唱响生命的赞歌。

1. 课程目标

通过开展"花朝节"传统文化系列活动,增强学生对传统文化的关注度,增强传承、创新传统文化的意识。在探究、实践之中,深入挖掘中华传统文化的时代价值,理解文化创新对推动社会实践和民族文化繁荣的作用。结合时代特点与个人特长,学生赋予"花朝节"新的内涵,创意性地表达其时代意义。

2. 课程内容

花朝节寄予着人们对美好事物的向往,对绿色、春日、生命的渴望与亲近。学校通过引导学生学习探究"花朝节"的文化内涵,组织学生进行与花相关的诗歌诵读,创作与花相关的诗画作品,设计并参加"花朝节"游园活动等多种多样的形式,点燃学生关注传统文化的热情,激发学生的创新能力,深情传递大自然中的生机与美好。

3. 课程对象

七年级学生。

4. 课程时间

每年3月—4月。

5. 课程实施

(1) 准备阶段:学校组织学生搜集、学习"花朝节"相关资料,探究"花朝节"的文化内涵。

(2) 实施阶段:组织学生诵读与花相关的古诗,开展创新性诵读比赛;组织学生创新设计并参加"花朝节"游园活动。

(3) 展示阶段:让学生利用清明假期走到户外,感受花与春之美,进行诗歌、摄影、绘画作品的创作;将优秀作品集结成《花朝节诗画集》。

6. 课程评价

学校对活动全程进行了指导与评价，以下是各维度的评价内容。

（1）过程性评价。游园活动设计：活动形式具有创意；活动参与面广；活动体现"花朝节"的时代内涵与意义。

（2）结果性评价。诗歌诵读比赛：所选诗歌主题与花相关；表现形式具有创新性，如服装、外景等元素的加入；奖项设计体现创新性，如设置最具魅力奖，最佳表现奖等。

诗画作品创作：诗歌内容为原创；诗歌主题与花相关；诗歌形式体现音韵美；诗画作品排版、布局美观且有新意。

（3）社会性评价：学校公众号发表"花朝节"活动新闻报道，"中国网·锦绣天府"等网站进行了转载。

二、案例呈现

下面以学校2017年七年级"花朝节"传统文化活动"百花生日是良辰，吟诗作对贺花朝"为例，展示这一课程的具体实施过程。

阳春三月，繁花似锦，学校七年级的师生们也踏着春的脚步，赏百花，吟古诗，共贺花朝节。

活动伊始，七年级全体语文老师提前精心挑选了三十余首关于"花"的古诗词，为孩子们的"花朝节"活动做好素材储备。老师们带领同学们利用语文早读时间朗诵诗歌并进行赏析，学生自选其中四首进行背诵。在浓郁的传统文化的熏陶下，同学们饶有兴趣地探究学习关于"百花"的诗词，拓宽了知识面，提升了文学素养。

同学们通过阅读老师推送的"花朝节"传统文化主题活动的相关阅读材料，同时利用网络搜索、阅读相关内容，更加深入地了解了"花朝节"的来历、演变及传统习俗，对"花朝节"的历史意义、人文内涵有了更深刻的理解。

阅读探究活动后便是同学们创新表达、大展身手的诵读比赛阶段。在班内比赛开始前，同学们就早早进行了背诵训练以及表情、动作排练等准备，被选为主持人的同学反复打磨主持稿与活动流程。每位同学都以积极昂扬的状态投入到活动中去，展现了育才学子"高雅""聪慧"的精神风貌。

各班在语文老师和班主任的组织下，有序开展班内"花朝节"主题朗诵比赛，各班比赛风格各具创意。你看，某班的比赛就在主持人情绪饱满的开场白中准时拉开帷幕，选手们上场后毫不怯场，自信优雅地带来自己精心准备的作品。有菊花"我花开尽百花杀"的璀璨夺目；有梅花"疏影横斜水清浅"的清幽淡雅；有桃花"可爱深红爱浅红"的艳丽多姿；有"知否知否，应是绿肥红瘦"的心疼怜惜，也有"闲看儿童捉柳花"的童真童趣……同学们通过一首首作品让大家观赏了争奇斗艳的百花，感受到阳春三月的明媚与生机。有的同学还对诗歌内容进行了改编，赋予了"花朝节"新的时代内涵。

比赛结束后，每班评选出五位优胜者，进入决赛，将朗诵内容录制成音频、视频。决赛选手们的表现更具创新性：有的换上了汉服，有的换上了优雅的中山装；有的取景于公园，有的取景于古色古香的墙角一隅。场景、音乐都随着选手们的朗诵变换，营造出不同的意境。不论是服装、配乐，还是道具、场景，选手们都精心准备，大家也将表情、肢体语言融入诗词情境之中，一颦一笑，举手投足之间显示出文人的雅致气质，连见惯了"大场面"的老师们都为选手们的精彩演绎而频频点赞。

诵读比赛决赛视频录制

诵读比赛活动，不仅让同学们感受到优秀传统文化的魅力，而且通过同学们的创意表达，让传统文化的表现形式和内容更加具有时代感。学校将优秀的参赛视频上传到"艺术鉴赏"平台上进行播放，组织全校师生观看、鉴赏，共同学习、传承传统文化精神。

清明将至，春意渐浓，更宜踏青吟诗。"花朝节"文化主题活动进入了诗歌创作阶段。为了让大家欣赏绮丽春光、沐浴花开的诗意，在清明假期期间，语文组老师们布置了一项创新性"作业"——"踏青吟诗"。趁着春意正浓，去听轻风流水的歌唱，去看百花争艳的胜景，用相机去发现掩映在春光中的画意，用诗句去倾吐点点被拨动的心弦。

有的同学用古诗赞美春之花——"姹紫嫣红沁心脾，蜜蜂蝴蝶相伴戏。正是学子登科勤，怎弃诗书门外戏？"有的同学用现代诗直抒胸臆——"啊，梅！牡丹之艳，玫瑰之丽，怎能比起你的清新秀气？"有的同学用镜头定格花影，还有同学用巧手绘出花姿。一首首原创诗词精彩纷呈,深情地传递着大自然中的生机与美好。一幅幅配图独具匠心,动人地展示出孩子们眼中的无限春光。花开的世界,墨香四溢,智慧飞扬,诗意满满。

学校选取同学们的优秀诗画作品在游园活动中进行展览,并最终汇总《花朝节诗画集》。

最吸引人的还是4月10日下午的"花朝节"游园活动。开幕式上,2022届文学社的同学们朗诵了古体诗、婉约词、现代诗,声声入情,句句动心。语文组的老师们也穿着精致典雅的汉服,款款行来,共同吟诵原创诗歌《花开的春天》。

游园活动启动仪式

轻移莲步,柳腰辗转,一群花精灵跃上舞台,双袖参差,舞出了新的天地。来自七年级10个班级的同学们用自己编排的舞蹈《梨花又开放》为全体师生带来了春的气象。伴随着优美的舞蹈,花朝节进入了高潮。

本届"花朝节"游园活动都是七年级的同学们自己设计的,体现了同学们的思考与创新。活动会场上,写满诗词、灯谜和字谜的红纸随风飘扬。走廊上穿梭着穿着各式汉服的同学,他们对着挂在绳上的红纸条时而低语沉思,时而笑逐颜开。他们根据条幅上的诗词名句对答上句或下句,吟诗的声音飘满会场。猜灯谜、字谜活动是一种具有挑战性的智力活动游戏,同学们或冥思苦想,或四处奔走寻找外援,或舞着轻盈的罗裙呼朋引伴。"情景交融——打两个字"这可难倒大家了。"哑巴打手势——打一成语"这个简单!同学们又舞着袖子,欢天喜地地验证答案去了。红纸条在微微润湿的空气里颤动,仿佛不堪承受字里行间蕴含的千年情谊。同学们玩得不亦乐乎,启迪智慧的同时,更是获得美妙的享受——在趣味中不断探索着中华文化的博大精深,逐渐走进了创新传统文化表达的新世界。

在活动结束之后,同学们纷纷情不自禁地感叹道:"这次花朝节游园活动太有意思了,我得了15张奖票呢!"家长们也在班级群留言说道:"通过参加花朝节活动,孩子不但学到了更多的知识,还创作出了诗歌,真是受益匪浅。"

念一处明媚,共邀诗酒趁年华;遇一场花开,生命精彩滋味长。学校开展"花朝节"传统文化活动,以文学滋养生命,让同学们获得思想启迪,享受审美乐趣,增强创新能力。"千里仙乡变醉乡,带得红尘扑鼻香",年年有今朝,代代育才人,传承、创新优秀传统文化,我们虽如一片绿叶,但能点缀整个春天。

游园活动现场

参考文献

[1] 林格. 教育就是培养习惯 [M]. 北京：清华大学出版社，2007.
[2] 施良方. 课程定义辨析 [J]. 教育评论，1994（03）：19—21.
[3] 秦永芳. 现代德育课程资源开发论 [M]. 南宁：广西人民出版社，2008.
[4] 刘戈. 高校体验式德育模式的创建与实践 [J]. 学校党建与思想教育，2005（10）：50—51.
[5] 朱小曼. 情感教育论纲 [M]. 南京：南京出版社，1993.
[6] 段浩伟. 体验式德育发展研究 [D]. 武汉：华中师范大学，2013.

后　记

党的十八大以来，以习近平同志为核心的党中央高度重视教育工作，把教育摆在优先发展的战略地位。习近平总书记强调，学校立身之本在于立德树人，培养什么人，是教育的首要问题。2017年教育部发布的《中小学德育指南》就明确提出：坚持育人为本、德育为先，着力构建方向正确、内容完善、学段衔接、载体丰富、常态开展的德育工作体系，以课程育人、文化育人、活动育人、实践育人、管理育人、协同育人的实施途径，形成全员育人、全程育人、全方位育人的德育工作格局。

七中育才学校一直把德育放在育人的首位，通过德育课程的建设与实践，贯彻党的教育方针，践行学校办学理念，保障德育有效实施。在学校核心德育团队的努力下，在专家的悉心指导下，在学校发展的24年中，经过历任领导和全体教师数十次反复讨论、修改、完善，构建了"让生命精彩"双色德育课程体系，编著了《让生命精彩——成都市七中育才学校双色德育课程实践探索》一书。这是学校德育工作的阶段总结，也是育才人"卓尔不群，大器天下"的精神彰显，凝聚了育才教育人的心血和智慧。

本书是七中育才教育集团所有老师辛勤耕耘与智慧浇灌之果，全书共两部分。第一部分由周利统稿，第二部分由肖健、姜向阳、郑艳、臧玲、叶德元、王蓓统稿。其中，第一部分由周利、詹滢、郑艳、蒙茜执笔撰写；第二部分第一章由涂静、施琪、叶虎、叶珊、周翠、文斌、何家菊执笔撰写；第二章由贺宇、周玲、廖聆竹、蒲思宇、张鹏程、张国斌、姚世萍、敬仕凤、芶发兰、张睿琪执笔撰写；第三章由杨海燕、谭莹、袁潇、王晓荣、何玉明执笔撰写；第四章由詹滢、涂静、吕途、陈向蓉、扈利平、廖聆竹、游文华、陆恒执笔撰写；第五章由郑艳、徐世勤、王源源、袁旎、陈思颖、周玲、冀芊宏、蒙茜、许显红、游文华执笔撰写；第六章由叶德元、谢华、谢春玲、孙炘、季衍、李欢、周洋执笔撰写。

感谢锦江区教育局、锦江区教育科学研究院的悉心指导，感谢四川大学出版社的大力支持。在此次梳理学校德育课程体系的过程中，我们深感由于理论水平、全局视野、实践能力等方面的局限，仍存在不少缺憾，需在不断的反思中前行、在实践中提升。

遵循"卓越"精神，追求"最优"发展，是七中育才人不断自我超越的动力。育才德育体系建设，也将在"让生命精彩"的理念指引下，坚定前行，日臻完善。

2021 年 6 月